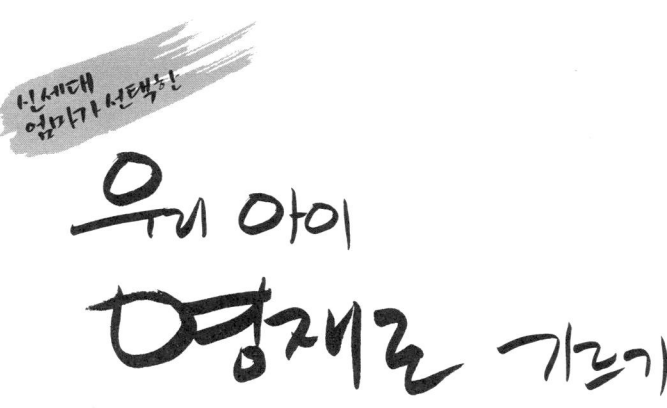

신세대 엄마가 선택한 우리 아이 영재로 키우기

Joan Freeman · 이경화 공저

학지사

저자 서문

요즘과 같은 급속히 변화하는 경쟁시대에 영재성의 가치는 매우 높다. 이 책은 부모들이 그들의 아이들이 최고의 성취를 할 수 있도록 하기 위해서는 어떻게, 어떤 방법으로 키우고 가르쳐야 할 것인지 끊임없이 염려한 그러한 관심과 관련된 내용을 제공한다.

세계적으로 최고의 영재를 발굴하고 양성하기 위한 방법들이 증가하고 있으며, 자식을 염려하는 부모들은 최고의 아이를 만들기 위해 무엇을 해야 할지 알고자 한다. 또한 부모들은 자신의 아이들에게 최선의 도움을 줄 수 있기 위해서는 아이들의 능력을 알 권리가 있다. 하지만 많은 부모들이 정확하게 그것을 알려줄 자료가 없어 실망하고 있는 처지이다.

이 책은 당신의 아이를 영재로 키울 수 있는 그 해결방안을 제시한다. 필자는 세계적으로 실시된 최근의 조사연구와 실험연구의 결과들을 이 책에 기록하였다. 단지 "우리 아이를 어떻게 영재로 키워 낼 것인지"에 대한 의견을 제시하는 것이 아니라, 우리의 많은 연구결과를 바탕으로 실현 가능하고 좋은 결과를 가져올 수 있는 자료들을 이 책에 제시하였다. 이 책을 통해 부모들은 이제 그들 아이들의 천재성이 될 수도 있는, 잠재하는 영재성을 활성화할 수 있을 것이다.

이 책에는 부모들이 자녀들과 함께할 수 있는, 아이들의 발달하는 능력을 강화시키고 연습시키며 또한 재미있게 즐길 수 있는 모든 종류의 활동들을 담고 있다. 부모들은 또한 그들의 자녀들이 몸과 마음의 관계를 통해 두뇌가 어떻게 계발되는지를 볼 수 있다. 책의 곳곳에는 이 책을 통해서 필자가 말하고자 하는 내용들이 요약되어 있다. 이 책을 정말 잘 활용하는 사람은 그들이 지적으로 예술적으로 더 통합된 가족을 가진 것을 알게 될 것이다.

모든 아이들의 능력을 향상시킬 수 있는 기회를 제공하는 것은 살아가면서 누구에게나 가능하며, 특히 학교가 그것을 제공하지 않을 때는 더욱 중요하다. 만약 학교가 아이가 지닌 잠재적인 천재성을 도와주지 못한다면 부모는 그것을 보충해 주어야 한다. 선천적인 영재성이나 재능은 우유 위에 겉도는 크림처럼 떠 있지는 않는다. 그들은 직접적인 도움과 격려를 필요로 한다. 그렇지 않으면 그것은 발견되지 않거나 계발되지 못한다.

아이들의 영재성 발달에 관심을 가지고 있는 교사들이 가장 선호하는 이점 중의 하나는 학교에서 모두가 효과를 볼 수 있게 한다는 것이다. 그것은 아이들 자신을 중요하고 가치 있게 느끼게 하며 교육 자체를 매우 생기 있게 만든다. 이 책은 공부 방법에 대한 조기 안내서인 동시에 아이들이 어떻게 하면 학교 수업을 잘 할 수 있을지 그 방법에 관한 자료를 담고 있다. 교사들의 대부분도 부모이므로, 이들 또한 이 책을 통해서 아이들을 자극할 수 있는 다양한 내용을 찾을 수 있을 것이다.

모든 부모는 그들의 자녀가 그들의 잠재성을 발휘하길 원하고, 일부의 경우에는 그 바람이 하늘에 닿을 정도로 끝없다. 대부분은 아이들이 태어나기 전부터 시작이 된다. 그것은 거의 아기가 태어나 첫 숨을 쉴 때 설정되고, 시간이 지남에 따라 발달의 세 가지 관점은 이미 결정이 된다. 하지만 그들에게는 아직 자라기에 충분한 시간이 있다. 이 책에는 아이의 교육에 가장 효과적으로 인정되는 방법들이 제시되어 있다.

아이에게 가장 우선적으로 필요한 것은 사랑하는 것, 받아들이는 것, 그리고 지원 관계다. 이것은 인생을 통해 유지되는 생생한 지능의 따뜻한 요람과도 같다. 또한 새로운 학습을 통해 경험하는 것과 아이디어를 체험하기에 충분한 자신감을 갖게 한다. 심지어 갓난아이에게도 다양함은 인생의 한 부분이다.

성공 경험은 더 많은 성공을 위한 가장 훌륭한 보상이다. 그것은 아이와 부모 모두에게 큰 기쁨을 주고, 그 좋은 감정은 더 많은 노력과 만족감을 북돋는다. 즉, 이는 나선형과 같이 점차적으로 누적되어 가는 것이다. 아이가 가진 단단한 토대의 좋은 감정은 아이의 평생의 특기나 관심사를 만들어 줄 수 있다. 부모가 그들의 아이와 적절한 시간에 올바른 일을 하는 것은 부모의 도움 없이 얻을 수 있는 것보다 더 쉽게 교육할 수 있도록 하는 신뢰감을 제공한다.

이경화 교수와 필자는 한국인을 위해 공동으로 이 책을 저술하는 작업을 하였다. 이 교수는 필자가 제안하고 기술한 '자녀를 영재로 기르기 위한 영국의 교육방법과 내용'을 한국어로 번역하는 도전적인 과제들을 수행하였고, 한국의 영재 교육방법과 통합하여 이를 한국의 문화 속에 옮기고 적용하였다. 필자는 그녀가 이미 대학교수로서 바쁜 와중에도 필자와의 저술 작업을 위하여 오랜 기간을 투자한 점에 대해 정말 고맙게 생각한다. 그 결과, 우리가 자신 있게 한국의 부모에게 제공할 훌륭한 선물이 탄생하게 되었다.

Professor Joan Freeman

저자 서문

　　Freeman 교수를 만난 지도 어느새 3년이 되었다. 2004년 8월, '제8차 아시아-태평양영재학회'가 한국에서 개최되었을 때 Freeman 교수는 주제발표자로 초청이 되었고, 내가 그녀를 맞이하러 인천공항으로 나갔던 것이 우리가 인연을 맺게 된 계기였다. 인천공항에서 기다리던 중 동경으로부터 다급하고 당황해하는 목소리의 전화를 받았다. 런던 공항에서부터 비행기가 연착되기 시작하여 장시간의 여행으로 지칠 대로 지친데다, 동경에 도착하니 또 다시 비행기가 연착되어 이제는 한국에서도 누군가를 못 만나면 어쩌나 염려되어 한 전화였다. 공항 터미널에서 짐을 밀며 지친 모습으로 나오는 그녀를 바로 알아보고 인사하자 얼마나 반가워했었는지…….

　　약 일주일간의 학회 기간 동안에 가까이 지내게 되었고, 내게 고맙다는 인사로 한 권만 가지고 왔다는 자신의 저서 『How to raise a bright child』를 선물하고 떠났다. 이 후 그 책을 읽고 '똑똑한 아이'를 키우기 원하는 우리네 부모들에게도 이 책을 소개하면 좋겠다는 생각으로 Freeman 교수에게 번역에 대한 제의를 하였다. 나의 제안에 무척이나 기뻐하면서 오히려 자신의 관점과 나의 관점을 함께 넣은 새로운 책을 함께 쓰면 좋겠다는 제안에 이를 수락한 것이 약 2년이 지난 지금 이 책이 출판되게 된 것이다.

이 책은 Freeman 교수가 『How to raise a bright child』에서 제안한 영국 문화 속에서의 똑똑한 아이 키우기 전략과 우리 문화에서의 교육을 접목시킨 것이다. 필자들은 영국과 한국의 교육적 관점을 함께 다룬 책이라는 데 이 책의 의미를 부여하고 있다.

자신의 아이를 똑똑한 아이, 영재로 키우고 싶지 않은 부모는 없을 것이다. 그러나 "자식 농사가 쉽지 않다."라는 옛말처럼 자식이 부모 맘대로 되는 것도 아니고, 어떻게 자녀교육을 잘 시킬지에 대해서 안다는 것도 쉬운 일이 아니다.

이 책은 이렇게 자녀교육에 어려움을 느끼는 부모들과 함께 얘기하고 생각할 수 있는 기회를 제공하는 책이다. Freeman 교수가 제안하는 영국식 교육방식과 필자가 제안하는 한국식 교육방식, 그리고 그러한 제안을 통해 부모들이 스스로 생각하게 된 교육방식을 잘 통합시킴으로써 '똑똑하고 영리한' 아이가 생겨날 수 있을 것이다.

이제 자녀교육을 유치원, 학교나 학원이 알아서 하도록 내버려 둬서는 안 된다. 부모는 가정의 관리자면서 자녀 양육 담당자에 교사 역할까지도 해야 한다. 땅에 씨를 뿌리고 그냥 내버려 둬도 자라겠지라고 생각한다면 싹도 트기 전에 죽어버리거나 잡초로 자라날 수 있다. 풍요로운 토양 속에서 적절한 빛과 거름을 받는다면, 건강하고 가치 있는 식물로 자라날 수 있을 것이다.

이 책은 '1장 영리한 아이란 누구인가?', '2장 영리한 아이는 어떻게 발견하고 계발하나?', '3장 영리한 아기 출산하기', '4장 영리한 아이로 키우기 위해 가족은 어떤 역할을 해야 하는가?', '5장 지적인 능력 계발하기', '6장 발견의 기쁨을 느끼게 하라', '7장 취학을 위해 어떻게 준비할 것인가?', '8장 책으로의 초대', '9장 즐겁게 학교로'라는 내용으로 구성되어 있다.

이 책이 앞으로 부모가 되고자 하는 예비부모부터 초등학생 자녀를 둔 부모에 이르기까지 '똑똑하고 영리한 자녀', '좋은 성품을 가진 자녀'를 키우기 원하는 모든 부모들에게 유용한 자료로 읽히기를 바란다.

마지막으로 본서의 출판을 기꺼이 허락해 주신 학지사 김진환 사장님과, 영국과의 서신 교류로 이 책이 나올 수 있도록 도움을 준 서보경 선생님과 편집부 선생님들께 감사드린다.

2007년 7월
이경화 씀

차 례

저자 서문 _ 3

제1장 영리한 아이란 누구인가 _ 15

1. 영리한 아이란 누구인가? / 16
2. 영재는 어떻게 가르쳐야 하나? / 26

제2장 영리한 아이는 어떻게 발견하고 계발하나 _ 37

1. 지능 계발하기 / 41
2. 일기 쓰기 / 51
3. 여러분의 아이가 특별히 재능이 있다고 생각되는가? / 55
4. 정말로 재능이 뛰어난 아이는? / 65

제3장 영리한 아기 출산하기 _ 69

1. 어디에서 총명함이 시작되는가? / 71
2. 영리한 아기는 무엇을 필요로 하는가? / 90
3. 아기는 총명한 존재다 / 91
4. 조산 / 97
5. 아기의 지적 발달을 위해서 무엇을 할 수 있을까? / 100

제4장 영리한 아이로 키우기 위해 가족은 어떤 역할을 해야 하는가 _ 107

1. 아기 돌보기 / 113
2. 일하는 엄마들 / 114
3. 문제 있는 부모 / 116
4. 부모로서 해야 할 일 / 117
5. 부모의 기대 / 120
6. 아이들 친구의 가치 / 125

제5장 지적인 능력 계발하기 _ *131*

    1. 언어 / 134

    2. 음악 / 144

    3. 두뇌와 인지 / 145

제6장 발견의 기쁨을 느끼게 하라 _ *167*

    1. 발견한 것을 칭찬한다 / 168

    2. 브레인스토밍하기 / 176

    3. 공상의 나라로 가기 / 180

    4. 똑똑한 아이로 키우기 / 181

제7장 취학을 위해 어떻게 준비할 것인가 _ *187*

    1. 어떻게 취학 준비를 할까? / 188

    2. 딸들은 어떻게 기를 것인가? / 200

    3. 공부를 잘하게 하려면 / 205

    4. 부모회 / 212

제8장 **책으로의 초대** _ 217

1. 학교에서 사용되는 교수방법 / 222

2. 난독증 / 225

3. 읽기 지도 / 232

4. 쓰기 시도 / 237

5. 계산하기 / 252

제9장 **즐겁게 학교로** _ 265

1. 학습동기 유발하기 / 270

2. 학습에 대한 격려 / 274

3. 학교교육은 어떠해야 하는가? / 278

4. 학교에서 성공이 예측될 수 있을까? / 287

참고문헌 _ 297

*참고자료: 영국의 기본 학제

학년	나이(만)	학교 구분	국정교육과정
Nursery	3~4	유치원	기초 단계 (Foundation Stage)
Reception	4~5	초등학교 (Primary School)	
Year 1	5~6		주요 단계 1 (Key Stage 1)
Year 2	6~7		
Year 3	7~8		주요 단계 2 (Key Stage 2)
Year 4	8~9		
Year 5	9~10		
Year 6	10~11		
Year 7	11~12	중등학교 (Secondary School)	주요 단계 3 (Key Stage 3)
Year 8	12~13		
Year 9	13~14		
Year 10	14~15		주요 단계 4 (Key Stage 4)
Year 11	15~16		
Lower 6	16~17	대입 예비학교 (Sixth Form)	A-레벨 준비단계
Upper 6	17~18		

1장

영리한 아이란 누구인가

1. 영리한 아이란 누구인가?
2. 영재는 어떻게 가르쳐야 하나?

"혹시 내 아이가 영재가 아닐까?" "왜 내 아이는 영재가 아니지?"
"영재는 어떤 아이일까?" "어떻게 하면 영재아이로 키울 수 있을까?"

이 세상 모든 부모들은 자신의 아이가 똑똑한 영재이기를 바라고, 영재로 키우고 싶어 한다. 얼마전 만 9세에 시카고 로욜라 대학에 입학한 쇼야노 군의 이야기가 세상을 떠들썩하게 하였다. 1990년에 한국계 어머니와 일본계 아버지 사이에서 태어났으며, 졸업 후 의학을 전공하기 위해 대학에서 생물학을 공부하고 있는 쇼야노 군은 어릴 때부터 남달랐다. 그러나 그의 탁월성 발현에는 어머니의 노력이 컸다. 쇼야노에게 적합한 학교를 찾지 못하자 어머니는 아들을 영재학교에 입학시키고 별도로 자신이 직접 만든 교재를 이용해 가르치기도 하였다.

1. 영리한 아이란 누구인가?

모든 부모들은 자녀가 건강하며 영리하게 자라고, 다른 아이들보다 조금이라도 더 우수하기를 바란다. 이것은 모든 부모들이 가지고 있는 소박한 소망일 것이다.

'태어나면 아이들은 저절로 자란다.'라는 생각은 과거의 자녀양육에 대한 태도다. 요즘에는 자녀의 수도 한두 명에 불과해지고, 부모의 교육 수준이나 우리나라의 사회경제적 수준이 향상됨에 따라 자녀교육에 대한 부모들의 관심도 점차 증가하게 되었다. 더욱이 최근에는 영재교육에 대한 국가적, 사회적 관심과 지원이 높아감에 따라 과거와 달리 부모들도 영재교육에 대해 관심의 초점을 돌리게 되었다.

몇 년 전만 해도 아이가 우수해서 영재교육을 시켜보기 위해 영재 판별을 위한 검사를 받아보라고 권하면, "우리 아이는 영재가 아니에요.", "그냥 보통아이로 키울래요." 등의 부정적인 반응을 보이는 부모들이 많았다. 그러나 요즘에는 부모들이 '우리 아이가 혹시 영재가 아닐까?' '영재로 키우기 위해서는 어떻게 해야 할까?' '나는 우리 아이를 너무 방치하고 있는 것은 아닐까?' 하는 의문을 가지고 영재의 특성과 영재교육에 대해 관심을 갖기 시작하였다.

그러면 영리한 아이는 어떤 아이일까? 영재는 누구일까? 영재에 관해 많은 연구를 해온 전문가들의 생각을 통해 한 번 살펴보기로 하자.

터먼이라는 학자는 영재들의 신체적 조건은 보통아이들보다 더 좋으며, 언어 사용, 수, 추리, 문학과 예술 등에서 우수하다고 하였다. 그러나 산수 계산, 철자쓰기, 여가와 사회의 사실적 정보 기억은 그렇게 우수하지 않다고 보았다. 한편 영재들은 다양한 흥미를 가지고 있으며 매우 자발적이다. 그들은 보통아이들보다 읽는 법을 더 쉽게 배우며 더 많은 책을 읽는다. 동시에 그들은 수집하는 것을 좋아하고 취미가 다양하며 놀이와 게임에 관해서도 많은 지식을 갖고 있다. 영재아들은 자신의 지식을 자랑하거나 과장하는 경향이 적다. 그들은 남을 속이려는 유혹을 받을 경우에도 자제력이 강하고 사회적인 태도가 아주 건전하여 정서적 안정성 검사에서도 높은 점수를 받았다.

그러나 최근 위너라는 학자는 영재에 대해 우리가 너무나 많은 신화(myth)를 가지고 있다고 보았다. 모든 아이들은 영재다, 영재들은 심리적으로 더 건강하고, 모든 면에서 뛰어나며 그냥 내버려두어도 그들이 가지고 태어난 재능으로 인해 탁월하고 훌륭한 업적을 나타내는 성인으로 자라날 수 있다고 믿는 믿음은 사실이 아닌 신화라는 주장이다.

인간은 태어나면서 분명히 유전적으로 다양한 특성을 타고난다. 지적으로 더 우수한 아이도 있고, 예능 면에 있어서 다양하며, 성격적으로도 각자의 특성은 모두 다르다. 그런데 아이들의 타고난 다양한 특성들은 자라나면서 환경에 의해 최대한 발달되어 그 탁월성을 나타내기도 하지만, 환경에 의해서 사장되어 버리는 경우도 있다.

다음 사례의 아이에 대해 아직까지 기억하는 사람들도 많이 있을 것이다.

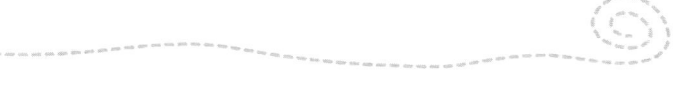

1982년 당시 다섯 살 난 꼬마가 영어, 일어, 불어, 한문, 한글 등을 읽고 쓰고 해석한다고 하여 천재가 났다, 신동이 태어났다며 사회에 큰 관심을 불러 모았던 화제의 주인공 정 군이 있었다. 사회의 커다란 주목을 받은 만큼이나 사람들의 기억에서 빨리 사라졌던 정 군이 아직도 건재하고 있

음이 밝혀져 주위의 관심이 새삼 요청되고 있다. 정 군은 고물행상을 하는 아버지 정 씨와 어머니 이 씨 사이에서 3형제 중 둘째로 태어났으나 다섯 살 전반기까지 엄마란 말 한마디 하지 못해 선천적 청각장애아로 취급받았다고 한다. 그러던 정 군이 다섯 살 후반기부터 갑자기 기상천외한 말문이 열리면서 주위를 경악케 하였고 이 사실이 사회에 알려지면서 일대 센세이션을 불러일으켰다. 10년, 20년을 매달려도 어렵다는 외국어를 그것도 국어를 포함 5개 국어를 읽고 말하는 천연덕스러운 어린 모습을 보고 감탄의 환호성을 지르지 않을 사람은 아무도 없었다.

　이러한 사실이 언론매체를 통해 보도된 이튿날 새벽 3시경 문장철학을 30여 년간 연마했다는, 신선처럼 기다란 흰 수염을 휘날리는 할아버지(87세) 한 분이 불시에 들이닥쳤다. 돈으로 신문, 방송을 매수하여 꾸민 연극에 불과하다는 등 해괴망측한 소리를 혼자 중얼거리며 곤한 잠에 취해 있는 어린 신동을 강압적으로 깨웠다. 그러고는 한문으로 된 문장을 내보이며 맞는 글자인지를 물어보았다. 글귀를 내려다보던 신동은 얼굴을 곧바로 세우고는 틀린 글자라고 잘라 말했다. 이 말에 추상같았던 할아버지 얼굴에 회심의 미소가 스쳐 지나갔다. 그러면 그렇지 어린 놈이 어떻게 어려운 한자를 알 수가 있느냐는 표정이었다. 그러나 재차 틀렸다는 신동의 고집스러운 주장에 혹시나 하여 찬찬하게 살피던 할아버지 얼굴이 일그러졌다. 가운데 두 글자의 획수가 틀렸다는 사실을 그제야 발견하였다. 다시 자신의 경솔함을 감추기라도 하듯 다른 넉자의 한자 문을 내놓았다. 역시 가운데 글자의 획수가 또 빠져 있다는 지적에 아연실색하고 말았다. 이 사건은 10여 분이란 짧은 시간에 이뤄진 것이다.

　머쓱해진 노인네가 떠나려 하자 이번엔 신동이 불러 세웠다. "이젠 제가 문제를 내겠습니다."라며 어른스러운 말투로 내놓은 문제가 口안에 '나무 목'자 9개가 들어 있는 것이었다. 괴 노인은 이런 한자는 세상에 없는 것이라며 사람을 놀리면 못 쓰는 법이라고 도리어 타일렀다. 어린 신동은 싱긋하며 '나라동산 유'자라고 하였고, 이에 괴 노인은 상기된 얼굴로 그냥 묵묵부답이었다. 이어 '용 용'자가 세 개 있는 글자를 내놓았다. '용이 나는 모양 답'자를 괸 노인이 알 리가 없었다. 연이어 '용 용'자 네 개로 이루어진 글자를 내놓았으나 역시 알 리가 없었다. '말 많은 절'자라는 해석에 상대방은 그제야 잘못을 시인한 듯이 부리나케 달아나 버렸다. 그 후 이 소식을 접한 한학 전문가 다섯 명이 모여 신동이 출제한 '나라동산 유'자를 연구했지만 도저히 알 길이 없는 문자였다. 그런데 사람 키의 한 자 반은 되는 초대형 옥편을 두 시간이나 뒤진 결과 사실임을 확인하는 개가를 올려 신동의 실력을 공식 뒷받침하기에 이른 것이다.

이 일로 인해 4년 전부터는 일반옥편에서도 '나라동산 유'자를 찾아볼 수 있게 되었다. 한편 대학생들이 한문, 외국어 등으로 시험 삼아 뜻풀이를 요구하느라 문전성시를 이뤘고, 한학에 조예가 깊다는 시골 노인네들이 찾아 들었으나 모두가 혀를 내두르고 꽁무니를 빼기 다반사였다.

각종 종교단체에서도 유혹의 손길을 내밀었으나 모두 거절당했고, 모 방송국에서는 아이의 장래를 위해 외국 입양을 권유하며 부산 서면에 위치한 1천5백만 원짜리 집 한 채를 제의했으나 이것조차 부모들이 뿌리쳤다. 이 외에도 여러 가지 얘기거리가 사회에 알려졌다. 그러나 천재냐 신동이냐로 설왕설래하며 초미의 관심을 가졌던 사회가 병원 IQ 검사에서 110이란 숫자가 나왔다는 소식에 일순간 '평범한 아이'로 외면하기 시작하였다. '사촌이 논을 사면 배 아파한다.'는 우리의 속담이 기승을 부리기 시작한 것이다. 온갖 유언비어가 난무하였고, 돕겠다는 의지를 강하게 내비치던 정부에서는 각 부서끼리 서로 미루다보니 세월만 흘러갔고, 주위의 아무런 도움도 받지 못하는 상태로 현재까지 이른 것이다.

초등학교는 더 이상 배울 게 없어 3학년에서 중퇴하였다. 그렇다고 어린 애가 상급학교에 진학한다는 문제는 이 사회가 더더욱 허용하지 않았다. 이렇게 하여 희망의 꿈만 먹고 살다보니 12년의 허송세월은 쉽게 지나가 버린 것이다. 요즘은 독일어, 스페인어, 러시아어까지 읽고, 쓰고, 해석하는 중급 정도의 실력은 갖추고 있다고 한다. (장애인신문, 1993.3.12. 5면, 참조)

앞의 정 군의 사례에서 볼 수 있듯이, 타고난 탁월한 영재가 있다. 그러나 정 군과 같이 다른 또래 아이들과는 비교가 되지 않을 만큼 뛰어난 영재성을 가지고 태어났다고 할지라도 그 재능과 영재성을 제대로 발굴하고 교육시키지 않는다면 그대로 사장되어 버리고 평범한 보통아이로 자라나게 될 우려가 있다.

정 군과 같은 탁월한 영재가 아니라 할지라도, 우리 아이들이 어떤 학문분야나 예술분야 등 한 영역 이상에서 보통 이상의 재능과 능력을 가지고 있을 수 있다. 그러나 부모들의 무관심으로 아이가 가진 영재성이나 재능을 사장시킬 수도 있다. 영재라고 해서 교육의 도움없이 뛰어난 성취를 이루는 것은 아니다. 적절한 교육의 도움으로 그들이 가진 잠재능력이 최대한 발휘될 수 있다면 다른 어느 시기보다도, 특히 교육 잠재력이 가장 풍부하다는 유아기부터 시작해야 할 것이다.

영재성은 아이들이 소유할 수 있는 것 중에서 최상의 것이다. 그러나 영재를 기르기 위해서는 부모의 참을성과 열성과 지혜가 무한히 필요하다.

글상자 1 부모를 위한 영재 자녀 체크리스트

다음 체크리스트를 객관적으로 살펴보고 자녀의 영재성을 체크해 봅시다. (전혀 아니다=0 ~ 매우 그렇다=10까지 11단계로 점수 부여)

1. 빠르고 정확한 정보기억력을 갖고 있다. = 복잡한 상황을 기억해 구체적으로 설명한다.
2. 다른 애들보다 호기심과 지식욕구가 강하다. = 새 것을 수집하고 자세히 알고 싶어 한다.
3. 동년배 친구보다 더 감성적이다. = 다른 사람의 감정에 예민하게 반응한다.
4. 어휘력이 풍부하다. = 새 단어를 잘 기억해 적절히 사용한다
5. 읽고 쓰거나 숫자 사용이 빠르다. = 알파벳과 숫자에 일찍 관심을 보이고 정규 교육을 안 받아도 잘 읽고 셈한다.
6. 유아임에도 불구하고 어구와 간단한 문장들을 잘 이해한다. = '책을 가져오면 읽어 줄게'라는 말에 책을 가져와 들을 준비를 한다.
7. 다른 애들보다 단어와 문장들을 빨리 말하기 시작한다. = 만 1세가 되기 전에 단어를 말하거나 완전한 문장을 말한다.
8. 행동발달이 빠르다. = 퍼즐 맞추기를 잘하고 사람들의 행동을 유심히 관찰하고 잘 따라한다.
9. 새로운 것을 배울 때 강한 호기심과 즐거움을 나타낸다. = 혼자 책을 읽거나 동화책을 들려줄 때 장시간 인내심 있게 잘 앉아 있는다.
10. 유머감각이 뛰어나거나 부조화를 재미난 것으로 여긴다. = 농담이나 말장난을 하기도 하고 말솜씨가 재치있다.
11. 다른 사람에게 가르쳐줄 수 있을 정도로 이해력이 높다. = 어떤 생각을 어른이 잘 이해하지 못한다고 여기면 상세히 설명하려고 노력한다.
12. 어른이나 나이 많은 아이들과 함께 있어도 편안해한다. = 어른이나 나이 많은 형제와 게임하고 놀기를 좋아한다.

13. 리더십을 보인다. = 또래 친구들이 놀 때 즐겨 찾아 참여하거나 다른 친구들을 잘 설득한다.
14. 독창적이면서 임기응변에 강하다. = 기발한 생각으로 이야기를 마무리하거나 상상력을 동원해 가상적으로 만든 친구와 오래 논다.
15. 어떤 과제 수행을 위해 가상의 방법을 사용한다. = 자기가 하기 싫은 일을 시킬 때 적절한 논리로 설득하거나 목표 달성에 열정적이다.

(자료 : 호주 뉴사우스웨일스대 영재교육센터(GERRIC))

글상자 2 자극 없는 반복학습이 영재를 범재로

다음은 2002년 9월, 부산에서 열린 '과학영재교육 국제학술대회'에 참석한 미국 국립영재연구소(NRCGT)의 조지프 렌줄리 교수와의 '영재를 어떻게 판별하고 어떻게 교육할지'에 관한 인터뷰 내용이다.

- 많은 어린이들 속에서 영재를 판별하려는 이유는?
  • 영재는 과학, 수학, 예술, 사회 등 각 분야를 이끌어가는 변화의 주역입니다. 그들을 가려내 재능을 최대한 키워주는 교육을 하기 위해서입니다.

- 영재의 판별 기준은?
  • 예전엔 지능을 절대적인 기준으로 삼았지만 요즘엔 한

가지 방법만으로 판별하지는 않습니다. 지능뿐만 아니라 과제집착력, 교사의 의견, 학업 산출물, 부모의 관찰, 해당 분야 전문가의 견해를 종합적으로 고려합니다.

■ 영재성은 몇 살 때 발견되나?
- 지식을 사용할 수 있는 나이가 돼야 영재성을 알 수 있는데 유아에게는 드물게 나타나고 5~6세는 돼야 하지요. 이 시기가 되면 여러 가지 정보를 얻어 영재교육을 계획할 수 있습니다. 영재교육의 시작은 초등학교 저학년 때가 좋습니다.

■ 영재교육법에 대해 좀 더 설명하면…….
- 기존 연구방법을 가르치지만 그 방법을 반복하도록 하는 것이 아니라 새로 연구계획을 세워 실행해 분석하도록 합니다. 또 학생의 관심영역과 깊이를 파악하는 것도 중요합니다. 그에 따라 교과를 달리하고 때론 교과 압축을 통해 필요한 지식을 심화시킬 필요도 있지요.

■ 어렸을 때 뛰어난 영재가 나중에 평범하게 되는 경우가 종종 있는데…….
- 우선 성격의 문제가 있습니다. 영재 중에서도 게으르고 흥미를 느끼지 못하는 경우가 있습니다. 자신이 재능을 발휘할 수 있는 분야를 찾지 못하거나 엉뚱한 분야에 관심을 기울이는 경우도 있을 수 있지요. 또 다른 문제는 가정이나 학교 등 교육적 환경이 영재에게 적합하지 않을 수 있습니다. 자극이 없는 반복적인 교육이 영재에게 나쁜 학습습관을 들여 재능을 발휘할 기

회를 놓치게 만드는 경우입니다.

- 과학, 수학, 예술, 언어 등 영역별 영재가 존재하는가?
  - 대부분 한 가지 영역에서 재능이 발휘된다고 봅니다. 그러나 관심영역과 창의성은 상호작용을 하기 때문에 두세 가지 영역에서 재능을 보일 수 있습니다. 이 경우 관계된 분야에서 재능을 발휘하게 되겠지요. 예를 들면 패션디자인에 재능을 보이는 영재의 경우 기술 분야에 관심이 없겠지만 가구디자인에 재능 있는 영재라면 기술 분야에도 관심이 있겠지요.

- 미국의 경우 영재의 판별이나 교육에 시행착오가 없었는지…….
  - 지능검사 하나로 영재 여부를 판별하려고 했습니다. 또 교육법도 최상의 방법 하나만을 생각했지요. 그러나 영재 각자의 학습 스타일이 다르듯 가르치는 방법 역시 달라야 한다는 것을 깨닫고 있습니다.

- 미국의 영재교육은?
  - 초등학교에서는 방과후 특별활동으로 운영합니다. 지역에서 영재를 대상으로 한 '마그네틱 프로그램'을 운영하기도 합니다. 고등학교 중 영재학교가 있는데, 능력보다는 관심이나 흥미가 중요합니다. 평균 이상의 지능을 가져야 하며 과제집착력이나 산출물을 고려해서 선발하고 있습니다. 대학과정을 고교에서 가르치고 이를 대학이 학점으로 인정해 주는 상급 배치(Advanced Placement)도 일종의 영재교육이지요.

> ■ 영재는 재능을 사리사욕을 채우는 데 써서는 안 됩니다. 사회의 리더로서 국가와 사회에 이바지해야 하며 영재교육은 이러한 가치관을 갖도록 가르치는 것입니다.
>
> (동아일보, 2002.10.01.)

2. 영재는 어떻게 가르쳐야 하나?

영재들은 탐구력, 창의력, 호기심이 왕성하며, 관심이 있는 영역에는 특별히 세심하게 집중력을 발휘한다. 이런 아이들이 가지고 있는 재능을 살릴 수 있는 방법이란 그 아이에게 적절한 방법으로 교육하는 것이다. 즉, 아이를 잘 관찰하면서 그 아이의 성격, 관심을 가지는 분야, 능력이 있는 영역 등을 발견해야 한다. 부모가 그렇게 아이의 재능과 뛰어난 영역을 발견하여 그에 맞게 지도하면 그 아이는 흥미를 가지고 행복한 느낌으로 공부하는 것을 즐기게 될 것이다.

어떤 영재학자의 연구에 의하면 98% 이상의 아이들이 다양한 형태의 창의적 재능을 타고난 것으로 보이지만 7세가 되면 37%, 8세가 되면 17% 등으로 점차 나이가 들어감에 따라 창의적 재능이 감소하는 현상이 나타났다고 한다. 많은 전문가들이 유아기나 초등 저학년 시기와 같은 조기에 영재를 교육하는 것이 매우 중요하다는 것에 의견을 일치하고 있다. 가정에서 부모들도 아이들이 어릴 때부터 자녀의 영재성, 창의성, 재능, 흥미, 관심 등을 살펴보고 이에 적합한 교육을 시킬 수 있도록 인식의 변화를 해야 한다.

그러면 우리 아이를 행복하게 지낼 수 있는 영재로 키울 수 있다고 제안되고 있는 교육방법 몇 가지를 생각해 보자.

1) 다양한 체험의 기회를 가능한 한 많이 제공한다.

산, 바다, 공원 등 야외에 데리고 나가 즐겁게 뛰어놀 수 있는 기회를 어릴 때일수록 더 많이 제공한다. 그리고 야외의 식물과 곤충 등 자연을 관찰할 수 있도록 한다. 독이 있거나 위험한 곤충이나 뱀 등에 대해서는 주의를 시키지만, 그 외에 식물이나 곤충을 만지거나 냄새를 맡는 등의 관찰활동을 막지 않는다. 또한 박물관, 전시회, 연극, 음악회 등을 데리고 다녀 문화적으로도 다양한 경험을 하도록 한다.

2) 집에서 다양한 생물을 길러본다.

아이가 어릴 적에는 열대어 등을 키우도록 하고, 점차 아이들이 자라나게 되면 아이들과 의논해서 아이들이 좋아하는 생물을 키울 수 있도록 한다. 대개 장수풍뎅이, 거북이, 집게, 토끼, 강아지 등의 동물과 키우기 쉬운 다양한 식물을 길러본다.

다양한 생물을 기르면 아이의 관찰력, 생명에 대한 존중, 생명의 신비에 대하여 고찰하게 되고, 자기가 기르는 생물과 관련된 정보를 스스로 찾아보고 알고자 하는 탐구심이 생긴다.

3) 완성된 장난감이나 놀이 도구를 주기보다 스스로 만들고 완성할 수 있는 놀이 재료를 제공한다.

값비싼 인형이나 완성된 로봇을 사주는 것도 좋지만, 블록, 조립 완구, 퍼즐 등을 사 주거나 주변에서 흔히 구할 수 있는 자료를 이용해서 만들고 부수고 완성할 수 있는 활동을 하게 한다. 즉, 단순한 놀이보다는 다양하게 창의적인 활동을 하도록 하는 것이 창의성을 기르는 데 도움이 된다. 유아일 경우에는 항상 손이 닿는 곳에 장난감을 두어서 가지고 놀고 싶을 때 언제라도 가지고 놀 수 있게 해야 한다. 그리고 아이가 완성해 놓은 작품은 곧바로 치우기보다는 이것이 무엇인지, 왜 그렇게 만들었는지 등 아이에게 이것저것 물어보고, 작품에 제목을 붙여서 전시하기도 하고, 사진도 찍어주도록 한다.

4) 종이, 연필, 색연필, 풀, 가위, 크레파스, 색종이 등 문구류를 아이 손닿는 곳에 두고 마음껏 쓰게 한다.

청결이나 정리정돈에 얽매여 종이나 문구류를 쓰지 못하게 하는 것은 아이의 창작활동이나 창의력, 상상력, 손의 조작력 등의 발달을 막는 일이다. 색종이, 색도화지, 흰 종이, 동그란 종이, 세모난 종이, 휴지, 빈 상자 등 다양한 종이를 아이에게 주어서 자신의 독특하고 재미있는 생각을 마음껏 표현할 수 있도록 한다. 필기도구도 여러 종류를 구비하여 다양하게 꾸미기, 그리기, 만들기 등의 활동을 할 수 있도록 한다.

5) 아이의 엉뚱하고 기발한 호기심과 창의성을 어른의 시각으로 억누르지 않고 인정해 주고 격려하도록 한다.

어른이 보기에는 가치 없게 보일지라도 아이들의 관점은 다르다. 아이들이 긁적거린 그림이라 할지라도 어떤 내용인지 물어보고, 나름대로 동시를 지었으면 같이 읽고 얘기 나누며, 새로운 생각을 내었으면 그 생각이 사소하고 우스울지라도 "그건 바보도 그렇게 생각하지 않겠다."하고 아이의 생각에 핀잔주지 말고, "음, 좋은 생각이구나. 또 다른 생각은 없을까?"하고 격려한다.

길가에 가다 아이가 주저앉아 한없이 무엇인가를 관찰할 때도 가자고 너무 재촉하지 말고 같이 관찰하면서 질문도 던져보고 아이가 무엇에 집중하여 관찰하고 있는지 살펴본다. 또한 아이의 개성을 존중한다. 아이가 표현하는 방식, 생각하는 방식과 느낌이 다르기 때문에 이를 인정하고 존중하는 것이 창의성 발휘를 돕는 방법이다.

6) 아이의 작품을 전시한다.

아이가 만들어 놓은 작품을 버리면 아이는 무엇을 만들고자 하는 욕구가 없어지거나 자신감을 잃게 된다. 아이의 작품은 아이가 볼 수 있는 적당한 장소에 전시하고 남에게도 자랑하여 스스로 뿌듯함을 느끼게 한다. 작품에 대한 비교나 비판은 절대 하지 말아야 한다.

7) 아이들의 질문에 다정하게 답변한다.

아이들이 어떤 질문을 하건 그 질문을 무시하거나 짜증내지 말고 다정하게 알아듣기 쉽고 편하게 대답하도록 한다. 만일 답을 모를 때에는 백과사전이나 인터넷, 참고서적 등을 함께 찾아서 즉시 답변해 준다. 그리고 부모도 아이에게 질문을 하여 아이가 생각할 기회를 주도록 한다.

8) 책 읽는 습관을 길러준다.

먼저 다양한 책을 접할 수 있는 환경을 만든다. 아이가 어릴 때는 부모가 좋은 그림책을 골라 주고, 좀 더 자라서 스스로 고를 수 있을 때에는 서점에 데리고 나가 스스로 좋아하는 책을 고를 수 있도록 도와준다. 자신이 참여하고 스스로 선택한 일에는 더 열심히 하게 된다. 어릴 때부터 책을 읽는 습관을 들이도록 한다. 책은 항상 아이가 꺼내 보기 쉬운 곳에 둔다. 책을 읽고 나서 아이와 부모가 책의 내용에 대해서 대화를 나누는 것도 좋은 방법이다. 아직 어려서 혼자서 책을 읽지 못할 때는 부모가 무릎에 앉혀 놓고 내용에 따라 목소리의 높낮이와 굵기를 달리하여 동화 구연하듯 읽어주면 아이들은 즐거워한다.

9) 아이가 혼자 생각할 수 있는 시간을 준다.

자유 시간을 가질 때 아이는 비로소 혼자 사고하고 배운 것을 되새기며 자기가 정말 좋아하는 활동을 선택할 수 있다. 부모가 짜놓은 계획에 맞추어 숨 막히게 몰아치며 이것저것 가르치려고 들면 아이는 쉽게 지치고 자발적 학습의욕을 상실하게 된다. 게다가 창의성이 없고 주의산만한 아이로 자랄 우려가 있다. 부모는 아이 혼자서 무엇인가를 하고 있을 때, 잘 관찰하여 아이의 재능영역과 좋아하는 분야를 잘 파악하도록 한다.

10) 컴퓨터와 친숙하게 한다.

교육용 CD-Title을 이용하여 되도록 부모와 함께 컴퓨터를 접하게 되면 아주 어린 나이에도 컴퓨터 조작력이 계발된다. 교육용 프로그램에 재미를 느끼게 되면 어른들이 걱정하는 단순 오락게임에는 관심을 보이지 않는다. 그리고 인터넷에 널려 있는 정보를 찾고 조작하여 이용하는 방법을 가르쳐 줌으로써, 정보를 암기하기보다는 인터넷을 이용할 수 있도록 하는 것이 미래 정보사회에 대처할 수 있는 아이로 기르는 길일 것이다.

11) 일상생활에서 놀이처럼 수와 친숙해지도록 한다.

유아는 계단을 오르내릴 때 수를 세거나 사과 등의 과일을 자를 때 분수의 개념을 익힐 수 있다. 학습지를 통해 단순히 계산을 익히게 하기보다는 게임하기, 수학 교육용 CD를 이용하여 공부하기, 바둑알 이용하여 대수개념 익히기, 모양 퍼즐 등을 이용한 도형놀이, 규칙성 알기 등의 다양한 활동을 일상생활에서 찾아 수학을 공부가 아니라 놀이처럼 즐기도록 한다.

12) 일상생활 속에서 친숙한 소재를 이용하여 과학의 원리를 깨닫게 한다.

목욕할 때 물이나 공기의 성질을 익히게 하고(예, 컵을 거꾸로 하여 튀어 오르게 하여 공기의 가벼움을 알게 함), 쉽게 구할 수 있는 식품들 간의 화학적 변화(예, 날숨을 통해 이산화탄소 확인하기)를 관찰하게 한다.

비 오는 날 차에 수증기가 왜 생기는지, 바람이 왜 부는지, 날씨의 변화, 물의 상태변화 등 일상생활에서 살펴보면 아이가 궁금해하는 과학적 사실들이 무궁무진하다.

13) 실험을 할 때는 먼저 가설을 세우고 하며 실험 후에는 결과에 대해 평가하도록 한다.

실험을 무작정하고 끝내는 것보다는 과학자와 같은 태도를 가질 수 있도록 가설을 세우고 실험을 하며, 결과를 평가하는 실험활동이 되도록 부모가 돌보아 주도록 한다. 그렇게 하면 나중에 부모가 개입하지 않더라도 스스로 가설을 세워서 실험하고, 그 결과에 대하여 평가하는 실험에 대한 태도가 형성될 것이다.

글상자 3 숲에서 발견하는 수학의 비밀

　우리 아이를 영리하게 키우기 위해서 우리는 생활주변에서 관찰할 수 있는 각종 생물이나 사물의 모양에서 일정한 규칙을 찾고 자연의 원리를 발견하게 지도해야 한다. 이러한 규칙과 원리를 수학적인 안목을 가지고 관찰해 보면 자연의 지혜를 배울 수 있고, 그것을 인간의 생활에 활용하면 과학과 문명의 발전을 가져오는 원동력이 될 수도 있다. 송상헌(2001) 교수가 개발한 활동을 통해서 우리 아이를 생활 속에서 창의적이고 영리하게 키울 수 있는 지도방법을 살펴보자.

[숲에서 볼 수 있는 여러 가지 모양]

　가장 적은 재료로 가장 넓은 공간을 만들려는 꿀벌들의 본능이나 안정한 구조를 하려는 물 분자의 성질, 새알의 길쭉한 모양, 작은 공간에 많은 가지를 펼칠 수 있는 모양들이 우리 인간에게는 자연으로부터 배워야 할 지혜처럼 느껴진다. 수학은 바로 자연을 배우고 이해하는 방법으로 택한 인간 지혜의 산물인 셈이다(송상헌, 2001).

활동 1   왜 그런지 증명하기

■ 벌집은 왜 육각형일까?

[상상하기]
1. 숲 속에 있는 각종 곤충이나 새들이 지은 집의 모양은 어떤 모양일지 상상해 보자.

[두 모양 공통점 찾기]
2. 다음은 눈의 결정과 벌집의 모양이다. 이 두 모양의 공통점은 무엇인가?

[증명하기](실험)
3. 선생님의 안내에 따라 빨대를 이용하여 실험해 보면서 다음의 문제에 답하여라.
   ① 둘레가 같은 정삼각형, 정사각형, 정육각형 중 넓이가 가장 큰 것은 어느 것인가?
   ② 정삼각형, 정사각형, 정육각형을 서로 연결한 구조물 중에서 가장 튼튼한 것은 어느 것인가?

[만약 ~이라면?]
4. 벌집을 육각형이 아닌 삼각형이나 사각형, 또는 원 모양으로 짓는다면 어떻게 될까?

[만약 ~이라면?]
5. 벌도 집단생활을 하지 않고 각 개체들끼리 각자 살기 위한 집을 짓는다면 어떤 모양이 될까?

> 숲 속에서 어떤 특별한 모양을 하고 있는 것들을 찾아 보아라. 만약 그것이 그 모양이 아니고 다른 모양이라면 어떻게 될지 상상하여 보고 설명하여라.

활동 2 실험하여 확인하기

■ 새알이 굴러가는 모양

※ 새의 둥지를 찾아 그 속에 있는 새알을 관찰해 본다고 상상하면서 다음을 풀어 보자.

[상상해 보기 1]

1-1. 다음 그림 중 새알과 가장 비슷한 모양은 어느 것이라고 생각하는가?

1-2. 다음 물건 중 새알과 가장 비슷한 모양은 어느 것이라고 생각하는가?
① 축구공 ② 럭비공 ③ 탁구공 ④ 원통 ⑤ 고깔모자

[상상해 보기 2]

2. 새알을 평평한 탁자 위에서 굴린다면 어떻게 될지 상상하여 보고, 다음 중에서 가장 옳다고 생각하는 것에 ○표시를 하여라.
   (　) 곧게 굴러간다.
   (　) 좌우로 꼬불꼬불한 선을 그리며 굴러간다.
   (　) 원을 그리며 굴러서 제자리로 돌아온다.

[실험하기 1]
3. 평평한 탁자 위에서 달걀과 메추리알을 직접 굴려 보아라. 굴러가는 모양은 어떠한가?

[실험하기 2]
4. 다음의 물건들도 직접 굴려보고 달걀이 굴러가는 모양과 가장 비슷한 것은 어느 것인지 확인해 보아라.
   ① 축구공   ② 럭비공   ③ 탁구공   ④ 원통   ⑤ 고깔모자

[확인하기]
5. 알이 부화하기 위해서는 어미 새의 체온뿐만 아니라 알을 굴려주는 일이 필요하다. 또 먼저 부화하여 나온 다른 새끼 새가 아직 부화되지 않은 다른 알을 밀치는 경우도 있다. 만약 새알이 탁구공처럼 아주 동그랗다면 어떻게 될까?

새둥지의 높이에 따라 새알의 모양이 다른가? 메추리알이나 달걀을 이용하여 새알의 폭에 대한 길이의 비는 약 얼마인지 확인해 보아라.

2장

영리한 아이는
어떻게 발견하고 계발하나

1. 지능 계발하기
2. 일기 쓰기
3. 여러분의 아이가 특별히 재능이 있다고 생각 되는가?
4. 정말로 재능이 뛰어난 아이는?

　세계는 능력 있는 사람을 요구한다. 따라서 어릴 때부터 영리하고 유능하며, 일생에 걸쳐 그 탁월성을 계속 유지해갈 수 있는 그런 사람으로 기르고자 한다. 그들에게 그러한 잠재적 능력을 계발할 수 있는 기회가 주어지기만 한다면, 그 능력이 전 세계 모든 분야에 걸쳐 지대한 공헌을 하는 그런 사람으로…….

　이러한 영리한 아이가 바로 당신의, 혹은 내 아이일지도 모른다. 우리가 부자이건 가난하건, 우리의 신조가 무엇이건, 우리가 어디에서 살고 있건, 전 세계적으로 수백만의 어린이들이 어떤 식으로든 충분히 눈에 띌 만큼 똑똑하게 태어난다. 태어나는 아기의 반 정도가 어떤 분야에서건 평균 이상의 재능을 가지고 태어난다는 사실을 기억하길 바란다.

　아이들의 능력 중에서 특히 가치 있다고 보는 것은 어느 정도는 사람들 자신의 관점에 달려 있고 그것은 그들이 살아온 삶에 따라 다르다. 예를 들어, 옛날에 동굴에 살던 유능한 소년은 동물들이 있는 곳에 대한 예민한 감각을 가졌기 때문에 가장 유망한 사냥꾼이 되었을 것이다. 고대 그리스 때의 영리한 소녀는 논리적인 사고력 때문에 눈에 띄었을 것이다. 지금과 같은 사회에서 영리한 아이는 자기표현이 분명하고 읽기·쓰기 능력이 뛰어나 에세이를 훌륭하게 써낼 수 있을 것이라고 기대된다.

열심히 공부하고 규칙을 준수하고 학급에서 가장 우수한 위치를 차지하는 것이 미래에 대한 성공의 표시였다. 시인인 로버트 그레이브스는 그의 자서전인 『모든 것에 대한 작별』에서 그의 아버지가 스물세 번을 연거푸 곱해야 하는 곱셈문제를 풀려고 눈물을 흘리는 아들을 보았을 때 그를 학교에서 어떻게 데리고 나와 버렸는지에 대해 자세히 묘사하고 있다. 그레이브스는 또한 메트로놈의 리듬에 맞춰 암산을 해야 했던 것도 회상하였다.

이제 우리는 모든 어린이들에게 있어서, 그들이 해낸 것을 가치 있게 만드는 것은 그들이 만들어 낸 것 자체에 있는 것이 아니라, 그들이 보여 주는 생동감 있는 상상력의 일면들에 있다는 것을 알아야 한다. 이러한 창의적 활동의 필요성은 미술에서뿐만 아니라 과학에서도 분명하게 나타난다. 아인슈타인은 독일에서의 초등학교 시절에 공부를 무척 지루해하는 아이였으며, 배운 것을 반복하게 하던 그 학교에서 좋은 성적을 내지도 못하였다. 그 뒤 그의 삼촌이 그에게 자신의 숫자에 대한 상상력을 어떻게 활용하는지를 가르쳐 줬을 때, 그는 수학과 물리학의 세계를 바꾸어 놓는 일을 이뤄 내고 만 것이다.

아인슈타인이 천재였다는 것은 사실이다. 즉, 완전히 새로운 생각을 현재 존재하는 세계로 가지고 올 수 있는 아주 보기 드문 사람 중의 하나인 것이다. 천재들은 특별히 영리한 사람 그 이상이다. 즉, 그들은 진정 자신이 속한 기존 사회의 틀, 그리고 아마 어쩌면 자신이 가진 온 세상의 것들을 버릴 수 있는 위대한 사람들이며, 그들의 공헌 때문에 다른 사람들과 차별된다. 베토벤, 피카소, 뉴턴, 마리 퀴리는 모두 천재들이었다. 심지어 어린아이였을 때에도 후에 그들의 일생을 지배하게 될 특정 주제의 분야에 대해서만 특별히 강한 관심을 보였었다. 1950년대의 미국의 과학자들에 관한 연구에서 살펴보면, 그들은 어린 시절부터 장차 과학자가 되려고 아주 진지하고도 어른과 같은 태도로 자료수집을 하였고, 독자적으로 실험 장치를 고안해 냈으며, 이를 실행에 옮겼다.

이렇게 무엇에든 최초이며, 지식과 사상의 변경(邊境)을 밀어 놓는 천재의 능력은 인생의 매우 초기 시절에 나타난다. 모차르트는 4세 때 작곡을 하였고, 멘델스존은 9세에, 헨델은 11세에 작곡을 하였으며, 프랑스 와스 사강과 함께, 알렉산더 포읍은 12세 때 시집을 출판하였고 로버트 번즈는 14세 때 작품집을 냈다.

이 책은 천재라고 여겨지지는 않을지라도 어떤 면에서는 매우 영리하고 재능 있는 아이들의 부모들을 위해 쓰였다. 물론 대부분 똑똑한 아이들의 부모들은 아이들이 행복하고 정상적인 삶을 살기를 원한다. 그래서 저자들은 이 책을 통해 심리학자로서, 교육자로서, 그리고 부모로서의 경험을 한데 모아, 부모들로 하여금 그들의 아이들을 이해할 수 있고, 아이들이 매사에 최선을 다할 수 있게 하며, 또한 행복한 아이로 자랄 수 있도록 도우려고 한다. 부모들은 영리한 아이들의 최대의 자본이다. 부모들은 자신의 아이들의 필요에 가장 예민하며 그들의 미래에 대해 가장 많이 관여한다.

1. 지능 계발하기

심리학자들은 한 아이가 어떤 특정한 연령에 정확히 어떤 것을 해야 하느냐를 확실히 말하고 싶어 하지 않는다. 이것은 각각의 아이들의 발달과정과 양식이 너무나 다양하기 때문이다. 신체적으로, 심리적으로 아이는 잠시 정지했다가 한꺼번에 쑥 크기도 하고 또는 계속 일정하게 커 나가기도 하는 것이다. 아이의 얼굴이 각자 다 다르듯이 모든 아이에게는 자기 나름대로의 성장 속도와 유형이 있다.

그러나 대부분의 부모들은 그들 자신의 자녀가 어느 정도의 수준인지 비교하기 위해 아이들의 정상적인 발달에 대해 알고 싶어 한다. 그러나 '정상적' 발달의 수준은 실제로 동일 연령의 수천 명의 아이들의 측정치로부터 가지고 온 평균값인 것이다. 그러나 심지어 평균값도 변화되는 상황에 따라 바뀔 수 있다. 지능 수준도 꾸준히 향상되고 있다. 우리나라의 경우도 그렇지만, 특히 일본처럼 제2차 세계대전 후에는 식량 공급조차도 열악했지만 이제는 최대 강대국이 된 나라는 더욱 그렇다. 더구나 평균값은 한 문화권 나라에서 다른 문화권 나라로 쉽게 옮겨갈 수는 없다. 즉, 미국과 같은 나라에서는 질문을 하는 것은 장려되는 일이지만, 스웨덴 같은 곳에서는 금지되어 있다. 그 곳에서는 침묵을 지키는 능력이 존중 받기 때문이다. 어떤 문화권에서는 '옳은 것'과 '그릇된 것'을 구별할 줄 아는 도덕성이 그 아이를 가장 높이 평가받게 만든다.

1) 언어 사용

신생아는 말과 몸짓에 반응한다. 만 1세가 되면 아이는 '맘마' '빠빠'와 같은 몇 마디를 스스로 하는 법을 배우게 된다. 이런 것들을 시도해 가는 사이사이에 아기는 옹알거리면서 말하는 기술을 연습해 간다. 가끔씩은 언제 아기가 새 단어들을 사용하기 시작했는지에 대해 말하기 어렵다. 왜냐하면 부모들은 아기의 소리 뒤에 숨겨진 의미를 다른 사람이 알아듣게 되기 전에 이해하기 때문이다. 그러나 심리학자들은 아기가 말을 시작하는가를 알아내기 위해 사용하는 표준척도를 가지고 있다.

- 아기는 자신이 소리의 의미를 이해하고 있다는 것을 표시해야 한다. 예를 들어, '빠빠'라고 하면서 자기 아버지를 가리키거나 바라보는 것과 같다.
- 아기는 각기 다른 때 같은 방식으로, 자발적이지만 타인을 즉각적으로 따라하지 않는 말을 사용해야 한다.
- 말은 최소한 다른 어른들이 아기가 무슨 말을 하려고 하는지에 귀를 기울일 때, 이해할 수 있을 정도로 말이 분명해야 한다.

대부분의 아기들은 2세쯤 될 때, '아빠, 빵빵 타고 가'와 같은 몇 개의 문장 정도를 겨우 말할 수 있게 된다. 보통 여아가 남아보다 단어 사용수와 문장을 만드는 면에서 모두 앞서 간다. 미국의 엘리노 맥코비에 의해 행해진 연구 조사에서, 여아는 남아보다 처음 말하는 시기가 더 빠를 뿐 아니라, 적절하게 말하기에서도 더 빠르다고 하였다. 그리고 남아는 아동 후반기 정도가 되어야 이와 유사한 발달 정도를 보인다고 한다.

여러분은 당신의 자녀가 얼마나 잘하고 있는지 보기 위해서 아기가 말하는 단어의 수를 세어 볼 수 있다. 그렇지만 말이 늦다고 지능이 낮은 것은 아니다. 대부분의 세 살짜리 아이들이 900단어까지 말할 수 있음에도 불구하고, 윈스턴 처칠은 세 살 때까지 말을 잘 못했다. 말하는 것을 배우는 시기의 아이들은 단어를 금방 잊어버리고 다시 배우곤 한다.

말하기는 걸음마 시절에 있었던 많은 것들에 의해 영향을 받는다. 즉, 그 시기에 아기가 대화를 하는 수단도 중요하다. 예를 들어, 만약 부모로서 여러분이 아기의 음식과 음료에 대한 요구사항을 아기의 몸짓을 통해 어렵사리 이해할 수 있으므로 몸짓에 반응하게 된다면 아기가 음식의 이름을 불러 요구하는 행동은 조금 늦게 발달될 수도 있다. 그러나 이것은 긴 안목으로는 중요한 것이 아니다.

말하는 것을 배우는 것은 감성(感性)과도 연관이 있다. 그래서 생활 속에서 큰 변화, 즉 이사를 가거나 돌보는 사람이 바뀐 경우에 아이들은 말하는 데에 잠시 차질을 받게 된다. 아이들이 말에 대해 느끼는 방식은 또한 그들이 그 말을 사용하는 방식과 그 말에 따른 생각에 영향을 미친다. 이것은 어른들에게도 마찬가지다. 정확히 표현하기는 어렵지만 너무 많은 그러한 감성이 우리의 무의식 속에 깊이 묻혀 있기 때문이다. 우리는 우리가 말하고 생각하는 방식을 거의 의식하지 못하면서 계속 그것을 해 나가고 있을 뿐이다.

2) 숫자 사용

믿기 어려울지도 모르지만 성장 후 계산 기술은 일생의 가장 초기에 그 뿌리를 둔다. 1년이 될 때까지 아기는 편편하고 단단한 바닥에서 벽돌 하나를 또 다른 것 위에 올려놓을 수 있다. 이러한 방식으로 2세 정도가 되어 수리 개념이 분명해질 때까지 아기는 '더 많은' 것과 '더 적은' 것에 대한 기본적인 수리적 개념을 맛보기 시작한다. 평균적으로 만 3세가 되면 다섯까지 셀 수 있고, 4세가 되면 10까지 셀 수 있다. 그러나 숫자에 대한 진정한 이해는 숫자가 기억된 후에야 이루어진다. 걸음마 시기 아이에게 숫자 4는 큰 아이들이 이해하는 추상적인 숫자 4의 개념이 아니다. 왜냐하면 그들은 실생활에서 헤아려야 알 수 있기 때문이다. 그러나 만 3세가 될 때, 걸음마 시기 아이는 보통 숫자를 말하는 것과 이해하는 것 사이 어딘가에 있는 '충분조건'의 개념을 뛰어 넘어 이해할 수 있다.

만 5세가 되었을 때, 영리한 아이는 아마 5까지의 숫자를 더할 수 있으며, 만 6세까지는 10까지의 숫자를 더할 뿐만 아니라, 5 이하의 수를 뺄 수도 있을 것이다. 처음에 남아와 여아는 수리력에서 동등한 속도로 발달하는 것 같지만, 그 후 남아가 공간력에서 종종 더 나은 능력을 보이기도 하는데, 이 능력은 모양 그리기나 기계적인 것의 조작법을 이해하는 능력에서 잘 드러난다. 그렇지만 우리가 모르는 것은 이런 능력 중에 얼마나 많은 부분이 천성적인 것이며, 얼마나 많은 부분이 후천적으로 각 성(性)별로 이러한 분야에서 받는 다른 형태의 격려와 뒷받침의 영향으로 인한 것인가 하는 것이다.

3) 기억력 사용

약 10세의 나이부터 대부분의 사람들은 아기 때와 걸음마 시기에 자신들에게 어떤 일이 일어났었는지 기억하는 것이 거의 불가능함을 알게 된다. 프로이트는 이것을 '유아기 기억 상실증'이라고 불렀다. 그것은 우리가 기억하기를 원치 않는 것에 대한 우리의 억압된 생각 때문이라고 그는 말했다. 그러나 최근 심리학적 연구에서는 훨씬 직접적인 방법으로 이것을 설명하고 있으며 더 효과적으로 아이들이 기억력을 사용하도록 도와주는 수단을 제공해 주고 있다. 즉, 이렇게 잊어버리는 현상이 그들의 학습과정 중 한 결정적인 부분에서 나타난다는 것이다.

아이들이 기억하는 과정에서 생기는 초기의 문제점들은 그들이 자신들의 경험을 분류하고 저장할 때 사용하는 비효율적인 방법 때문이다. 경험한 것을 기억하기 위해서는 표상을 위한 친숙한 통로를 통해 사실을 이끌어 내야 한다. 그러나 아이들은 정신적 응집력이 약해서 경험을 잘 분류해서 저장하지 못하므로 어릴 때 기억을 하기 힘들다.

아기들의 걸음마 시기에 이러한 일들이 일어나는 것을 여러분들은 볼 수 있을 것이다. 이 시기 아이들은 그들이 심지어 하루 전에 했던 일도 기억하기 힘들어하곤 한다. 여러분들이 아이가 기억 체계를 운행할 수 있도록 하나의 이야기를 다른 부분과 연계시켜 주는 주의 깊고 세밀한 질문을 이용해서 그들을 도울 수 있다. 그래서 두 살짜리조차도 더 나은 성과를 거둘 수 있다. 예를 들어, '어제 할머니가 너에게 무엇을 먹으라고 주셨니?'라는 질문은 만약 그것이 자기 집에서가 아니라 할머니의 집에서 이루어진 질문이라면 더 좋은 반응을 얻어 낼 수 있다.

여러분이 인식해야 할 실제적 문제는 아주 어린아이들은 자기 자신을 적절히 설명할 단어를 항상 가지고 있는 것은 아니라는 점이다. 이 문제점에서 벗어나는 한 방법은 그들이 기억하는 것을 몸짓을 섞어 가며 설명해 보게 하는 것이다. 예를 들어, 그들을 그 전날과 똑같은 운동장에 데리고 가서 그들이 기억하는 것을 재현해 보도록 요구할 수 있다. 또는 여러분이 아이에게 이야기를 하면서 몇몇 지점에서 멈추고 그 아이가 빠진 부분을 채워 넣도록 격려할 수도 있다.

어린아이들이 이미 가지고 있는 것을 더 잘 활용할 수 있도록 돕는 것은 많은 인내를 요하지만 모든 운동과 마찬가지로 연습이 행동을 개선시킨다. 결국 아이들은 가장 효율적인 기억 방법을 그들이 이미 가지고 있는 지식으로 재빨리 들어갈 수 있고, 또한 그 기존 지식에 덧붙이기 위해 사용한다는 것이다.

4) 경험의 사용

어떤 종류의 지능계발을 위해서는 경험이 필요하다. 예를 들어, 시간에 대한 개념은 일부 언어 능력뿐 아니라 과거 사건에 대한 기억을 필요로 한다. 걸음마 시기의 아이들은 만 3세까지 시간에 대한 생각을 갖고 미리 계획을 세우기 시작한다. 아이들은 그들이 잘 알고 있는 어떤 것들, 즉 자는 시간이나 간식 시간을 사용하여 계획을 세우도록 격려받을 수 있다.

그러나 어른과는 달리 어린아이들은 아직 새로운 상황에 대처할 수 있도록 과거 경험을 축적하지는 못한다. 예를 들어, 아기가 아빠와 '까꿍'을 하며 놀 때, 의자 위에서 아빠의 얼굴이 여러 번 나타나는 재미있는 모습을 경험해 보고서야 다음에도 아빠의 얼굴이 같은 곳에서 나타날 것이라는 것을 알 수 있다. 나중에 아빠가 의자 뒤에 웅크리고 숨어 있었다는 것을 알게 될 때에 아이는 흥미를 잃게 된다. 만 1년이 되었을 때 기어 다니는 아기는 장난감 하나를 어떤 쿠션 뒤에 감추는 것을 보고 그것을 다시 찾아낼 수 있을 것이다. 그러나 그것을 어떤 쿠션 아래 놓는 척하고 또 다른 쿠션 아래로 몰래 빼내어도 아기는 계속 처음의 쿠션 아래만 찾아볼 것이다. 그러나 18개월이 되면 한 개 이상의 숨겨진 장소에 대해 인식할 수 있게 된다.

또한 어린이는 합리적으로 설득하는 것을 배우기 전에도 경험을 필요로 한다. 최소한 3년이 지나야 자신의 주장을 합리적으로 하려는 노력을 할 수 있으며, 5세경이 되면 자기가 보는 것들에서 이치가 맞는 결론에 도달하거나, 유사점과 다른 점을 찾아내는 일을 할 수 있다.

때로 어린아이들은 그들이 '옳은' 결론에 도달하기 위해 필요로 하는 사회적 전통에 대한 지식이 결여되어 있다. 예를 들어, 걸음마 시기의 아이가 나중에 커서 엄마나 아빠와 결혼하고 싶어 하는 것과 같다. 아이들은 또한 일을 성취시킬 만한 주의력이 충분치 않다. 즉, 설득하는 과정에 인내심을 가지고 절충할 줄 모른다. 그래서 대신 자기만의 논리를 가지고 해결점에 이르게 된다. 한 예로, 어른들로부터 힌트를 얻은 우리 아이들 중 하나가 어렸을 때 배에 '두통'이 있다고 말하곤 하였다. 여기서 이 아이의 생각이나 논리적 해석에는 아무 문제점이 없었고 다행히 이해하기 쉬웠던 경우였다.

5) 글자 사용

때로 걸음마 시기의 아이들은 종이 위에 긁적거리며 아무렇게나 쓰는 것이 자기의 생각과 감정을 표현하는 재미있는 방법이라는 걸 알게 된다. 그리고 모양을 모방하고 그림을 그리면서 4세가 될 때까지 많은 아이들이 글자 몇 개를 만들어 낼 수 있다. 그러나 많은 아이들은 5세경이 되면 쓰기 활동을 하기 시작한다. 비록 아이들은 읽기는 무척 좋아해도 쓰기는 뒤쳐지는 경우가 많은데 읽기와 쓰기는 취학 초기에 종종 함께 발전해 나간다.

최근에 많은 아이들이 취학 전에 읽기와 쓰기를 습득하기는 하지만, 대부분의 아이들은 초등학교 입학 이후 체계적으로 읽기를 배우고 한 학년이 끝날 때쯤 그림과 함께 간단한 문장이 있는 책들을 정확하게 읽을 수 있다. 그렇지만 매우 영리한 아이들은 과자 상자, 거리표지판, 레코드 상표와 같이 주위에 있는 단어들을 받아들여 취학 전에도 읽기를 스스로 학습해 가는 것 같다. 어떤 똑똑한 아이는 만 3세에 흔한 세 글자 단어의 뜻을 파악하고, 또한 크게 써 주기만 하면 자기의 이름을 알아볼 수도 있다. 물론 '이름이 얼마나 어려운 글자로 구성되어 있는가'에 달려 있기는 하다.

아이들이 읽기와 쓰기에서 사용하는 글자를 배우는 연령은 다분히 그들이 집에서 받는 격려, 도움 그리고 좋은 본보기에 달려 있다. 부모로서 여러분 자신이 여러 단어들을 즐겨 사용한다면, 여러분의 아이도 역시 그러리라고 기대할 수 있다.

글상자 1   서유헌 뇌 박사의
바보도 되고 천재도 되는 교육법

서유헌(서울대 의대교수, 한국 뇌학회 회장)교수는 태어나서 3세까지는 대뇌 피질이 집중적으로 발달하는 뇌 발달의 황금기라고 하며 다양한 영역의 정보를 풍부하게 전해 주는 것이 1단계 두뇌발달의 기초임을 강조하였다. 그가 강조하는 바보도 되고 천재도 되는 교육법을 살펴보자.

1. 전뇌를 고루 발달시키는 오감자극법
머리가 좋다, 나쁘다는 뇌의 신경세포 수가 얼마나 치밀하게 발달돼 있느냐에 따라 결정됩니다. 이 신경세포는 출생해서 만 3세까지 가장 활발하게 발달하지요. 만 3세까지 고도의 정신 활동을 담당하는 대뇌피질이 집중적으로 발달하는데, 구체적으로 전두엽(사고와 언어, 운동), 두정엽(촉각), 후두엽(시각)이 이에 해당됩니다.

이처럼 아기 때는 모든 뇌가 골고루 왕성하게 발달하므로 어느 한 쪽으로 편중된 학습은 좋지 않습니다. 독서만 많이 시킨다든지, 언어교육만 무리하게 시킨다든지, 카드만 질릴 정도로 보여주는 등의 일방적이고 편중된 학습은 큰 도움이 못됩니다.

만약 '강아지'라는 주제로 배운다면 이렇게 해 봅니다. 단순히 강아지 그림이나 비디오를 보여 주기보다는, 직접 강아지를 보여 주고(시각 자극), 만지고 느끼며(촉각 자극), 냄새를 맡고(후각 자극), 강아지의 멍멍 소리를 들어봅니다(청각 자극).

이처럼 아이가 갖고 있는 오감을 골고루 자극시키는 종합

교육이 되어야 두뇌발달이 효과적으로 이루어집니다.

또 하나 중요한 점은 이런 오감자극 학습이 꾸준히 또 지속적으로 이루어져야 뇌 발달이 효과적으로 이루어진다는 점입니다. 잠시 잠깐의 자극은 뇌의 신경회로를 만들어 주긴 하지만 곧 없어지고 말지요. 꾸준하고 지속적으로 정보를 주어야 신경회로가 튼튼하고 치밀하게 자리를 잡습니다.

2. 부지런히 손을 놀리고 기어 다니게 하자

뇌에서 가장 넓은 면적을 차지하는 것이 손을 관할하는 부위이므로 손가락의 움직임은 정교한 정보처리를 요구합니다. 손 근육이 발달하는 시기는 생후 18개월 이후이지만, 갓난아기 때부터 손놀림은 두뇌발달에 큰 도움이 됩니다. 아기 때부터 손으로 하는 놀이를 자주, 또 지속적으로 시켜 주세요.

손 놀이로 두뇌를 발달시키는 방법은 평범한 활동이 가장 좋습니다. 아기가 아주 어릴 때는 엄마가 손을 잡고 잼잼, 곤지곤지 등 손가락을 부지런히 움직여 줍니다.

조금 커서 물건을 쥐거나 크고 작은 손놀림이 가능해지면 젓가락질, 종이 찢기, 책장 넘기기, 운동화 끈 매기, 가위질하기, 악기 연주, 연필 깎기 등을 자주 시키세요. 생활 속에서 자연스럽게 이루어지는 손놀이를 많이 접하도록 하는 것이 중요합니다.

아기가 두 눈을 집중시켜 목적지를 향해 기어가는 행동은 두뇌발달에 중요한 영향을 미칩니다. 기어가는 동작은 팔과 다리의 균형과 힘을 맞춰야 하는데 그 과정에서 아기의 좌우뇌가 균형적으로 발달하게 되지요.

신발을 신을 때나 물건을 잡으려 할 때 왼쪽, 오른쪽의 방향 감각을 일깨워 주세요. 구르기 놀이를 할 때도 오른쪽, 왼쪽으로 번갈아 구르게 하여 감각을 몸에 익히게 합니다.

2. 일기 쓰기

여러분의 아이가 똑똑한지 그리고 어떻게, 언제 그 아이에게 적절한 주의를 기울여야 하는지를 결정하는 것은 주의 깊은 관찰을 요구한다. 이를 위해 일기를 쓰는 것이 비록 약간은 지루한 일일지도 모르지만 매우 도움이 될 수 있다. 여러분이 어떤 것을 기록하게 되면, 일상생활에서 여러분의 가족에게 일어나고 있는 일에 대해 더욱 분명하고, 더욱 객관적인 시각을 가질 수 있도록 도와준다. 그런 후에 뒤돌아보면 여러분의 상황이 어떻게 진전해 갔는지, 그리고 그것들이 앞으로도 어떻게 변화될 수 있는지에 대해 볼 수 있게 된다. 일기는 여러분이 영리한 아이를 키우고 있는지, 아이의 발달 속도가 또래에 비해 빠른지 등을 판단하는 데 도움을 줄뿐 아니라, 그 아이의 감성적 발달을 지켜 볼 수 있게 해준다. 지능과 감성이 함께 발달하기 때문에 두 가지는 함께 관찰되어야 한다.

여러분의 기록은 꼭 일기장에 쓰지 않아도 좋고 또 규칙적으로 꼭 써야 할 필요도 없다. 그냥 편할 때, 사건들이 일어날 때나, 특히 쓰고 싶을 때 쓰면 된다. 작은 노트가 좋을 것 같고 기왕이면 두껍고 단단한 커버로 되어 있어서 여러 번 읽거나 여러 아이에 대해 계속 쓸 경우에도 오래 갈 수 있게 하면 좋을 것이다. 분명히 여러분이 갖고 있는 가장 중요한 책이 될 것이다.

아이의 발달에 관해 일기를 쓰고자 한다면 꼭 유념해야 할 다음과 같은 사항이 있다.

- 어떻게 바뀌어 가는가?
- 어떻게 느끼는가?
- 미래 계획은 어떤가?

그러나 만약 여러분이 쓸 때 그냥 기록을 한다기보다 일어나는 사건들을 통해 생각하려고 애쓴다면 훨씬 이점이 클 것이다. 한 예로, '미라의 어금니가 남. 아이 아빠가 일주일간 출장 중'이라고 쓰는 대신에 다음과 같이 쓰도록 해 보라.

> 미라의 어금니가 조금씩 나오면서 많이 운다. 아이 아빠는 일주일간 출장 중이다. 아이가 아파서 울까, 아니면 아빠가 보고 싶어 우는 걸까? 나도 남편이 정말 보고 싶다. 내가 괜히 슬퍼져 미라를 그렇게 보고 있는 건가? 오늘 오후엔 바깥바람을 맞게 해주며, 아기에게 더욱 가깝게 다가가야지…….

여러분의 생활에서 일어나는 사건에 대해 여러분이 선택하는 해석의 관점은 개인에 따라 다르다. 그러나 여러분의 가족에게 중요한 것은 여러분의 의견이며 일기는 사적인 것이어야 한다.

여러분 아이의 발달에 관해 글을 쓸 때나 그 일기를 읽을 때나 언제나 긴 안목을 가지려고 애써라. 길게 보는 시각은 발달에서 변화하는 양상을 볼 수 있게 해준다. 아마 여러분은 여러분의 아이가 6개월에 말하기를 시도한다고 생각했고, 너무 욕심 많은 엄마라는 말을 들었던 것에 대해, 여러분이 옳았다는 것을 후에 알게 될 수도 있다. 혹은 그 아이가 학교에 들어가면서 그 전까지의 자신감이 혹시 침체기를 맞는다고 해도 그것이 분명하게 파악될 수도 있다. 일기는 사건들을 관점을 가지고 볼 수 있게 해주며 혹시 있을 문제점이 완전히 자리를 잡기 전에 발견해 낼 수 있게 해준다. 몇 해 후에, 여러분은 유용한 몇몇 항목들이 있음을 알게 될 수 있다. 다음 일기를 통해 새라가 어떻게 읽기를 시작했는지를 살펴보자.

8개월째, 새라에게 그림책을 보여줬다. 아이는 손에 잡으려고 하며 많은 관심을 보였다. 나도, 남편도 너무 흥분이 됐다. 어머니는 '새라는 아직 읽기엔 한참 이르다.'라고 말씀하신다.

1년 2개월째, 새라는 천으로 된 책의 페이지를 넘길 수 있고 그림을 보고 인상을 쓴다. 읽는 척한다. 그래 보인다. 너무 재미있어서 우리는 많이 웃었다. 그랬더니 아기는 더 좋아하는 거다. 아기를 지켜보는 것은 너무나 큰 기쁨이다.

3년 4개월째, 몇 자는 읽을 수 있다. 새라는 뭐든, 열심히 배우려고 하는 것 같다. '이게 뭐야?' '저게 뭐야?' 하는 질문 때문에 정말 미치겠다. 나는 이 아이의 요구를 채워 주지 못한다. 때로 나는 아이를 안아 주는 것이 필요해서 그렇게 하기도 하지만, 최근 들어 아이와 나는 자꾸 엇갈리는 것 같은 느낌이다.

4년차, 새라는 유치원에 입학하였다. 큰 안도감을 느낀다. 그러나 유치원이 떠나가게 거기서 소리를 질러 댔다. 좀 더 잘 준비시켰어야 했다. 남편의 일이 조금 한가해져 새라와 좀 더 있어 줄 수 있길 바란다. 나도 그럴 수 있기를……

5년차, 학교 갈 나이다. 그러나 새라는 그다지 열심이지 않은 것 같다. 선생님은 이 아이가 똑똑하나 시도를 하려고 하질 않는다고 말한다. 걱정이다. 남편과 나는 매일 새라에게 많은 사랑과 격려를 해주어야 한다. 아이에게 지금 우리가 정말 필요하다.

6년차, 새라는 학교에서 꾸준히 잘한다. 일기를 썼던 건 참 잘한 일이다.

순간순간, 여러분 아이의 일상에서 어느 특정한 날에 대해 써 보아라. 아이가 혹시 부모가 관심 두는 것만 계속하고 있는 것은 아닌가? 기록을 통해 관찰해 본다면 부모는 아마 아이에게 선택의 범위를 넓혀 줄 수 있을지도 모른다. 여러분은 아이에게 진취적으로 일을 수행할 수 있게 만드는 자신감을 주는 칭찬과 격려를 충분히 해주고 있는가? 보통 아이들이 그 나이에 어떤 일을 하는지 잘 살펴본다면 아마 여러분은 아이에게 너무 큰 기대를 하고 있다는 것을 느낄 것이다. 이런 사실을 알게 된다면 여러분의 기대와 아이의 성취

도 사이에서 일어나는 즉각적인 충돌을 피할 수 있다. 여러분의 일기는 자녀의 전반적인 발달 사항에 관한 개인적 지침서가 될 수 있다. 자녀가 가진 어떤 특별한 재능을 찾아내려 함과 동시에 아기의 성격적 특성에 관해 공감대를 만들도록 노력하라.

3. 여러분의 아이가 특별히 재능이 있다고 생각되는가?

부모는 자녀가 지닌 잠재적 재능을 가장 잘 발견할 수 있는 사람이다. 부모들이야말로 어떤 다른 사람들보다 아이를 오래 알아 온 사람이기 때문이다. 때로 부모는 아이가 다른 아이와 노는 것을 지켜보면서 어떻게 다른 아이보다 더 통찰력 있는 질문을 하며, 어떻게 더 빠르게 일을 처리하는 방법을 찾아내는가 하는 것을 통해 이 아이가 지닌 재능을 확인하게 된다. 가끔씩 부모는 거의 본능적으로 그것을 느낄 수 있다. 일종의 육감이나 직관적 지식은 종종 신뢰할 수 있다.

1) 어떻게 걸음마 시기에 영리한 아이를 찾아내는가?

아이의 신체적 발달 속도는 잠재적 능력을 알려 주는 지표가 될 수 없다. 재능 있는 아이들은 다른 아이들과는 다른 행동 특성과 사고를 나타내며 그들의 행동은 매우 다양하다. 어떤 아이들은 활동적이고 모든 면에서 친절하지만, 또 한편 다른 아이들은 내성적이고 혼자서 해결하기를 더 좋아한다. 따라서 다음 세부사항을 주의 깊게 활용해 보길 바란다.

(1) 쾌활한 마음

똑똑한 아이들의 특징으로 눈에 띄는 것이 쾌활성이다. 이것은 여러 가지 방법으로 나타나지만 특히 말하기를 즐겨 하는 것으로 많이 나타난다. 이들은 매우 '말이 많은' 아이들이다. 처음에 옹알대던 것이 곧 걸음마 아이의 끝없는 대화로 바뀌며, 이런 일이 빠르면 3년차에 나타나기도 한다. 이들 중 많은 아이들이 4세에 글을 읽고, 보이는 모든 단어는 다 삼키듯 흡수해 버리는 것처럼 느껴질 정도가 된다. 똑똑한 아이들은 효과적으로 기억하며 약 3세까지 또래에 비해 눈에 띄게 탁월하다. 예를 들어, 만 4세아는 1년 전 소풍갔던 것을 기억해 낼지도 모른다. 똑똑한 아이의 부모는 종종 이 시기에 있는 자기 아이의 놀라운 기억력에 관해 말하곤 한다. 이러한 아이들은 비록 어리지만 흥미 있는 것에 높은 집중력을 나타낸다.

많은 영리한 아이들은 경쟁 심리의 일면을 타고나는 것 같다. 이 아이들은 자기들끼리 서로 경쟁하며 항상 다음엔 더 나아지려고 노력하거나, '네가 할 수 있는 건 무엇이든 나도 더 잘할 수 있어!' 라는 정신을 갖고 다른 아이들과 겨루는 것 같다. 당신의 어린아이가 '몇 번이고 반복해서 꼭 해내려고 하는가?' '때로는 해낼 때까지 대단한 인내심을 보여 주기도 하는가?'를 관찰하기 바란다.

걸음마 시기에도, 영리한 아이들은 생각들 사이의 작은 차이점을 찾아내며, 재빨리 특별한 관련성에 주목할 줄 안다. 그러나 걸음마 시기의 아이들은 다음의 대화에서 나타나듯이 그들이 살고 있는 세상에 대해 그다지 잘 알지 못한다.

아이 : 언덕 위에는 집을 못 지어.

엄마 : 아니, 지을 수 있어. 저 언덕 위에 있는 집들 좀 봐.
아이 : 그럼 어떻게 바닥이 평평해져?
엄마 : 응, 언덕을 파서 집을 짓거나 발코니처럼 툭 튀어나오게 만들어야지.
아이 : (대화에서 물러나지 않고 이기려고 애쓰면서) 아마 바닥이 경사진다 해도 집을 '적당히' 잘 지을 수 있을 것 같아. 그냥 언덕 위에 지으면 사람들이 안에서 오르락내리락 하며 살잖아. 그럼 되는 거지 뭐.

(2) 인지력

몇몇 똑똑한 아이들은 높은 수준의 인지력을 사용하며 정보를 빨리 받아들일 줄 안다. 때로는 여러분이 말을 다 마치기도 전에 그 의미를 알아차리기도 하며, 한 번에 한 가지 이상의 정보를 얻어낼 수도 있다. 어린아이들은 어른들과 다른 방법을 사용한다. 어른들은 주의력과 기억력을 서로 번갈아 사용한다. 자기들이 들었던 것을 저장해 놨다가 다른 것을 다 듣고 나서 그 곳으로 다시 돌아온다. 그들은 두 개의 입구를 계속 열어 놓고 왔다 갔다 하는 것이지 실제로 한 번에 하나밖에 못 듣는다. 그러나 아이들은 대화하면서도 라디오에서 들은 것을 정확하게 말하는 놀라운 일을 하기도 한다.

탁월한 인지력으로 인해 이 아이들은 내가 다른 사람이 된다면 어떨까 상상하게 되기도 한다. 이것은 그들이 다른 사람들의 행동을 모방하여 그 경험으로부터 빨리 배우는 일에 예외적으로 탁월하다는 걸 의미한다. 이러한 행동으로 인해 간혹 성숙된 것으로 오해되기도 한다.

똑똑한 아이들은 매우 민감한 면이 있어서 영리하다고 느끼게 된다. 민감성으로 인해 이들은 남과 달리 다양한 영역의 정보와 생각들을 흡수하게 만든다.

그러나 지나치게 민감함으로써 보통의 꾸지람이나 비판도 참아내지 못하게 되어 가슴에 묻고 과민한 반응을 보이게 되는 경우가 생기기도 한다. 체벌보다는 부드러운 가르침이 똑똑한 아이들에게는 최선이며, 다른 아이들과 마찬가지로 칭찬이 필요하다.

(3) 학습 능력

똑똑한 아이는 10개월 정도가 되면 이상하리만큼 어른들처럼 꽤 사교적이 된다. 아이는 여러분의 주의력을 끌 수 있으며 원하는 만큼 그러한 상태로, 상대방의 주의력을 계속 유지하기도 한다. 예를 들면, 만 1세가 된 아이는 주의를 끌기 위해 소리지르는 것보다 활짝 웃는 것이 훨씬 자기가 원하는 것을 얻기 쉽다고 깨닫게 되는 것과 같다. 그래서 아이는 웃음을 띤 채 새로 습득한 말을 사용하여 부모를 기쁘게 하며 노는 것이다. 마치 여러분이 자신이 잘해낸 것들을 좋아하며 계속 옆에서 지켜보고 싶어 한다는 것을 아는 듯이.

똑똑한 아이들은 배우는 것에 대해 특별히 왕성한 욕구를 갖고 있는 것 같다. 그래서 기회만 주어지면 재빨리 받아들인다. 이들은 자라면서 또래에 비해 지식의 정도가 넓어지고 깊어지므로 만 6세 아이가 9세 아이의 지식을 가질 정도가 된다. 이것은 이들이 항상 더 똑똑해지기 때문이 아니라, 단지 더 많이 알고 있기에 그렇게 보이는 것이다. 부모들이 이 모든 지식들을 이 아이들이 어디서 얻었는지 의아해하는 것도 당연한 일이다. 이 아이들은 TV, 책, 사람들의 대화 등 어디서든지 그것들을 빨아들이는 것 같이 보인다.

(4) 독립성

똑똑한 아이들은 그들이 하는 것에 대해 확신을 가지고 있다. 그들은 자기 자신에 대해 편안해하며 자기들이 해낸 것에 대해 자부심을 느낀다. 간혹 그들은 부모를 능가하려고 한다. 예를 들어, 아빠가 나가려고 할 때 신발을 숨기는 것 같이 장난을 치고 재미있는 것을 찾을 궁리를 하기도 한다. 혹은 이 아이들은 자기 부모들보다 어떤 것을 더 잘하고 싶어 하기도 한다.

한 번은 내가 누구를 만나기 위해 전화로 약속을 정하고 있었다. "토요일 오후는 어때? 난 한가한데."라고 내가 말했다. 그 말에 우리 집 아이는 자랑스럽게 대답하기를, "난 한참 더 한가해!"라고 했다.

똑똑한 아이들은 학교에 들어가서 보통 처음 며칠 만에 눈에 띄게 독립적이 되며, 수업시간에도 능력을 보인다. 심지어 유치원에 다닐 때에도 몇몇은 특별한 분야에 관심을 집중시켜 더 깊이 있게 알고 싶어 한다. 학교에 들어갈 때쯤 되면, 이들은 그 주제에 관해 자신이 할 일을 알기 시작한다. 윌리엄이라는 4세아를 예로 들어본다. 윌리엄은 고전음악을 매우 좋아해서 CD를 수집했으며, 매우 조심스럽게 다룬다. 그렇지만 4세 나이에 프로코피프, 차이코프스키와 같은 이름을 읽어 내기엔 읽기 능력이 서툴렀으므로, 대신 그는 작품들을 숫자로 기억했다. 어느 날 그의 엄마와 쇼핑을 하는 도중 윌리엄은, 슈퍼마켓의 대형 스피커에서 나오는 음악을 알아듣고서, 황홀경에 빠진 듯 소리쳤다. '들어봐! 이건 10번이야!' 라고.

2) 이들이 특별한 관심을 필요로 하는가?

여러분이 특별히 똑똑한 아이, 또는 재능 있는 아이의 부모라는 사실이 순전히 기쁜 일만은 아니다. 이러한 예외적인 아이들에게는 몇 가지 우려되는 점들이 있으며 이런 문제들이 신문이나 때때로 대화에 화제로 떠오른다. 다음은 영리한 아이에 관한 부모들의 질문에 대한 대답이다.

기회가 주어졌을 때, 똑똑한 아이들은 보통 아이들보다 더 빠르게 배우며 뭐든 더 잘해 낸다. 그래서 이 아이들은 특별한 관심을 기울이지 않아도 잘하는 것처럼 보인다. 그러나 이것은 부분적으로 여러분의 교육관에 달려 있다. 여러분은 모든 아이가 똑같은 교육을 받아야 하며, 또 특별히 영리한 아이들은 스스로 잘해 나갈 것이기 때문에 대부분의 관심은 학습에 어려움을 겪는 아이들에게로 돌려져야 한다고 생각할지 모른다. 그러나 여러분이 만약 모든 아이들이 자신의 잠재적 능력의 한계까지 교육받아야 한다고 생각한다면 영리한 아이들도 자신들의 잠재력을 성취하기 위해 그들만의 특별한 관심을 필요로 한다는 사실을 이해하기에 무리가 없을 것이다.

똑똑한 아이들을 포함한 모든 아이들은 그들이 받는 교육과정이 재미있고 도전할 만하다고 느낄 권리가 있다. 따라서 그들은 일반교실에서 평균적 학습의 속도에 맞춰 가는 학습의 제한에 묶여 있어서는 안 된다. 그래서 그들의 탁월한 학습능력에 맞춰서 배울 수 있는 어떤 특별한 기회가 필요한 것이다. 예를 들어, 획일적인 의무교육을 받고 있는 한 똑똑한 아이가 그의 두뇌는 현재 수학 단계를 훌쩍 뛰어넘어 있는데도 너무 쉬운 단계의 수학을 푸는 데 자신의 많은 힘을 낭비하고 있다면, 그는 그 과목에 넌더리가 나 그 과목을 아주 멀리하게 될 수도 있는 것이다.

이 문제에 대한 열쇠는 탄력 있는 접근법을 적용하는 데 있다. 교육이 모든 아이들에게 강요적인 것이 되기 전에, 운이 있는 아이들은 개인교습을 받거나 작은 그룹교육을 받을 수 있다. 모차르트는 아버지의 도움을 받았을 뿐 아니라 아주 어릴 때부터 가정교사가 있었다. 모차르트가 큰 학교에서 한 치의 양보도 없는 상황이었다면, 오늘날과 같이 음악 콩쿠르를 준비하며 자신의 음악적 재능을 개발시킬 시간을 가졌을 것 같지는 않다. 그렇지만 반대의 경우도 있다. 벤자민 브리튼을 양육했던 그의 고모는 너무 현세적인 사람이었다.

잘 시간이 되면, 고모는 벤자민에게 작곡을 못하게 했다. '지금 오는 영감(靈感)이 진짜라면, 내일 아침에도 올 거다!' 라고 그의 말을 일축해 버렸다.

3) 학교에다 알려야 하나?

부모들은 종종 자기들이 아이들의 높은 능력에 대해 느끼고 있는 것을 선생님에게 말하면 좀 뻔뻔해 보일까 봐 걱정한다. 그러나 부모들은 자식의 선생님께 정직해야 한다는 의무가 있다. 교사나 부모가 같이 노력하지 않으면 결국 피해는 아이에게로 간다. 만약 부모가 아이를 위해 단지 특별한 관심이 주어지기만을 촉구하는 것이 아니라, 담당교사와 함께 노력하고 싶다는 진정한 관심을 표시한다면 학교 측에서 부모들과 협력하기 위해 최선의 노력을 기울일 가능성은 아주 높다.

만약 부모들이 그 아이의 영리함을 입증하는 확실한 근거를 기록했다면 아이와 함께 학교로 보내는 것이 학교 측이나 자녀에게나 모두 도움이 된다. 이러한 근거자료에는 생후 언어 구사, 취학 전 글읽기, 아이의 특별한 말이나 생각, 음악적 재능 등에 관한 세부적 사항이 포함된다. 여러분이 아이의 작품을 함께 가지고 간다면 그 또한 도움이 될 것이다.

4) 어떻게 이 아이들이 생활 속에서 대처해 내는가?

아이들이 더 성장할수록, 특히 영리한 아이들은 자기의 관심 분야를 점점 넓혀 나간다. 이것은 이 아이들이 다른 아이들보다 학과목에서 더 나을 뿐 아니라, 학교 밖에서도 훨씬 더 넓은 범위의 관심을 가질 수 있다는 것을 의미한다. 특별히 음악에 관심이 많은 아이들은 오케스트라나 합창 연습에 참여하며 시간 보내기를 즐겨할 것이다. 많은 이러한 아이들은 수학에서 예술까지, 운동에서 철학까지, 모든 것에서 유능해 보인다. 부모들이 이렇게 광범위한 탁월성을 다 뒷받침해 주긴 어려운 일이지만 동시에 참으로 기쁜 일이 아닐 수 없다.

부모들은 그들의 아이들이 너무 광범위한 것을 하려고 함으로써 스스로 지치게 될 것을 걱정할지도 모른다. 그러나 아이가 강요에 의해서가 아니라 자신의 활동 범위를 스스로 선택한다면 그런 걱정을 할 필요가 없을 것이다. 어른들에게 일처럼 보이는 것이 아이들에게는 재미있을 경우도 있다. 그러나 어떤 영리한 아이들은 한 번에 한 가지씩 해결해 가며 그들이 만족할 때까지 배울 수 있는 모든 것을 다 배운 후에는, 부모들도 놀랄 정도로 갑자기 그만둬 버린다. 우리 큰 아들은 퍼즐에 한참 집중했고, 꼭두각시 인형극과 증기기차에 열중하더니, 파이프 오르간 디자인을 한동안 하다가, 음대에서 트럼본을 공부하고, 이제는 케임브리지 대학에서 컴퓨터 공학박사 학위를 취득하기 위해 공부하고 있다.

똑똑한 아이들은 집단놀이에서 대장처럼 나서는 경향이 강하다. 왜냐하면 자기가 다른 아이들보다 규칙을 더 잘 이해하고 기억한다고 느끼기 때문이다. 이런 행동 때문에 인기를 잃기 쉽다. 그러므로 부드러운 충고를 통해 재치 있게 행동하도록 이끌어 줄 필요가 있다. 이런 문제를 피하기 위해, 운동 쪽으로 또는 경쟁적이지 않은 스포츠로 주의를 돌리는 것이 좋다. 똑똑한 아이들은 반에서 가장 어린 나이일 경우가 있다. 왜냐하면 1년 월반을 했거나 1년 일찍 학교에 들어가는 경우가 있기 때문이다. 교사들이나 학급 친구들은 그들이 좀 작아 보일 때에, 그들이 어려서 그렇다는 것을 쉽게 잊어버린다. 이것은 중학교 남학생의 경우에 특히 문제가 된다. 만약 여러분의 자녀가 상대적으로 작아 보인다면 그것은 정말로 다른 아이들보다 만 1년이나 어리기 때문이라는 것을 여러분 자신과 자녀에게 항상 잊지 않도록 해야 한다. 그러나 한 아이가 이런 상태로 살아가야 하는 것은 여전히 어려운 일이며 필자의 장기간에 걸친 연구조사는 1단계 또는 그 이상 월반하는 것이 항상 잘하는 일은 아니라는 것을 잘 보여주고 있다.

5) 그 영리함이 지속될까?

'먼저 익은 과일이 먼저 썩는다.' 라는 말이 이 경우에 사실일까 하는 질문이 자기 학년보다 앞서 가는 아이들에 대해 항상 제기된다. 어떤 어른들은 어린 시절에 영리하다는 것이 확실히 득될 게 없다고 느낀다. 셰익스피어의 리처드 3세에서는 '어려서 그렇게 영리한 자들은 오래 살지 못한다고들 하지…' 라고 쓰여 있다. 그러나 그런 생각은 요즘은 사실과 상당히 멀다. 왜냐하면 요절했던 유명한 신동으로 쇼팽, 셜리, 브론테가 있었다면, 메누힌즈, 테드휴, 도리스 레싱, 섬머셋 모음과 같이 더 많은 사람들이 인생의 무르익음을 한껏 누렸기 때문이다.

요절했던 유명한 신동들은 의학이 발달되지 못했을 때 태어났었고 그들과 동시대에 살았던 덜 영리하고 덜 유명한 사람들도 요절하는 똑같은 운명을 받아들여야 하였다.

전반적으로 특별히 똑똑한 아이들은 후에도 상당히 똑똑한 성인으로 성장한다. 그러나 몇몇 사람들은 그들이 발견될 당시에는 아주 특별히 앞서 가는 아이였지만 자라면서 보통 수준으로 돌아와 버렸다. 이것은 키(신장)의 경우와 같다. 즉, 한 아이가 청소년기가 될 때까지 다른 동년배보다 머리 하나만큼 더 컸다 하더라도 그 후 바로 성장을 멈췄다면 계속 자라나는 다른 아이들이 이 아이보다 더 클 수 있는 것이다. 부모들이 자기 아이가 신장에서든, 지능에서든 항상 남들보다 앞서 가는지를 판단하기는 거의 불가능하다. 여러분이 할 수 있는 것은, 외형적으로나 교육에서나 그 당시에 할 수 있는 한, 그 아이에게 편안하게 맞춰 주는 일이 전부다.

4. 정말로 재능이 뛰어난 아이는?

이 책은 '재능이 있다'라고 불리는 아이들뿐만 아니라 다양한 특성의 아이들에 대해 다루고 있다. 그러나 그중에서도 특히 일반 아이들과 마찬가지로 적절한 교육을 받을 권리가 있는 재능 있는 아이들에 대하여 논한다. 그들도 특별한 필요와 취약성을 가지고 있다.

재능 있는 아이들은 전체 중에서 가장 영리한 아이, 즉 어떤 방법으로 측정했든지 상위 2~3%에 해당하는 아이들이며, 그 능력이 같은 연령의 다른 아이보다 머리 하나가 더 올라온 듯 눈길을 끈다. 그렇다고 그들의 잠재력이 무엇인지를 불문하고 재능이 항상 겉으로 분명히 드러난다는 뜻은 아니다. 모든 아이들은 자기들이 최선을 발휘할 수 없게 만드는 문제점에 부딪힐 수 있다. 예를 들어, 재능 있는 아이들이 올바른 학습자료를 얻지 못할 수도 있다. 즉, 외국어를 한 번도 들어보지 못했다면 그 외국어를 잘 말할 수는 없다. 어떤 다른 아이들처럼 재능 있는 사람들도 감정적인 문제를 가지게 될 수 있고, 이것은 그들의 능력과는 거의 아무 관련이 없다. 한 예로 가정에 문제가 있다면, 그들의 재능을 계발시키는 데 쏟아야 할 힘이 다 소진되어 버릴 수 있는 것이다. 감정적인 문제점이 학습의 길을 막을 수가 있는 것이다.

영리한 자녀를 둔 부모들은 보통 자녀의 능력에 대해 긍정적인 생각을 하고 있다. 그럼에도 불구하고 특히 영국의 부모들은 '재능 있는'이라는 말을 쓰길 꺼려한다. 왜냐하면 자만한 것처럼 보이기 때문이다. 한국의 부모들도 이는 마찬가지다. 하지만 이것은 아이가 다른 아이들보다 뚜렷하게 더 높은 어떤 능력을 가지고 있다는 것을 표현하는 형용사일 뿐이다.

아이들은 다방면에서 재능이 있을 수도 있고 혹은 한 특정한 분야에서만 그럴 수도 있다. 정말로 어떤 아이들은 거의 모든 분야에서 놀라울 만큼 뛰어난 반면, 어떤 아이들은 미술이나 수학과 같이 어떤 과목에서 특별한 적성을 가지기도 한다. 그러나 그들이 어떤 잠재력을 가지고 있다 해도, 재능 있는 아이들도 역시 그들의 능력을 개발시키기 위해 합당한 도움을 충분히 필요로 하는 것이다. 그들에게는 전문가의 교육과 준비과정이 필요하다. 이런 것들이 없다면 재능 있는 아이들은 자기 재능을 최대로 발휘할 수 없으며, 흔히 말하듯이 저절로 개천에서 용이 나는 일은 없다. 누군가가 무엇을 급부상시키고자 한다면 모든 단계가 확실히 준비되어야 하며, 떠오를 수 있도록 바람을 불어넣고 기류를 이용해 띄워야 하는 준비가 반드시 있어야 한다.

그들의 재능이 무엇이든지, 얼마나 깊고 성숙한 사고력을 가졌든지, 재능 있는 아이들은 보통 행복해하며 건강하다. 군중 속에서 그것이 누구라고 골라 낼 수는 없다. 왜냐하면 다른 아이들과 특별히 다른 점이 보이는 것은 아니기 때문이다. 그러나 내가 그들로부터 받는 조금 다른 인상이 있긴 하다. 즉, 그들은 상대방을 쳐다볼 때 꿰뚫어 보는 듯한 예민한 인상을 가지고 있었다.

글상자 2   내 아이의 영재성은 어느 정도일까?

영재아들의 신체적 조건은 보통 아이들보다 약간 더 좋다. 또한 언어 사용, 수 추리, 문학과 예술 등에서 우수하지만, 산수 계산, 철자 쓰기, 역사와 사회과의 사실적 정보 기억은 그렇게 우수하지만은 않다. 영재아들은 다양한 흥미를 갖고 있으며 매우 자발적이다.

그들은 보통 아이들에 비해 읽는 법을 더 쉽게 배우고 더 많은 책을 읽는다. 동시에 수집을 좋아하고 다양한 취미가 있으며 놀이와 게임에 관해서는 많은 지식을 가지고 있다.

그러면 영재 아이들에게서 주로 나타나는 다음과 같은 특성을 살펴보고, 우리 아이는 이 중 몇 문항이나 해당되는지 확인해 보자. 단, 이 체크리스트는 영재판별 검사는 아니다. 우리 아이가 어느 정도 영재가 가진 특성을 가지고 있는지 확인해 보고자 하는 의미이다.

1. 책이나 TV를 보면서 '왜?'라는 질문을 자주 한다.
2. 상황에 맞추어 적합한 어휘를 사용할 줄 안다.
3. 어디를 데리고 가면 두리번거리며 주변에 관심이 많다.
4. 이야기나 동요, 동시, 역사적인 사실, 일상적인 일 등을 쉽게 기억한다.
5. 처음 가 보는 장소에도 서슴없이 들어가려고 한다.
6. 상당한 유머감각이 있다.
7. 시작한 과제는 끝까지 완수한다.
8. 실패할 가능성이 많은데도 하고 싶은 일은 반드시 한다.

9. 사람을 지배하려는 경향이 있다.
10. 어떤 일을 하더라도 의욕적이고 적극적이다.
11. 물건의 작동 원리나 자연의 이치에 대하여 질문을 많이 한다.
12. 독립적이고 자신에 대해 만족한다.
13. 퍼즐이나 장난감들을 분해하고 다시 끼워 맞추기를 좋아한다.
14. 또래들 사이에서 지도자 역할을 한다.
15. 길을 잘 찾고 방향감각이 뛰어나다.
16. 주의집중 시간이 길다.
17. 기회가 주어질 때 자기보다 나이가 더 많은 아동과 놀기를 좋아한다.
18. 틀에 박힌 그림, 기존의 노래보다는 자신만의 독창적인 것을 만들어낸다.
19. 모양이나 쓰임새, 맛, 촉감 등 사물을 공통점에 따라 분류할 수 있다.
20. 새로운 환경에 잘 적응하며, 사교적이어서 주위에 친구들도 많다.

자녀가 가진 특성을 잘 확인하고, 그 능력에 적절한 교육을 시키는 일은 중요한 부모의 역할 중 하나다. 우리 아이를 영재로 키우기 위한 시작은 아이의 특성에 맞는 교육을 하기 위한 부모의 교육적 관심에서부터 비롯된다는 점에 대해 인식해야 할 것이다.

** 자료: 숭실대학교 세종영재교육연구원

3장

영리한 아기 출산하기

1. 어디에서 총명함이 시작되는가?
2. 영리한 아기는 무엇을 필요로 하는가?
3. 아기는 총명한 존재다
4. 조산
5. 아기의 지적 발달을 위해서 무엇을 할 수 있을까?

　1960년대 이후로 심리학자들은 신생아들에게 흥미를 가져 왔으며 신생아들의 행동에 관해 과학적 관찰을 시작하였다. 철학자 로크의 말처럼 아기는 백지와 같이 깨끗한 존재여서 부모가 완벽하고 올바르게 기를 수 있다고 여겨왔다. 대조적으로 프랑스 철학자 루소는 아이는 문명에 때 묻지 않은 채 현명하게 태어났다고 믿었으며 자연스럽게 도덕적이고 현명한 어른으로 성장하게 된다고 보았다.

　19세기 심리학자 윌리엄 제임스에 따르면 신생아들의 시각에서는 세상이 단지 한창 윙윙거리는 혼란 상태와 같다고 하였다. 본능적으로 부모들은 밝은 빛이나 자극적인 음식과 같은 장해물로부터 자신들의 아기들을 보호하게 된다. 아기가 지루해질 수 있는 상황이 될지라도 언제나 아기를 심한 자극으로부터 보호해야 한다.

　19세기 말에는 아이들을 매우 엄격하게 훈련시켜야 한다고 생각해 수유 또한 일정한 계획에 맞춰 해야 한다고 보았다. 닥터 볼비는 아기는 부모에 의해 엄격히 통제되어야 한다고 생각하였다. 또한 닥터 벤자민 스포크는 아이를 흔드는 것을 비난하기도 하였다. 그러나 지금 시대는 이러한 관심이 변하여 아기들 자체에 더 관심을 가지게 되었다.

아기들이 가장 좋아하는 맛을 선택하는 것과 같이 자그마한 아기를 관찰하고 그들이 온화한 실험에 어떻게 반응하는지 지켜보는 것은 시간이 걸리고 비용이 드는 작업이다. 하지만 인내를 가지고 연구함으로써 심리학자들은 아기들이 백지상태의 종이도 아니고 군대같이 군기를 잡아야 하는 존재도 아니라는 명백하고 충분한 증거를 모을 수 있었다. 아기들이 초기에 발견한 것을 발전시킬 수 있는지의 여부는 그들을 돌보는 사람들의 태도나 이해, 지식에 달려 있다. 아기를 돌보는 최초의 사람은 대개 어머니라고 말할 수 있다.

1. 어디에서 총명함이 시작되는가?

총명한 아이를 만드는 것은 임신 전부터 시작된다고 말할 수 있다. 비록 미래의 부모들이 그들의 혈통과 그들이 지나온 유전적 성향에 대해선 어쩔 수 없을지라도 그들은 다음 세대의 시작을 효과적으로 이루어 낼 수 있다.

아마도 아이들의 삶에 있어서 가장 중요한 한 가지 사실은 아기를 가지려 하는 부모의 결정일 것이다. 진정으로 원하는 아이를 갖는다는 것은 아이를 양육하는 것에 대해 긍정적인 감정을 가지고 시작할 수 있다는 이점이 있다. 자신들이 원하는 아기들은 그렇지 않은 아기들보다 대개 기르기가 쉽고 고통을 덜 느끼게 된다. 게다가 긍정적으로 환영하는 감정은 임신이 실수였을 때는 가질 수 없다. 그리 오래 전은 아니더라도 피임약이나 다른 피임에 관련된 제품이 널리 이용되기 전에는, 사랑을 나누는 것은 다른 생명을 세상에 내보낼 수 있는 결과를 초래하는 위험을 항상 내포하였다. 지금에 와서는 대부분 아기가 태어나기 전에 미래 세대를 원하고 있고 잘 준비할 수 있는 기회가 있다.

물론, 산모의 건강과 습관이 그녀의 태어나지 않은 아이에게 원하지 않는 부작용을 일으킬 수도 있다. 산모가 흡연을 하거나 간접흡연에 노출되어 있는 것은 신생아의 체중과 지능을 떨어뜨리게 만든다. 또한 이것은 병에 대한 저항력을 떨어뜨리게 되므로 아기의 성장을 저해한다. 산모가 임신 중에 많은 양의 담배를 피웠던 경우, 아이들은 학교생활에서 어려움을 느끼며 다혈질적으로 되기가 쉽다. 알코올도 마찬가지로 매일 일정량의 술을 마시면 태어나지 않은 아기에 해로운 영향을 줄 수 있다. 술을 많이 마시는 여성이 임신한 경우에는 운동능력이 떨어지는 저체중의 아기를 낳게 될 가능성이 높다. 결론은 간단하며 여기에 증거들도 있다. 최소한 임신 중에라도 니코틴이나 알코올과 같은 해로운 약물은 끊어야 한다.

좋은 음식과 운동은 엄마와 아기에 이점이 많다. 하지만 기아나 오랜 동안의 가난에서 오는 다이어트는 큰 해가 되는데 아기들의 능력이 그들이 태어나기 전에 부족한 영양공급에 의해서 영구히 영향을 받게 될 수 있기 때문이다. 나이든 여성(35세 이상)들은 지진아를 가질 수 있는 위험이 다소 증가된다. 하지만 이 위험은 아버지가 어릴수록 낮아진다. 적절한 임산부 건강진단은 대개 선진국에서는 자유로이 이용할 수 있고 이러한 혜택을 받는 사람들은 위험을 크게 줄일 수 있다.

1) 최고의 탄생

부모에게 더 어려운 문제는 아기가 얼마나 완벽하게 자궁에서 자라서 태어나느냐에 대한 확신이다. 산부인과병원 서비스의 질은 나라마다 지역마다 다양하다. 일정한 지역에서 아기를 갖고 병원 서비스를 지속적으로 받게 되면, 신생아는 같은 병원에서 건강기록을 가지고 있으므로 출산 시나 신생아기에 발생할 수 있는 문제를 최소한 방지할 수 있을 것이다. 이러한 것들은 탄생 시에 아기 혹은 어머니에게 아무리 작은 해라도 막기 위하여 필요할 때 재빠르게 처치할 수 있게 만든다.

때때로, 심각한 심리학적 시험의 결과나 가설하에서 사람들은 그들이 태어나기 전에 느꼈던 것을 기억한다고 말한다. 그들은 거의 자궁 안의 편안함을 얘기하고 그들이 탄생을 위해 발버둥치고 밀어질 때 얼마나 고통스러웠는지 묘사하곤 한다. 비록 이것들이 진실이라 할지라도 그것들은 상상이나 성인들이 탄생에 대해 알고 있는 절반의 기억 속에서 나오는 것들이라 할 수 있다. 그러나 이러한 이야기들 중에 어느 정도는 다양한 문화 속에서 전 세계적으로 발견된다.

사실 아기들이 자궁 속에서 마지막 주 동안 인지의 암시를 갖는 것은 생물학적으로 가능한 일이다. 탄생 직전에 아기들은 소음이나 접촉에 대한 간단한 반응을 보이는 것을 알 수 있는데, 탄생 후에는 좀 더 복잡한 방법으로 형성되는 행동을 볼 수 있다. 손을 잡기 시작한다거나 접촉하는 쪽으로 얼굴을 돌리는 것은 바로 그러한 예라 할 수 있다. 아기들이 태어나기 한 달 전에도 아기들이 소음이나 매우 밝은 빛과 같은 환경에 적응하는 것을 배우는 것은 가능하다. 하지만 이 능력은 태어날 때까지 심각하게 고려되는 것은 아니다.

이러한 관찰에 기초하여 최근에는 탄생 시에 아기들을 아주 섬세하게 취급해야만 한다는 주장이 있다. 프랑스 의사인 Frederick Leboyer는 아기가 조용하고 어두운 불빛의 방에서 출산하고, 아기를 탯줄을 끊지 않은 상태에서 엄마의 배 위에 올려 놓은 다음 서로가 익숙해지도록 가볍게 쓰다듬어 줄 것을 충고한다. 이 아이디어는 출산으로 충격 받은 아기에게 앞으로 살아가야 될 거친 세상에 대해 가능한 한 부드럽게 첫인사를 하게 하기 위한 것이다.

우리는 이러한 출산이 미래에 아기의 감정적, 지적 발달에 어떻게 영향을 주는지 알지 못한다. 그러나 출산 형태에 따라 아기에게 무슨 일이 발생했는지에 대해서는 신경써야 할 부분이다. 하지만 생물학적으로 자연은 너무 참기 힘든 일이 있을 때는 의식을 끊어 버리는 작용을 한다. 예를 들어, 신생아는 상황이 매우 자극적이면 단순히 깊은 잠에 빠져 있다. 그리고 대부분의 아기들이 출산 중에 그들의 의식을 매우 낮게 하는 산소 부족을 겪는다. 신생아기에 아직 발달하지는 않았지만 인지발달에 영향을 미치는 뇌 리듬들(the brain rhythms)은 뇌가 자라면서 천천히 발달한다. 뇌 리듬들의 부족은 아기가 할 수 있는 것보다 더 많은 정신적 자극의 가능성에 대항하여 보호하는 기능을 한다. 그러나 아주 조용한 출산의 시간에는 적어도 산모가 신생아를 더 편안하게 알 수 있도록 도와줄 수 있는 즐거운 경험을 산모에게 제공해 준다.

출산 직후의 시간은 의심의 여지없이 산모가 아기에 대하여 긍정적인 감정을 발달시킬 수 있는 중요한 순간이다. 어떤 병원들은 아직까지도 신생아들을 산모들에게서 떼어 놓고, 오직 수유와 옷 갈아입히는 것만을 허락하는 경우도 있다. 이런 식으로 신생아들로부터 분리된 산모들은 때때로 출산 직후부터 아기들과 함께 있었던 산모들보다도 아기를 다루는 것에 대한 자신감과 모성애를 덜 느끼게 된다. 엄마와 신생아의 관계에 대해서 연구하는 심리학자들은 출산 직후부터 엄마들이 아기들과 같이 있음으로써 모성적인 감수성 발달에 대한 준비를 할 뿐만 아니라, 이러한 준비가 효과적이기 위해서는 출산 즉시 육체적으로 친밀하게 접촉할 필요가 있다는 것을 발견했다.

출산 후 엄마들과 아이들이 함께 있는 것은 아주 중요하다. 특히 처음 사흘이 가장 중요하다. 그리고 아빠들은 자녀출산 시에 보지 않는 경우가 많다. 그러나 아기의 출산을 본 아빠들은 아기들에게서 친밀감을 느끼고, 아기들을 더욱더 친밀하게 안아준다. 따라서 출산을 놓친 아빠들은 출산 직후에라도 아기를 봐야 한다.

산모들은 엄마와 아기가 함께 지내도록 요청해야만 한다. 아무리 병원 스태프가 아기들이 엄마가 몸을 회복하는 것을 방해한다고 말할지라도 모든 엄마와 아기는 같은 욕구를 가지며, 이것은 함께 있음으로써 심리적으로 양쪽 모두에게 건강을 가져다준다. 혹자는 아기들의 감염 위험을 줄이기 위해서 엄마와 격리해야 한다고 말한다. 그러나 이것은 행정적인 엄격함일 뿐이다. 만약 병원이 동의하지 않으면, 가능한 한 빨리 산모와 아기가 집으로 가는 것이 가장 단순한 해답이다.

가끔 출산 중에 산모에게 준 진통제들이 산모와 아기 모두를 졸리게 할 수가 있고, 출산 후 반응을 덜 하게 할 수도 있다. 이러한 일들은 장기적으로 볼 때 엄마와 아기 관계에 영향을 미치게 된다. 즉, 출산 초기에 약물의 영향을 받은 엄마들이 그렇지 않은 엄마들에 비해서 아기와 좋은 관계를 형성하는 데 힘들어했다는 결과들이 있다. 명백하게 약은 적절한 시간에 사용되어야 한다. 그러나 이것들은 가끔 부작용을 수반하고 있으므로 가능하면 안전하게 다루고 최대한 피하는 것이 좋다. 이것들은 다른 어느 곳보다도 병원에서 상용되곤 하는데 엄마들이 거부할 수 있다.

임신 전이나 임신 기간 동안 산모가 할 수 있는 일들을 살펴보면 다음과 같다.

① 임신 기간 동안 조용하게 지내려고 시도한다.
② 니코틴과 알코올 같은 해로운 물질들을 피한다.
③ 정규적인 태교, 검진에 참석하는 등 자신을 돌본다.
④ 할 수만 있으면 임신 기간과 출산 중에 약물을 피한다.
⑤ 가능하면 출산 기간 동안 평온한 환경을 제공해 주도록 주변에 요청한다.
⑥ 깊은 친밀감을 서로 느끼기 위해서 출산 직후부터 신생아와 밀접하게 접촉하려 한다.
⑦ 만약 출산 직후부터 신생아에 대한 애정을 느낄 수 없다면 산모는 신생아에 대해서 애정을 느낄 수 있도록 최대한 노력해야 한다. 이를 위해서 병원이나 클리닉의 전문가에게 산모 자신의 느낌에 대해서 토로하며 도움을 구해야 한다.

⑧ 배우자로 하여금 산모 자신과 신생아에 대한 느낌을 자유롭게 말하게 한다. 산모의 감정적 안정을 위해서는 신생아와 자신의 관계에 대하여 확신할 수 있는 부모가 필요하다.

글상자 1 영재교육은 엄마 뱃속에서부터

■ 자궁 내에서 천재를 만들 수 있다?

우리나라에는 예로부터 태교(胎敎)에 관해 반가(班家)에선 '7태도'라 하여 합방(合房)의 마음 자세부터 임신 중 몸가짐까지 일일이 챙겼다. 의료계 일각에서 최근 전통 태교의 효과를 과학적으로 입증하려는 노력이 활발히 일고 있다. 산부인과, 소아과 교수 등 40여 명으로 대한태교연구회를 창립하기도 하였다.

회장직을 맡은 한양대 의대 박 교수는 "미신 정도로만 치부돼 온 전통 태교법의 대부분은 과학적으로도 타당성이 있다."라고 말했다. 지난해 미국 피츠버그대학의 연구에 따르면 조용하고 영양과 산소가 풍부한 자궁에서 자란 태아의 지능지수가 훨씬 높았다는 것. 자궁 내 환경이 지능지수의 52%를 결정한다는 것이 이 연구팀의 결론이었다.

■ 태교의 근거

뱃속에서 배운다는 것이 가능할까. 가톨릭의대 소아과 성 교수는 "태교가 성립되려면 배운 것을 기억하는 능력이 전제돼야 한다."라며 "국내외 연구결과에 따르면 15분 정도 기억

할 수 있는 '단기 기억'은 임신 22주부터, 그 이상을 기억하는 '장기 기억'은 임신 30주부터 생긴다."라고 설명했다. 신생아가 엄마 뱃속에 있을 때 들었던 음악소리에 더 친숙한 반응을 보이는 것도 이 때문이다.

또 한림의대 산부인과 이 교수는 "출생을 한두 달 앞둔 태아는 뱃속에서도 신생아처럼 행동할 뿐만 아니라 엄마의 스트레스에 직접적인 영향을 받는다."라고 말했다. 실제로 미국 컬럼비아 장로병원의 캐서린 몽크 박사가 임신부에게 스트레스를 준 뒤 태아의 심장박동수와 움직임 등을 관찰한 결과 엄마의 심리상태가 태아에게 직접 영향을 주는 것이 확인됐다고 보고하기도 하였다.

또한 박 교수는 그렇다고 해서 태교를 통해 뱃속에서부터 아기에게 영어를 가르치려 들지 말 것을 얘기하며, "아기가 영어 단어에 익숙해질지는 모르지만 임신부가 영재를 낳아야 한다는 스트레스에 시달리면 태아에게 오히려 해롭다."라고 경고한다.

(동아일보, 1999. 8. 24)

2) 환대받는 신생아

많은 다른 인간관계와 마찬가지로 자식과 부모의 관계도 의심의 여지없이 아이에 대한 부모의 첫인상에 크게 영향을 받는다. 갓난아기가 어떻게 자신을 알아볼 수 있을까 하여 아기를 건드려 자극을 주기도 한다. 이러한 일들은 부모와 자녀가 서로를 알아 가는 과정이다. 부모들이 대부분의 자신의 아기를 사랑하기는 하지만 언제나 그런 것은 아니다. 사랑과 수용(acceptance)은 강요로 이루어지는 것은 아니다. 아기의 외모와 행태가 어느 정도 영향을 준다고 말할 수 있다. 확실히 어떤 아기들은 다른 아기들보다 쉽게 사랑받기도 한다.

당연히 부모들은 출산 전에 태어나지 않은 자식에 대해서 기대와 걱정을 하게 된다. 그들은 때론 막상 아기가 태어났을 때 실망하기도 하고 화내기도 하지만 이런 감정을 인정할 수 없을 수도 있다. 어쨌든 만약 당신이 아기에게 나쁜 감정이 있다는 것을 인정한다면 아기도 쉽게 이런 감정을 느낄 수 있는 것이다. 아기의 입장에서 보면, 그들은 부모들의 긴장을 느끼면 울음으로써 그 긴장에 반응한다. 그리고 인생의 처음부터 은연중에 긴장된 가족의 삶의 행태가 자연스럽게 아기에게 형성되게 되는 것이다. 그러므로 부모와 아기가 병원을 퇴원할 때부터 엄마와 아기의 관계가 부분적으로 형성되기 시작하므로 병원에 있는 동안에 무슨 일이 있었는지가 매우 중요하다.

그러나 거의 대부분의 경우에 아기에 대한 무덤덤함은 곧 극복된다. 가능한 한 사랑스럽게 다루고 이야기를 나누며, 당신의 모든 관심을 아기에게 주면 아기는 천천히 그러나 확실히 당신으로부터 사랑의 감정이 다가오고 있음을 알 수 있을 것이다. 그리고 이런 당신의 사랑 속에서 아기에게서는 편안하고 안락한 느낌의 근간이 되는 이해력과 감수성이 자라게 될 것이다.

신생아의 정신발달에 가장 중요한 것은 아기의 사회적 삶이다. 육체적인 안락함은 아기의 생존에 가장 중요한 것이다. 그러나 일상생활에서의 아기에 대한 모든 행동들이 부모-자식 간의 관계를 발달시키는 엄청난 심리적인 파급효과를 가지고 있다. 부모들은 그들의 아기들이 경쟁력 있는 어린이로 발달할 수 있도록 이를 이용할 수 있다.

엄마는 신생아와 외부세계를 연결하는 아기의 첫 번째 안내인이다. 아기가 사회에 적응하도록 도와주는 것이 부모의 역할이며, 이러한 의무는 탄생부터 시작된다. 이는 지적인 생활이 시작되는 것을 의미하며, 부모나 아기 모두 이러한 지적 발달로부터 영향을 받게 된다.

비록 아무도 아기의 마음을 읽을 수는 없지만, 우리는 어떻게 아기가 다른 사람들과 행동하는지를 관찰할 수는 있다. 우리는 아기의 정신생활이 어떻게 발전하는지를 이해할 수 있는데, 신생아가 가지는 몇 가지 정신 활동의 예를 살펴보자.

1. 보기(seeing) : 신생아는 20센티미터 정도 거리에 대해서 양쪽 눈으로 초점을 맞출 수 있으며, 움직이는 사물을 따라서 눈을 움직일 수 있고, 2주 후부터는 확실히 색을 구별할 수 있다.
2. 듣기(hearing) : 신생아는 크고 작은 소리의 차이와 목소리의 고저를 구분할 수 있고, '파(pah)'와 '바(bah)' 같은 유사한 소리를 구분할 수 있다. 또한 신생아는 리듬 있는 소리에 따라 몸을 부드럽게 움직일 수가 있다.
3. 냄새 맡기(smelling) : 후각은 태어날 때부터 잘 발달한다. 신생아는 매우 좋아하는 것(우유)과 싫어하는 것(암모니아나 독주)이 있다.
4. 맛보기(tasting) : 신생아는 짠맛보다 단맛을 선호한다. 또한, 신맛과 쓴맛의 차이를 구분할 수 있다.

5. 만지기(touching) : 신생아들은 자신의 몸 전체를 만지는 것에 반응하고, 여자 아이는 남자 아이보다 더 그럴 가능성이 높다.
6. 말하기(vocalizing) : 아기가 처음 만드는 소리는 탄생 시의 울음소리다. 이는 단순히 공기 흡입이지만, 곧바로 배고픔 또는 괴로움의 울음을 운다.

3) 대화

비록 신생아들이 말을 할 수 없지만 그들은 훌륭한 작은 대화자들이다. 태어난 순간부터 엄마와 아기는 서로 민감하게 메시지를 주고받으며 대화들을 나눈다. 이들이 주고받는 신호들은 쉽게 감지되지는 않지만 엄마와 아기는 오랫동안 아무런 인지 없이도 서로 의미를 주고받을 수 있다. 엄마들은 틀림없이 항상 아기가 주는 신호들에 주의를 기울인다.

가끔은 아기가 무엇인가를 시도하려고 하고, 엄마는 이것을 만족시켜 주려고 한다. 어떤 때에는 반대의 경우도 있다. 대화는 자주 기본적인 패턴을 가지고 있다. 아기가 엄마를 바라보면 엄마 역시 아기를 바라봄으로써 그에 반응하고, 만지며 아기에게 이야기를 한다. 그러면 아기는 이를 바라보며 웃음으로 답한다. 그 후 아기는 두 눈을 감는다. 이것이 엄마와 아기가 주고받는 기본적인 대화 패턴이다. 그들 중의 한 사람이 이 패턴을 다시 시작하고, 아무런 중단 없이 이 과정이 여러 번 되풀이된다.

처음 두세 달에 걸쳐 되풀이되는 이런 대화의 교환이 모자간에 일생 동안 함께하게 되는 관계의 스타일을 암시한다. 둘 중의 한 사람이 다른 사람으로부터 받은 메시지에 의해서 영향을 받고 이에 대해서 다시 반응을 하면서 상대를 어느 정도 통제하게 된다. 탄생부터 아기가 놀기 위한 능력을 가지고 태어났다고 인식하고 받아들인 엄마들은 그들의 아기를 하나의 사람으로서 다룰 것이며, 그들에게 인생에 있어서 최고의 출발이 될 수 있도록 노력할 것이다. 신생아는 자신만의 필요와 욕구 및 의지를 가지고 있다. 그 엄마 역시 이를 인식하고 말로써 다음과 같이 표현할 것이다: "아가야, 안아줄까?" 또는 "아가야, 이젠 포근하고 편하지? 자! 꿈나라로 갈까?"

모자간의 대화는 민주적이지는 않다. 엄마는 일반적으로 아기에게 어떤 행동을 제안하고 요구한다. 그녀는 응낙의 소리를 스스로 내고, 아기가 자신의 제안을 받아들여서 고맙다고 말하며, 받아들일 수 없는 행동에 대해서는 찬성하지 않는다는 것을 보여 주려 한다. 예민한 엄마는 아기가 자신의 큰 소리를 받아들일 때를 안다. 이는 엄마가 아기의 행동에 영향을 주고 있음이 아니라 아기가 학습하는 자신만의 방식이다. 그러나 엄마는 승인된 행동을 하는 성인처럼 자신의 아기를 보고 있을 뿐이다.

아기에 대한 아빠의 느낌은 임신이나 출산을 겪지 않았으므로 육체적이지는 않다. 그들은 일반적으로 아기에 대해서 강한 유대감을 느낀다. 그러나 불행하게도 평균적으로 서구 문화권의 아빠들은 돌 미만의 아기들과는 하루에 30분도 채 안 되는 시간밖에는 함께 보내지 않는다. 하지만 아빠와의 놀이와 대화는 아기의 정신발달에 도움을 준다. 그리고 이는 균형적인 발달을 위해서도 중요하다.

모자간의 성공적인 대화는 모자 양측의 감수성과 관용에 크게 달려 있다. 어떤 엄마의 행동이 아기에게 특별한 영향을 미친다고 단언하기는 어렵다. 부모가 아기에게 영향을 주는 것만큼 아기의 개인적인 본성이 모자 관계와 부모의 행동에 영향을 준다. 어떤 아기도 정확하게 같은 방식으로 영향력이나 경험에 반응하지는 않기 때문에 다양한 방식으로 아이를 돌볼 수가 있다. 부모가 그들 아기의 심리 세계를 완전하게 책임질 수는 없다.

4) 어떻게 아기들이 부모를 다루는가?

모자간에 사랑이 깊어지는 데 수개월이 걸린다고 생각하지만 실제로는 출생하는 순간부터 시작된다. 아기들은 이 모자간의 애정키우기에 매우 적극적인 역할을 한다. 아기는 울고, 웃고, 소리 내는 행동들을 하는데 이는 단순한 행동이 아니라 엄마와의 밀접한 관계를 유지하기 위한 행동인 것이다. 배불리 먹고 편안할 때보다는 배고프거나 아프고, 피곤하거나 아플 때 아기는 자신을 위해서 더 많은 주의를 요구할 것이다. 이렇게 아기는 다양한 방식으로 자신의 목적에 접근해 간다.

어떤 아기는 적극적인 반응을 하는 데 인색하다. 그들은 엄마에게 많은 확신을 주지 않는다. 예를 들면, 아기가 엄마를 바라볼 때 기뻐하는 표정을 보여 주질 않는다. 이 아기는 울지 않음으로써 자신의 느낌을 표현하며, 반대의 경우도 있다. 엄마는 아기가 엄마에게 주의를 환기시켜 주기 위해 아기가 이용하는 다른 표현방식을 알아야만 한다. 또 아기가 자신의 의사표현을 성공적으로 했을 때 한 번 더 안아줌으로써 아기에게 다음에도 더 적극적으로 자신의 의사를 잘 표현하라고 지적해 준다. 이것은 아기에게 편안함과 안도감을 길러 준다.

그러나 어떤 아기들은 원하는 것이 무엇인지 잘 알 수 없도록 다양한 반응을 나타내기도 한다. 이는 아기를 안락하게 돌보려는 부모들을 당황하게 만든다. 때문에 혹시 두어 달이 걸리더라도 인내심을 가지고 당신의 아기와 대화를 나누도록 시도해 봐야만 한다. 당신은 결국 전체 가족을 위해서 이성적이고 만족스러운 시스템을 곧 만들어 낼 것이다.

서구 문화의 아기들은 일반적으로 초기에 요구되는 영양을 충족시켜 줄 모유의 부족에 직면한다. 엄마들은 모유의 양이 너무 적어서 우는 아기들과 씨름한다. 그러나 한 예로 남아메리카에 있는 마얀(Mayan) 인디언들은 아기가 단지 움직이기만 해도 모유가 엄마에게서 생산된다. 이들은 아기들이 배고파서 울기 전에 충분하게 수유를 할 수 있다. 이는 엄마가 아기의 요구를 기다리는 것이 아니라 아기를 느끼고 아기가 원하는 것을 예측할 수 있음을 의미한다. 그래서 탄생부터 서구인들은 그들의 작은 어깨에 무거운 책임감을 안고 살아야만 한다. 서구의 아기들은 스스로 생존과 관련해 다양한 자극을 만들어 내고 그래야만 어른들이 이들에게 반응하게 된다.

이를 반증할 또 다른 예로는 서구 아기는 자신의 안전에 직접 관여한다. 그는 만약 옳지 않거나 편안하지 않으면 불평함으로써 자신이 무엇을 더 선호하는지를 보여 준다. 그러면 아기의 엄마는 어떻게 해야 아기가 편안해하는지 곧 알게 된다. 이로써 아기는 자신이 무엇을 해야 하는지를 스스로 배우게 되며, 모자간의 의사소통이 향상되게 된다. 반대로 마얀 인디언 아기들에게는 선택권이 없다. 이는 전통적인 아기 띠에 아기들이 싸여 있기 때문이다.

　서구 아기들은 음식과 안락감을 요구해야 할 뿐만 아니라 자신이 가장 편안한 잠자는 패턴도 스스로 마련해야만 한다. 따라서 어른과 시간을 보내는 것은 음식과 안락함을 확보한다는 점에서 아기에게 매우 중요하다. 그러므로 아기들은 사람들이 주변에 있을 때 깨어 있으려고 하고, 사람들이 없을 때 잠들려고 한다. 신생아의 관점에서는 사람이 주변에 항상 있는지를 확신할 수 없다. 그리고 신생아는 곧 자신이 요구할 때까지 수유가 되지 않거나 편안하지 않다는 것을 배우게 된다.

　아기는 이와 같이 스스로 해야만 되는 일들 때문에 불안감을 갖게 된다. 아기들이 먹는 것에 대해 확신이 없다면 불안감을 느끼는 것이 당연하다.

　이런 불안감은 좀 더 나이 든 아이들에게도 볼 수 있고, 성장 배경이나 성별에 따라서 차이를 보인다. 여자 아기들은 남자 아기들보다 좀 더 의존적인 경우가 많다. 예를 들어서, 여자 아이들의 울음 횟수는 좀 더 짧고 남자 아이보다 요구 없이도 더 잘 껴안는다. 남자 아이는 나이가 들면서 다른 사람들로부터 도움을 쉽게 요청하지 못한다. 그들은 여자 아이들보다 좀 더 독립적인 것 같다. 이러한 현상은 성장 후에도 똑같이 나타나서 남자 아이들은 여자 아이들보다 의존심을 갖는다는 사실에 더 두려워한다. 이러한 점은 서구나 한국이나 마찬가지로 여겨진다.

　부모들은 출산 후부터 남자 아기와 여자 아기들 모두에게 독립적인 태도를 자주 권장한다. 예를 들어, 아기가 충분히 배가 부르다고 느껴 우유병을 밀어내면 부모는 이를 따뜻하게 인정하고, 이러한 행동을 독립성의 작은 신호라고 받아들인다. 나는 자기 아기의 독립심에 관해서 이야기하는 엄마에게 다음과 같은 말을 들었다. '우리는 아이가 집으로 가길 원했을 때 산부인과 병동을 떠나야 했었다.'

자신의 삶을 조직할 수 있도록 우리 아기들에게 더 많은 자유를 주면 줄수록 그들이 원하는 친절함과 안전도 역시 더 필요하다. 사랑과 친절함은 같은 것이 아니다. 아기들은 친절함도 역시 필요하다.

5) 아기를 위해서 무엇을 할 수 있을까?

부모들이 아기를 위해서 할 수 있는 것과 아기와 함께 할 수 있는 것이 있다. 어떤 것이 아기를 위해 할 수 있는 일인지 살펴보자.

① 당신이 신생아를 버릇없게 할 수 있다. 하지만 당신은 많은 포옹과 관심을 신생아에게 줌으로써 신생아의 버릇을 좋게 할 수 있다.
② 초기 단계에는 단순한 것을 지켜라. 아직 신생아가 흥미 있어 하지도 않는 장난감들에 돈을 소비하지 말라. 이 시기에는 두세 가지 정도면 충분하다.
③ 함께 집 주위를 돌면서 신생아에게 다른 것들을 보여 주어라. 그리고 신생아가 세상을 편안하게 볼 수 있도록 든든하게 버티어 안아라.
④ 신생아가 볼 수 있게 아기 침대 위에 조심스럽게 모빌을 걸어 주라. 아기가 집중해서 볼 수 있도록 아기 얼굴로부터 20센티

미터 정도에 놓아라.
⑤ 판지에 커다란 얼굴을 페인트하고, 이를 신생아가 볼 수 있는 곳에 걸어라. 아기들은 얼굴을 좋아한다. 아기들이 이것을 느끼면 고개를 돌릴 것이다.
⑥ 하루에 한 시간 반 정도, 그리고 식사 후 5분에서 10분 정도 아기를 자신의 배에 올려놓아라. 만약 아기가 고개를 쉽게 돌릴 수 있으면, 아기는 더 볼 수 있을 것이다. 그러나 아기가 숨을 고르게 쉬고 있는지 항상 주의해야만 한다. 하지만 아기를 배 위에서 밤새 재우는 것은 바람직하지 않다.
⑦ 가능한 한 많은 시간을 아기와 함께 있어라.

한편 아기와 함께 할 수 있는 일은 무엇인지 살펴보자.

① 아기와 상호작용하라. 흘김, 울음 그리고 손의 움직임같이 아기가 당신에게 주는 신호들을 관찰해라. 그리고 받은 메시지에 대해 즉각적으로 아기에게 반응해라.
② 아기와 함께 있으려고 시도해라. 만약 아기가 무슨 생각을 하고 있는지 당신이 안다면, 당신은 아기의 바람에 대해서 먼저 생각하고 예측할 수 있다. 이것이 확신 속에서 아기가 편안해 할 수 있는 길이다.
③ 아이와 많은 사랑의 접촉을 해라. 특히, 여자 아이보다 남자 아이가 더 많은 사랑의 접촉을 필요로 하므로 잘 관찰하고 접촉을 해라.

④ 당신의 아기에게 사랑을 보여줄 뿐만 아니라 친절해라. 아기가 웃고 사랑스러운 모습을 보일 때만이 아니라 언제나 일관성을 가지고 친절하게 대해야 한다.

6) 신생아가 영리하다고 말할 수 있을까?

똑똑한 아기들은 태어났을 때 다른 아기들에 비해서 민첩하다. 어떤 아기는 태어났을 때부터 잠시 머리를 들어 올릴 수 있고, 주변을 둘러보며 주변에 많은 관심을 표한다. 만약 아기가 일반적인 아기들보다 민첩하다면, 의사들이나 간호사들이 부모에게 이에 대해서 말을 하는 일도 있을 것이다. 그러나 이는 모든 초보 부모들에게는 마찬가지다.

특히 민감하고 반응적인 아기가 영리한 경우가 많다. 당신이 아기를 안았을 때 당신은 이 반응을 느낄 수 있을 것이다. 예를 들어서, 만약 아기가 어떤 것으로부터 뒤로 물러서면 이것은 아기가 무엇이 자신에게 즐거운 것인지 아닌지를 구분할 수 있다는 것을 보이는 것이다. 이것은 정신 활동의 초기단계다. 또한 좀 더 민감한 아기들이 좀 더 쉽게 즐거워한다.

당신이 당신 아기의 웃음을 쉽게 본다면, 이것은 당신 아기가 그만큼 영리하다는 것을 의미한다. 이것이 완벽하게 신뢰할 수 있는 신호가 아닐지라도 이는 더 영리하고 활동적인 어린이가 될 수 있다는 암시가 되기도 한다.

항상 그런 것은 아니지만 매우 지적인 어린이들은 종종 태어났을 때 크고 무겁다. 왜냐하면 크고 건강한 아기들은 임신 기간 동안 잘 먹고 보살핌을 받은 엄마들에게서 태어났기 때문이다. 이들 엄마들은 대개 자녀들에게 집에서 최상의 교육을 할 수 있다. 이것은 나중에 지능검사 결과에서 나타날 수 있다. 또한 무거운 아기들은 육체적으로 출발이 좋다는 것 이외에 심리적인 이점을 가지고 있다. 이는 그들이 다른 아기들보다 좀 더 만족해하는 데는 이유가 있기 때문이다. 예를 들어서, 그들은 매 시간에 좀 더 많은 음식을 먹을 수 있고, 이로 인해서 그들은 잦은 수유를 덜 필요로 하게 되고, 남는 에너지를 좀 더 지적인 방향으로 돌릴 수 있기 때문이다. 게다가 그들의 부모들은 작은 아기들이 필요로 하는 수유와 세탁에 계속적으로 열중해야 되는 것으로부터 벗어나게 된다. 때문에 그들은 아기가 좀 더 사회적이고 자신들에게 좀 다른 행동을 하고 있다고 느낄 것이다. 탄생부터 무겁고 좀 더 매력적인 아기들은 아마도 스스로 좀 더 즐거워할 것이고 감정적으로 적극적인 세계를 가지게 될 것이며, 다양한 방식으로 이러한 초기의 좋은 자산으로부터 이익을 얻게 될 것이다.

신생아들의 다른 능력들은 다른 등급별로 발달된다. 비록 다른 등급들 간에 어떤 조화가 있기는 하지만 신생아의 능력들은 한두 가지 능력의 발달만으로 측정할 수 없다. 기초가 되는 나머지 것들도 판단해야만 한다. 아기 능력의 어떤 것은 아기의 육체적인 발달 정도와 관계가 있고, 다른 것은 경험과 관계가 있으며, 또 어떤 것은 양쪽 모두와 관계가 있다. 발달 초기에 아기들의 총명함을 판단하기 위해서는 아기를 완전한 하나의 인간으로 보아야 하며, 부모의 도움이 발달에 큰 영향을 미친다는 점을 인식해야 한다. 아기는 이러한 이점을 지킬 것이다.

2. 영리한 아기는 무엇을 필요로 하는가?

　부모들이 갓난아기에게 줄 수 있는 가장 중요한 심리적인 수혜는 자주 껴안아 주는 것이다. 이는 자주 아기를 세워 안아 주거나 빈번하게 눈을 맞추는 것들을 의미한다. 이는 탐구와 학습능력을 형성하게 하는 자신감의 토대가 되는 안정감을 형성할 수 있게 한다. 포옹을 자주 해 준다고 해서 아기들이 버릇없어진다고 말할 수는 없다.

　미국의 브라젤턴(Brazelton) 교수의 잠비아(Zamvbia) 신생아들을 상대로 한 연구에 의하면, 잠비아의 신생아들은 미국의 신생아들보다 5일에서 10일 정도 더 발달이 빠른 것으로 나타났다. 그들은 정신능력에 있어서 두 살 정도까지는 미국 아이들보다 더 발달된 상태를 유지한다. 브라젤턴 교수는 이러한 잠비아 신생아들에게서 나타나는 초기 발달이 잠비아 엄마들이 아기를 다루는 방식에서 기인한다고 생각한다. 잠비아 엄마들은 일반적으로 등 위에 천으로 된 멜빵으로 아기를 메고 다닌다. 울 때는 아기에게 수유를 하고, 아기와 함께 자며, 서구의 기준으로는 상당히 거칠게 다룬다. 예를 들어서, 잠비아 엄마는 겨드랑이 아래에 아기의 팔꿈치 하나를 붙잡아 매고 자신의 어깨에 아기를 매달아 두는 방식으로 등 위에 아기를 위치시킨다. 하지만 후에 이 아기의 발달이 저하되는 것은 아마도 새로 태어난 아기 때문인 것 같다. 잠비아 엄마들은 일반적으로 먼저 태어난 아기를 옆으로 밀어 놓는데, 이는 모유의 공급 횟수가 적어지는 것을 의미하며, 결국 영양 공급이 빈약하게 된다.

　모자간의 가까운 육체적인 접촉은 유대감을 쉽게 형성시킨다. 엄마가 아기를 가까이 안고 바라볼 때, 엄마는 아기의 신호에 즉각적인 반응을 보일 수 있는 좋은 위치에 있다고 볼 수 있다. 엄마의 신속한 반응은 아기가 새로운 학습을 더 잘할 수 있도록 해 준다. 사실 아기들은 전에 무슨 일이 있었는지를 잘 기억하지 못한다. 때문에 엄마는 아기의 동일 신호들에 대해서 반복적으로 반응해야만 하며, 이는 엄마가 적절한 시간에 아기와 가까이 있어야만 쉽게 이루어질 수 있는 것이다.

태어나면서부터 아기들이 부모와 긴밀한 관계를 가져야만 될 이유가 있다. 아기는 비록 여러 가지들을 흉내낼 수 있지만 한 가지에만 만족한다. 아기는 다른 사람과 자기만의 방식으로 대화하면서 자신의 세계를 탐구할 수 있는 기회가 필요하다. 이를 통해서 이해와 언어에 대한 토대가 형성된다. 아기의 행동은 단순히 생활을 안락하게 하는 쪽으로만 향하지는 않는다. 물론 아기들이 활기찬 삶을 만들기 위해서 적극적인 태도를 갖는 것도 사실이다. 따라서 아기들은 자신의 감성과 약점을 통해 학습을 할 수 있다. 신생아들은 태어나면서부터 사회적 인간으로 발전하기 위한 사회생활을 시작한다. 그래서 신생아는 육체적이고 정신적인 사랑, 어른의 반응, 자극 등과의 전적인 포용을 필요로 한다.

3. 아기는 총명한 존재다

인간의 마인드는 처음부터 활동적인 상태다. 탄생 이후부터 아기는 경험을 선택하고 체계화하기 시작한다. 아기는 깨어있는 동안 언제나 자신의 주변에서 일어나는 일에 반응을 하고, 가능한 한 일들을 적극적으로 따라 한다. 우연한 방식이 아니라 아기들의 적극적인 참여를 통해서 시각과 청각이 발달되는 것이다. 어떤 것은 잊어버리는 반면, 어떤 것은 기억의 초기단계부터 입력이 된다. 처음부터 아기는 학습하고, 분별하며, 경험하고, 가치 판단을 한다. 비록 아기가 자신이 무엇을 하는지 거의 인지할 수 없다고 해도 아기는 복잡한 일들을 끊임없이 계속해서 진행시키고 있다.

 정신발달은 부모가 외부로부터 부여할 수 있는 것도 아니고, 꽃봉오리를 피어나게 만드는 자연적 능력처럼 내버려두고 볼 수만은 없다. 이것은 아기가 스스로 행동할 수 있는 커다란 부분을 가진 상호작용의 과정이다. 아기는 자신의 학습을 탐구한다. 그리고 그의 정신적 자극을 위해서 무엇인가 올지도 모르는 기회에 전적으로 의존하지도 않는다. ― 아기는 주의를 끌기 위해서 보채고 울면서 이런 기회들을 만든다. 만약 아기가 오직 수동적으로 자리에 누워만 있고 경험을 기다리기만 한다면, 이런 기회들이 발생할 확률은 아주 낮을 것이다. 이런 아기는 확실히 생의 초기에 명확한 의사소통을 할 수는 없을 것이다.

 아기가 태어날 때 아기는 생각지도 않는 육체적인 반사작용이 있으므로 이것들은 정신활동과 혼동해서는 안 된다. 예를 들어서, 아기의 작은 손에 어른의 손가락을 집어넣으면 아기는 어른의 손가락을 잡는다. 만약 아기가 정상적인 자세로 잡으면, 아기는 걸음마를 할 수 있고, 아기의 머리가 바닥에 닿아 있으면 자신의 머리를 들 수도 있다. 그러나 이런 반응들은 비록 유용한 것이지만, 신생아들이 반드시 필요한 유일한 기술은 아니다. 그들은 아직도 더 배워야만 한다.

비디오 기록들은 어린 아기들을 이해하는 데 좋은 기회를 제공해 왔다. 아기들의 행동은 종종 우리가 아주 가까이서 봐야만 하듯이 순식간에 지나가거나, 전에는 볼 수 없었던 아주 느린 동작들이 많다. 비디오테이프를 통해 일상생활의 모습들을 반복해서 봄으로써 아기의 행동을 자세히 알 수 있다.

아기에게서 관찰될 수 있는 몇 가지 행동 양식을 살펴보자.

1) 눈 맞추기(eye contact)

눈 맞추기를 위한 아기의 선천적인 능력은 엄마와 아기를 연결시켜 주는 핵심요소를 제공해 준다. 탄생부터 아기들은 인간의 얼굴에 매료되어 있는 것처럼 보인다. 그들은 일주일 안에 엄마의 얼굴을 인식할 수 있다. 한 달 정도 된 아기는 익숙하지 않은 얼굴로부터 익숙함을 가려낼 수 있을 정도로 얼굴에 관한 정보를 충분히 가질 수 있다. 모든 신생아들은 시력이 약하기 때문에 일반적으로 엄마들은 얼굴을 약 20센티미터 정도의 적당한 거리에 두어야 한다.

2) 쳐다보기(watching)

탄생부터 아기는 수초 동안 자신의 눈으로 적절한 거리에 있는 큰 사물을 따라갈 수 있다. 물론 작은 사물은 아직 따라가며 볼 수가 없다. 일주일 이내에 아기는 자신의 눈을 적절하게 움직일 것이며, 곧 자기 손의 움직임을 따라가는 것과 같이 자기가 보는 것을 선택할 수가 있다. 탄생부터 수일 후면, 거의 모든 아기들이 붉은 불빛을 따라서 자기의 머리와 눈을 움직일 수가 있다. 이러한 행동을 하는 동안에 몸의 움직임과 주위를 동시에 볼 수 있는 조정 시력(coordinating vision)을 기르기 위해서 아기들은 자기의 행동 패턴에 초점을 맞춘다.

3) 듣기(listening)

출생 후 수초 내에 아기들은 소리의 방향을 알 수 있고 그 쪽으로 얼굴을 돌린다. 12시간 후에는 아기들은 인간의 말과 다른 소리들을 구분할 수 있다. 슬로모션 비디오 기록이 보여 주듯 리듬있는 움직임에 대해서 천천히 반응한다. 엄마와 아기는 서로 말하고 듣는 소리를 통해서 서로 알게 된다.

아기를 말하고 들을 것이 아무것도 없는 상황에 너무 오랫동안 방치해서는 안 된다. 훗날 언어의 기초가 되는, 뜻 없는 옹알이를 연습할 수 없기 때문이다.

4) 민감성(sensitivity)

아기는 오감을 가지고 태어난다. 민첩함과 반응의 속도에서 모든 아기들이 서로 같지는 않지만, 주변에서 일어나는 변화들에 대해서는 매우 민감하다. 신생아는 새로운 목소리와 같은 작은 변화에 대해서도 놀라거나 울 것이다. 아기는 또한 너무 밝은 불빛이나 자신을 방해하는 움직임으로부터 고개를 돌릴 것이다.

부모는 자신의 아기가 메시지에 너무 부담을 가지고 있지 않은지 확인해 보아야만 한다. 그렇지 않으면 아기들은 짧은 주의력을 사용하는 흥미없는 것만을 배움으로써, 초기 학습의 중요한 면을 배울 기회를 놓치고 말 것이다. 부모들은 민감성에 관해 지도를 받아야만 한다. 아기가 당신의 주의에서 벗어나는지 어떤지를 알기 위해서 항상 당신의 아이로부터 눈을 떼면 안 된다. 만약 아기가 주의에서 벗어난다면, 아기가 반응을 보일 수 있도록 환기시켜야 한다.

5) 웃음(smiling)

엄마들은 자신의 아기가 생후 2주 후부터 웃었다고 말한다. 의사나 간호사들은 이런 말을 무시한다. 비디오 연구 덕에, 오늘날 우리는 많은 엄마들의 말이 맞았다는 것을 확인시켜 주는 많은 증거를 확보할 수 있다. 유아의 초기 웃음은 사실 사고의 시작을 보여 주는 매우 조직화된 형태의 산물이다.

이러한 초기 웃음은 나중에 웃는 웃음과 다르다. 이것은 아기의 내부로부터 가지고 있는 감정들로부터 비롯된 것으로 어른들의 웃음에 대한 반응과는 다르다. 처음 몇 번의 웃음은 엄마의 목소리에 대한 반응이거나 아기의 환경에 변화가 일어났기 때문이다. 너무 많은 변화는 아기에게 긴장과 울음을 낳고, 너무 적은 변화는 아기가 이를 무시할 것이다. 약 2개월 안에 아기는 좀 더 세련되며 초기 웃음과 같은 즉각적인 웃음들은 사회적 웃음들로 대체되기 시작한다.

6) 따라 하기(copying)

새로운 비디오 기술은 이전에 주장되던 것과는 대조적으로 탄생 직후부터 아기들이 엄마의 얼굴과 몸의 움직임을 따라 할 수 있다는 것을 보여 주고 있다. 14일 된 아기는 옆에 앉은 어른의 손 움직임을 모방할 수 있다.

아기들은 생후 수주 후부터 그들의 입술로 말하는 모습을 따라 할 수 있다. 또 태어난 직후부터 다른 말소리들을 구분할 수 있다. 그러므로 당신이 좋아하는 만큼 당신 아이에게 말을 많이 건네라. 아기는 비록 당신이 말하는 단어는 모르지만 당신의 목소리 톤을 이해할 것이고, 리듬을 좋아하게 될 것이다.

7) 울기(crying)

울음은 아기가 자신과 가까운 사람에게 할 수 있는 최초의 대화 수단이다. 강도와 리듬이 다른 다양한 울음이 있으며, 이들은 모두 다른 메시지를 보낸다. 예를 들어서, 부모들은 배고픔과 공포의 울음 간의 차이를 알 수 있다.

아이가 울도록 너무 자주 내버려 두지 마라. 이는 의사소통 기술을 발전시키는 것을 저해하게 된다. 당신이 할 수 있는 한 울음에 언제나 빠른 반응을 주어라. 이는 당신과 아기 사이의 좋은 관계를 가져다 주고, 결국은 울음을 그치게 할 것이다. 아기가 자신의 울음에 즉각적으로 반응한다는 것을 알게 될 때는 당신의 주의를 끌기 위해서 다른 시도를 하게 될 것이고, 자신의 요구에 대해서 덜 긴장할 것이다.

혹자들이 생각하듯이 어린 아기의 울음에 대답한다고 해서 아이를 망치지는 않는다. 어떤 아기들은 다른 아기들보다 달래기가 쉽다. 키우기 쉬운 아기는 흔들고, 쓰다듬고, 자리에서 일으켜 세우며 움직이는 것들과 같이 아기를 달래는 부모의 다양한 노력들에 반응할 준비가 되어 있다. 어떤 사람은 여자 아이가 남자 아이보다 달래기 쉽다고 말한다. 까다로운 아기는 정상적인 달래기에 반응하지 않기 때문에 엄마가 엄마로서 덜 적합하다는 느낌을 가지게 한다. 좀 더 쉽게 달래지는 아기가 좀 더 즐겁게 관심을 받을 수 있다.

아기의 울음을 멈추게 하는 최상의 방법은 당신의 어깨 위까지 아기의 눈을 들어 올리는 것이다. 이는 일반적으로 아기의 눈을 뜨게 하고 주변을 둘러보게 한다. 만약 아기가 잘 안기지 않으면 아기의 의자를 들어 올리고, 예를 들어 테이블 같은 곳에 놓은 다음 주변을 둘러보게 하라.

당신이 무슨 노력을 하든지 간에, 어떤 아기들은 다른 아기들보다 잘 운다는 것은 분명한 사실이다. 부모들은 어떻게 자기 아기들의 울음에 대해 상호 작용하는 것이 최선인지에 관해 판단해야만 한다. 만약 울음이 당신의 인내를 한계로 몰아넣거나 아기가 당신의 주의에 전혀 반응을 하지 않는다면, 주저하지 말고 도움을 청해야 한다. 당신이 너무 성가시다고 느껴서 포기해서는 안 된다. 이것이 중요하다.

4. 조산

태내에서 정상적인 시간을 채우지 못하고 태어나는 경우는 그렇게 많지는 않으나, 약 8퍼센트의 아기들이 이렇게 태어난다. 최근 연구에서 무엇이 조산에 영향을 미치고, 저체중 출산은 어떻게 극복

될 수 있는지에 대해서 밝혀졌다.

조산아의 정신발달을 정상아의 기준으로 판단하는 것은 문제가 있다. 대개 출생 후 아기의 나이는 판단을 위한 가장 좋은 기준이다. 그러나 어떤 능력은 육체적 성숙에 크게 의존하고 있기 때문에 미숙아들에게 정확하게 부합되지는 않는다. 예를 들어서, 뇌파는 나이에 비례해서 발달하는데, 미숙아도 비슷한 뇌파 형태를 가지고 있다. 동일 나이의 정상 출산 아이와 같이 정신적으로 발달되어 있다. 그러나 시력 발달은 미숙아에게는 늦게 진행되는데, 이는 육체적 성장 정도와 연결되어 있다.

불행하게도 미숙아들은 종종 조산의 영향으로 인해 다른 아기들보다 스트레스를 많이 받는다. 예를 들어서, 미숙아 인큐베이터는 비록 생존을 위해서 필수적이지만 정신발달을 촉진시킬 수 있는 이상적인 공간은 아니다. 병원에서는 빛과 소리가 24시간 계속된다. 이것은 비정상적인 상황이고, 이는 신생아의 섬세한 정신 및 근육 조정성(coordination)에 영향을 줄 수 있다. 이와 같은 상황은 어른에게도 나쁜 영향을 줄 것이다. 그러나 인큐베이터 속의 아기에게 가장 큰 문제점은 학습을 가능하게 하는 정상적인 경험의 부족이다. 수주에 걸친 학습은 과도하게 비조직화된 상황과 빛과 소리의 혼돈된 경험을 통해서 이루어진다.

이들 인큐베이터 속의 아기들은 더 정상적인 환경에서 전반적인 발달이 크게 향상될 수 있다. 예를 들어, 인큐베이터에서 꺼내 정기적으로 안아주거나, 양피 같은 부드러운 침대에 눕혀 놓거나, 리듬 있는 소리를 들려준 아기들은 체중을 빨리 회복하고, 이런 경험이 없는 미숙아들보다 정신적으로 더 많은 반응을 한다.

　미숙아들의 발달단계에서의 일시적 문제들은 미숙아들이 집에 왔을 때 이들이 놓치기 쉬운 것들을 따라 잡을 수 있도록 이들에게 더 많은 주의를 기울여야 한다는 것이다. 예를 들어서, 정상 출산 아기보다 미숙아는 시력이 잘 발달되지 않았기 때문에 엄마는 아기와 자신의 관계를 정상적으로 만들 수 있도록 특별한 노력을 해야만 한다. 지적 발달에 핵심인 눈 맞추기는 미숙아에게는 어려운 일이다. 엄마가 이런 관계를 만들기 위해서 여러 가지 노력을 하는 것이 중요하다. 나중에 빈번해질 쌍방 파트너십의 형성이 많지 않을 것이지만, 이것이 시작이다.

　미력한 시력 발달과 주의 집중력의 미숙함 때문에 집에서 충분한 발달 과정 중의 경험들을 할 수 있도록 미숙아 부모들의 특별한 보살핌이 필요하다. 어떤 연구자들은 따라잡기 현상(catch up phenomenon)이 아이의 발달에 도움을 준다고 기술한다. 과테말라의 시골에서는 신생아를 어두운 방에 놓고, 그들을 보호하기 위해서 첫해 동안 매우 적은 자극만 받도록 한다. 그 결과 정신발달 시기에 이 아이들은 두세 살 나이 정도 뒤져 있다. 그러나 그들은 나중의 아동기에 이를 따라잡는다. 이 현상은 아마도 출산 후 얼마 동안 병원에 입원했거나 영양이 부족했던 아이들에게 마찬가지로 적용될 것이다.

　모든 아기들은 출산 후부터 수주일 동안 육체적으로 가장 취약한 상태다. 때문에 의학적 도움이 이 시기에 집중된다. 가끔 특별한 의학적 도움을 필요로 하는 아이를 가진 부모들은 자연스럽게 수유와 같은 허가된 시간을 제외하고는 그들을 통제 속에 놓아두기를 원한다. 그러나 육체적으로 취약한 모든 아기의 심리적인 성장에는 탄생부터 육체적인 접촉과 관계를 만들어 나가는 것이 중요하다. 그러므로 병원에서 당신의 아기를 쓰다듬어 주는 일은 할 수 있도록 해달라고 요구할 필요가 있다. 의사나 간호사들은 일반적으로 아기의 이익을 위해서 부모의 바람을 들어줄 수 있다.

생명이 탄생된 직후부터 수주일 안에 부모들이 가장 진실하게 따라 해야만 될 지침은 아기의 관찰과 탐구 활동들을 아주 치밀하게 하는 것이다. 이렇게 치밀하게 관찰해야 할 부모의 역할에는 아기가 무엇을 할 수 있는지 아는 것과 새로운 학습을 아기가 실천할 수 있도록 도와주는 것이 있다.

5. 아기의 지적 발달을 위해서 무엇을 할 수 있을까?

아기의 바람직한 지적 발달을 위하여 부모는 무엇을 할 수 있는지 다음과 같은 점을 고려해 볼 수 있다.

1) 출산 직후부터
① 아기는 태어날 때부터 인식을 한다. 그러므로 당신의 얼굴을 잡거나 적절하게 밝은 사물을 눈에 가까이 가져다주는 등과 같은 동작을 통해서 아기가 탐구에 대한 흥미를 가지도록 자극을 주어라. 아기는 볼 수도 있고 만질 수도 있다. 때문에 아기는 느낌으로 배운다.

② 당신의 머리카락이나 이상한 소리와 같이 아기가 흥미있어 하는 것이 무엇인지 주의깊게 살펴보고, 아기가 이런 것들과 함께 자극 받을 수 있도록 해라.

③ 아기 침대 위에 아기가 자신의 모습을 볼 수 있게 약 20센티미터 떨어진 거리에 안전거울을 달아보자. 그러면 아기는 자기 자신의 여러 재미있는 표정을 접하게 된다. 또 아기가 만질 수 있도록 플라스틱과 같은, 반 고형의 구조물을 거울에 부착해라.

④ 아기침대 주변에 너무 많은 사물들을 설치하지 마라. 지나친 풍부함은 아기를 싫증나게 할 뿐이다.

⑤ 아기의 울음이나 웃음에 귀 기울였다가 즉시 반응해 주어라.

⑥ 아기침대나 유모차의 아기가 잡을 수 있는 곳에 장난감 운동시설을 설치해 주어라. 아기는 이것들을 두드릴 수도 있고, 흔들리는 것을 볼 수도 있으며, 손과 눈이 함께 움직일 수 있는 것을 배우게 된다. 하지만 아기가 가지고 놀려고 장난감들을 손에 쥐는 것은 아직 너무 어렵다.

2) 생후 6개월부터

① 아기가 물고 던질 때 견고한 몇 개의 장난감만을 주어라. 이때 장난감이 아기가 삼킬 수 있을 정도로 너무 작지 않도록 주의해야 한다.

② 커다란 장난감 얼굴이나 작은 몸이 비치는 비닐로 싸인 커다랗고 평평한 고무판과 같은 것을 아기침대 발 끝 쪽에 발로 차고 놀 수 있는 강한 장난감 고무줄과 함께 연결해라. 이는 많은 즐

거움과 발동작 놀이 시간을 아기에게 줄 것이다.
③ 언제나 당신이 무엇을 하고 있는지 이야기해라. 이때 핵심 단어를 몇 번이건 반복해라.
④ 매일 마루 위에 담요를 깔고 아기에게 자유 시간을 주어라. 아기는 기기 시작하고 좀 더 빨리 주변으로 돌아다닐 것이다.
⑤ 불을 켜는 것과 같이 아기가 할 수 있는 동작들을 시켜라. 아기가 이런 동작들에 성공했을 때는 '불이 켜졌네.' 라고 말해 주어라.
⑥ 언제나 아기에게 반응해 주어라. 그러나 예를 들어, 당신이 전화 통화를 하고 있을 때와 같이 이것이 어려운 경우도 있다. 이때는 잠시 통화를 중단하고, 아기에게 '잠시 기다려 줄래.' 라고 말해 준다. 이것이 아기를 일방적으로 무시하는 것보다 훨씬 좋은 것이다.
⑦ 숨바꼭질 같이 참여하는 놀이를 시켜라.
⑧ 격자로 둘러친 갓난아기의 놀이터나 자신에게 적합한 어린이용 높은 의자같은 다른 고정 도구들을 사용해라. 아이가 싫증을 느낄 때는 이것들을 치워라.
⑨ 배경을 바꾸어 주거나 말하고, 일상생활에서 흥미를 주는 것 등에 의해서 아기에게 활기찬 생활을 유지시켜 주어라.
⑩ 부모보다 더 자기 아이에게 흥미있는 사람은 아무도 없다. 천천히 말하고, 명확한 표정으로 표현하며, 몸동작을 하는 등 당신 자신의 행동들을 약간 과장해서 명확하게 표현해 주어라.

글상자 2 0~2세의 아기를 위한 영재 교육

■ **0~1세 아기, 영재로 키우는 엄마의 육아법**

출생 후 처음으로 맞게 되는 환경인 가정에서 부모와의 애정관계를 통해 정서 및 사회성이 발달되고, 급격히 신체가 발달하는 시기다. 이때 부모는 아기가 사랑을 느낄 수 있도록 자주 안아주고, 다양한 감각놀이로 오감을 발달시켜 준다.

• 주의 1 : 감각 자극을 다양하게 해 준다.

이 시기의 아이는 신체의 모든 감각을 총동원해서 세상을 하나씩 배워 간다. 즉, 소리, 냄새, 색깔, 감촉, 맛 등 다양한 감각을 경험하고, 그 경험을 토대로 운동이나 행동을 조절하는 것을 배우게 된다. 따라서 감각적인 자극을 풍부하게 만들어 주면서 아이의 호기심을 최대한 충족시켜 주는 것이 가장 중요하다. 한꺼번에 너무 많은 자극을 제시하면 아이의 흥미를 떨어뜨릴 수 있으므로 주의한다. 또 자극을 할 때는 느리고 정확하게 반복적으로 하면 좋다.

• 주의 2 : 정서적으로 안정감을 준다.

이 시기의 아이가 무엇인가를 배울 수 있게 하기 위해 우선 아이가 무엇인가를 받아들일 수 있는 정신 상태가 되도록 여건을 만들어 줘야 한다. 따라서 아이가 흥분하거나 불안해하지 않도록 평소에 자주 안아주고 얼러주는 스킨십을 충분히 해 주어 엄마의 사랑을 확인하게 한다. 또 아이에게 있어 안정감은 두뇌 활동은 물론 사회성 발달에 도움을 주므로 일찍부터 아이를 가르치기 위해 안달하거나 초조해하는 것은 바람직하지 않다.

• 주의 3 : 부모의 목소리를 충분히 들려준다.

이 시기의 아이는 보는 능력보다는 듣는 능력이 뛰어나다. 신생아의 경우 사람의 목소리는 왼쪽 뇌로 받아들이고, 나머지 음악소리나 집 안에서 나는 소리들은 오른쪽 뇌에서 흡수한다. 아이에게 부모의 목소리를 충분히 들려주면 기타 여러 가지 소리들과 균형을 이루어 오른쪽과 왼쪽 뇌가 골고루 발달하게 된다.

이때 부모가 아이와 이야기를 주고받듯이 하는 것이 좋다. 부모가 아이 목소리를 흉내내거나, 아이에게 질문을 던져 보고, 아이의 옹알이에는 적극적으로 대답해 주는 자세가 필요하다.

■ 1~2세 아기, 영재로 키우는 엄마의 육아법

아이의 왼쪽 두뇌가 우세해지는 시기로 언어가 급속히 발달되며, 18~21개월에는 상상력이 가장 왕성해진다. 이때는 언어를 이용한 학습을 촉진시키면서 조용히 집중하도록 도와준다.

• 주의 1 : 싫어하는 놀이를 강요하지 않는다.

아이들은 타고난 개성과 재능의 유형이 달라 나름대로 흥미를 느끼는 부분도 다르다. 따라서 싫어하는 놀이를 강요하거나 공부를 시키려고 강요하게 되면 아이는 오히려 괴롭다는 인식만을 하게 되므로, 오히려 타고난 개성과 재능이 사라지게 된다. 어떤 놀이든 아이가 하고 싶은 마음이 들 때까지 기다렸다가 시작하고, 싫증내기 전에 그만두어야 한다. 이를 '배고픔의 원리'라고도 하는데, 아이가 배고픔을 느낄 때까지 기다렸다가 먹을 것을 주어야 맛있게 먹을 수 있는 것처럼, 계속 모델이 되는 행동을 보여주기만 할 뿐 '해라, 해라.' 하고 강요하지 말라는 얘기다. 또한 아이의 관심 분야를 존중해 다른 아이보다 뒤처지는 부분은 너그럽게 이해하고, 좋아하는 분야를 더욱 적극적으로 지원해 주는 것이 좋다.

• 주의 2 : 언어를 자극해 준다.

아이의 인지발달에 가장 효과적인 방법은 언어를 자극하는 방법이므로 주위의 사물 중에서 아이가 친숙하게 느끼는 작은 물체나 행동들의 이름을 반복적으로 정확하게 불러 준다. 예를 들어, 아이가 길을 걷다가 지나가는 강아지에게 흥미를 느끼면 '강아지'라는 단어를 여러 번 반복해서 들려주어 아이에게 실물과 '강아지'라는 단어를 연결 짓는 기회를 제공한다. 부모가 강아지를 손으로 가리키며 "강아지야.", "강아지가 예쁘구나.", "강아지가 지나가네." 등으로 반복해서 그 이름을 불러 주고, "강아지 예쁘지?"라고 질문해 보는 것도 좋다. 이런 식으로 대화하면 아이는 더 즐겁게 사물과 단어를 연결 지을 수 있다.

이때 자동차를 '빠방', 우유를 '쭈쭈' 등으로 표현하는 아기식 말투는 피하고, 같은 사물에 대해서 여러 이름을 사용하지 않는다.

• 주의 3 : 맘껏 탐구할 수 있도록 집안 환경을 만들어 준다.

걷기 시작하면서 행동반경이 넓어지고, 호기심의 폭이 한층 증대된 아이에게 부모는 아이가 자유로운 탐색을 할 수 있도록 적극적으로 도와준다. 집안의 모든 사물이 아이의 탐구 대상이 되므로 위험한 것들을 치우고 아이가 자유롭게 만질 수 있도록 해 준다. 대체로 엄마들은 아이가 장난감 이외의 것을 만지면 '안 돼.' '지지.' 등 금지의 말을 사용하게 되는데, 이는 아이의 두뇌 활동과 사고력을 위축하게 된다. 이 시기의 아이가 새로운 물건을 탐색하면서 감각 계발을 해 나가면 우뇌 활동이 활발해진다. 따라서 아이에게 스트레스를 주는 일은 우뇌 활동을 저해할 수 있으므로 주의한다.

내 아이를 영재로 만들기 위한 노력은 태교에서부터 시작하여 출산 후에도 계속적으로 중요하다. 신생아 때부터는 부모, 가정환경이 매우 영향력이 큰 요인으로 작용할 것이다. 성장하는 아이의 발달 특징에 따라 적절한 자극이 중요하다. 신생아에 대한 사랑과 관심, 신생아에 대한 지식과 이해가 기본이 되는 상호 작용이 필요할 것이다.

4장

영리한 아이로 키우기 위해 가족은 어떤 역할을 해야 하는가

1. 아기 돌보기
2. 일하는 엄마들
3. 문제 있는 부모
4. 부모로서 해야 할 일
5. 부모의 기대
6. 아이들 친구의 가치

　아주 어린 시절부터 가정에서 받은 교육은 어린이들의 지적 계발에 가장 큰 영향을 미친다. 가족 구성이 어떻게 되어 있든 간에 가족 구성원은 어린이의 첫 번째 교사가 된다. 이때는 부모뿐만 아니라 형제자매 등 다른 가족들도 중요한 교사역할을 하게 된다. 각 가정은 그들 나름대로의 특징을 가지고 있으며, 하나의 소집단으로써 외부 사회로부터 전해지는 정보를 걸러 주는 역할을 하고, 아이에게 그들만의 가족 문화를 제공하는 것이다. 어린이의 가정환경이 좋아서 교육적으로 건전하고 긍정적이라면 어린이가 학교에서 배운 것을 더 잘 활용할 수 있지만, 그렇지 못한 어린이는 학교교육에 더 의존해야 한다.

　똑똑한 어린이인 미나는 생각하는 것이나 질문하는 훈련이 되어 있지 않은 채 학교에 입학하였다. 미나의 부모는 아이들도 풍부한 사회생활이 필요하다는 것에 대한 인식이 없었으며, 오히려 부모가 시키는 대로 따르도록 해야 한다고 엄격히 믿고 있었다. 결과적으로 미나는 이야기를 하거나 자신의 말을 들어주는 환경에서 무엇을 얻는 훈련을 받지 못한 것이다. 그녀의 선생님이 미나를 도우려고 시도했으며 그들이 처음했던 대화는 다음과 같다.

    선생님 : (미나의 그림을 보며) 멋진 그림이구나, 이 그림에 대해 이
              야기해 주렴.
    미   나 : 고양이.
    선생님 : 멋진 고양인데, 네 고양이니?
    미   나 : 네.
    선생님 : 어떤 고양이지?
    미   나 : (대답이 없다.)

선생님은 교실에 29명의 아이들을 맡고 있기 때문에 미나와 더 이상 이야기를 하기 어려우므로 다음에 시간이 있을 때 다시 시도해 보기로 하였다. 이번에는 조금 진전된 대화를 해 보려고 하였다.

    선생님 : 정말 잘했구나, 미나야! 이 그림을 집에 가져가고 싶지
              않니?
    미   나 : 네… 음… 저.

다섯 살의 미나는 그림의 주인공을 고양이로 정한 것에 대한 자신의 생각을 자유롭게 충분히 말할 수 있어야 한다. 즉, 과거의 경험을 돌이켜 생각해 보고 그것을 선생님께 말할 수 있어야 한다. 가령 생일 선물로 바구니에 담긴 고양이를 받았다든가, 고양이를 받은 날이 언제라고 하는 식으로 말이다. 또한 다음에 있을 일에 대해서도 말

할 수 있어야 한다. 크리스마스를 보내기 위해 언제쯤 할머니와 함께 지낼 것이며 언제 고양이를 돌봐 달라고 이웃에게 부탁할 것인가 하는 식이다. 대화는 다음과 같이 진행되었어야 한다.

    선생님 : 와, 멋진 그림이구나. 그림에 대해 말해 주겠니?
    미   나 : 이것은 내 작은 고양이구요 이름은 나비예요. 눈은 노란 색이고 별로 크지는 않아요.
    선생님 : 고양이는 몇 살인데?
    미   나 : 음… 나이는 그렇게 많지 않아요.
            내가 다섯 살 때 엄마가 내 생일 선물로 바구니에 담아 주셨어요. 지금은 많이 커졌는데 엄마는 고양이가 아직 어른이 되지는 않았다고 하니까 아마도 앞으로 좀 더 클 것 같아요.……

미나의 또 하나의 문제점은 선생님이 미나에게 "그림 도구들을 좀 정리해 주지 않을래?"와 같이 매우 정중한 표현의 질문을 하면, 어떻게 반응해야 할지 잘 모르는 것이다. 아이는 스스로 결정하는 일보다는 무엇을 하라고 지시받는 것에 익숙해진 까닭으로 그러한 요청에 어떻게 처신해야 할지 잘 모르는 것이다. 그러므로 선생님이 "지금 그것들을 정리해야 한다, 미나야."라고 말해야 더 잘 알아듣는 것이다. 선생님은 그 문제를 잘 알고 있었으나, 그것을 바로잡을 충분한 시간이 수업시간에 할애되지 않았다. 그 결과로 이 영리한 아이는 좀 더 수준 높은 지적 생활을 즐길 수 있는 기회를 가지지 못하는 것이다. 미나와 같은 아이는 반에서 평범한 아이로 눈에 잘 띠지 않는다. 조앤 터프(Joan Tough)의 책 『의미에 집중하라(Focus on Meaning)』에는 이러한 언어의 문제점을 잘 설명하고 어떻게 극복해야 할지 좀 더 자세하게 나와 있다.

만약 갓 태어난 아기의 잠재력을 계발하려 한다면 그 아기는 부모로부터 사랑과 존중을 모두 받아야 한다. 사랑은 아기에게 필요한 중요한 감정이라고 종종 생각되지만 존중은 때로 간과되기 쉽다. 그러나 아기들도 인간이고 시작부터 올바르게 대접받아야 한다. 그렇지만 가끔은 소위 존중이라는 것이 무조건 아이의 요구를 다 들어주는 것이라고 생각하는 부모들이 있어서, 아기 중심의 잘못된 생활이 이루어지기도 한다.

예를 들면, 한 아기의 아버지가 내게 말하였다.

"나는 종종 우리 영수 때문에 직장에 지각을 해요." 나는 이유를 물었다.

"그 애가 이야기를 너무 많이 해서 걔가 나를 보낼 때까지 떠나지 못하는 거예요."라면서 그렇지 않으면 영수가 화가 날 것이라고 하였다.

영수는 그런 식으로 권력을 행사하는 것에 익숙해져 있다. 따라서 네 살이 되기까지 줄곧 그런 식으로 가족을 지배해 왔다. 그러나 이제 영수는 아빠가 자신의 허락이 있건 없건 매일 일정한 시간에 직장에 가야 한다는 것을 알기 때문에 나는 영수가 이런 생활에서 아마 더 많은 요구로 원하는 것을 얻어 냈을 것이란 생각이 들지 않을 수 없었다.

똑똑한 아이들은 대체로 재정적으로 안정이 되어 있는 집의 아이들이 많은 경향이 있다. 부모의 안정감과 자신감은 아이에게로 전해지고 자기 자신에 대해 좋은 감정을 갖게 도와주므로 이와 같은 것은 유능한 사람이 되기 위해 필요하다. 최고의 아이를 원하는 부모라면 아이를 갖는 것에 대한 결정을 할 때, 자신들이 자녀를 잘 기를 능력이 있는가에 대해 확실하게 생각해 보는 것이 가장 중요하다. 한 사람을 세상에 내놓기 위한 비용은 비록 그것이 한 번에 다 사용되는 것은 아니라 할지라도 특히 첫아이의 경우 매우 높다.

심지어 당분간 엄마의 수입이 중단되는 것도 계산에 넣어야 한다. 재정적으로나 감정적으로나 더 안정된 부모일수록 아이를 돌보는 문제에 있어서 걱정거리로부터 자유로울 수 있다. 걱정거리가 많고 자신이 하는 일에 대하여 지친 부모들은 자녀와의 간단한 대화에서 얻어지는 간접적이고 지속적인 효과를 인식하기가 더욱 어려울 수 있다. 대화를 통해 얻어지는 좋은 경험에 의한 간접적인 학습과 충분한 부모와의 접촉, 그리고 평온한 분위기는 아이들이 성장하는 데 도움을 준다.

아이들의 성장에 대한 많은 연구에서 나타나는 가슴 아픈 사실 중의 하나는 똑같은 잠재능력을 가지고 태어난 아이들이라 할지라도 종종 매우 다른 발달과 성취도를 보이는 것이다. 교육적으로 아주 좋은 여건을 가진 가정에서 자란 아이들은 그렇지 않은 아이들을 확실하게 능가하는 경향이 있다. 예를 들면, 아이들의 가정생활이 교육적인 성취도에 얼마나 영향을 주는가를 알아내기 위하여 1960년대에 더글러스(J. B. W. Douglas) 박사에 의해 영국 전역에서 5,000명의 아동들을 대상으로 한 연구가 진행된 적이 있다. 가정생활 방식 못지 않게 어머니의 산전관리(태교)도 연구에 포함시켰다. 아동들은 8세, 11세, 15세때 각각 테스트되었다. 더글러스 박사는 아동들의 학교에서의 성취도에 가장 중요하게 영향을 미친 것은 부모의 아이들에 대한 관심, 아이들에 대한 희망, 그리고 부모 자신이 이끌어 가는 생활방식이라는 것을 발견하였다. 부모가 교육적으로 그다지 큰 관심을 보이지 않는 집의 아이들은 초등학교 때부터 학업에 결함을 보이기 시작한다. 그리고 부모의 교육적 지원을 받는 아이와 받지 못하는 아이 사이의 격차는 갈수록 벌어져 중·고등학교에서는 더욱 크게 나타난다. 이것은 많은 다른 나라에서의 연구에서도 같은 결과가 발견되었다.

1. 아기 돌보기

아기는 엄마와 아빠 모두에게서 보살핌을 받을 때 더욱 발전할 수 있는 기회를 갖게 된다. 물론 한부모 가정에서도 자녀를 훌륭하게 키워 낸 경우도 있다. 그러나 불행히도 그것은 흔한 일이 아니다. 그리고 혼자서 아이를 키워낸다는 것은 확실히 힘든 일이다. 심지어 아빠가 일 때문에 아이를 돌볼 시간이 매우 적다고 하더라도, 아이들과 엄마는 아빠가 최소한 주말에는 가족과 함께 할 수 있다는 사실도 중요하다고 생각한다.

마찬가지로 부모가 재혼할 경우 아동의 발달에 나쁜 영향을 줄 수 있다. 이혼에서 오는 혼란을 겪는 동안에 특히 그렇다. 그 영향은 학교 성적에 바로 나타난다. 스스로 해야 할 것을 덜 열심히 함으로써 나타나는 것이다. 물론 아무도 완벽한 결혼을 보장할 수는 없지만 아이들을 혼돈과 불안으로 내모는 것은 확실히 좋지 못한 일이다. 따라서 아이를 가지면 부모는 서로에게 오랜 기간 진실하게 헌신하는 자세가 필요하다.

2. 일하는 엄마들

어린 자녀를 가진 엄마들이 밖에서 직업을 가질 것인가 말 것인가 하는 문제는 그 일이 어떤 일이건 엄마들에게 별도의 죄책감을 갖게 하는 경향이 있다. 만약 그들이 온종일 가정주부로서 생활한다면 재정적인 도움을 주지 못하는 것에 부담을 느끼거나 자신을 무력한 사람이라고 스스로 느끼는 죄책감을 가질 수 있다. 하지만 바깥일을 하게 되더라도 인생에 있어 아주 민감한 시기의 자녀들에게서 필수적인 엄마의 존재를 빼앗는 것이라고 느끼는 것이다.

대부분의 육아책에 쓰인 아기 엄마들 역시 전업주부이며, 대부분의 육아를 혼자서 한다고 가정하고 쓴다. 그러나 사실 서양에서는 아기 엄마의 약 40%가 바깥일을 하고 있고, 이러한 현상은 많은 다른 나라로 확산되고 있다. 비록 모든 나라에서 부모 역할을 똑같이 분담하기 위해서는 아직 갈 길이 남아 있지만, 최근에는 아빠들도 육아에 그들이 평소에 하던 것보다 더 많은 부분을 담당하고 있다.

엄마가 직업이 있는 경우와 없는 경우에 아기에게 미치는 영향을 알아내기 위한 조사연구가 최근에 활발하다. 본인이 원하거나 경제적 여유가 있어서 직업을 갖지 않고 집에서 아이를 키우는 엄마들은 일반적으로 행복한 아이를 길러 낸다. 그러나 엄마 자신이 집에 있는 것을 싫어하는 경우, 특히 자신의 능력이 더 이상 쓸모가 없어졌다고 생각되면 엄마들은 아이를 돌보는 데서 오는 피로감보다 단절감에 더욱 괴로워한다. 그들에게는 아기와의 관계 이외에 더 넓은 인간관계가 필요하다.

이러한 상황이 젊은 엄마들을 불행하게 하고 심한 스트레스를 받게 하므로 이는 분명히 아이들에게도 좋지 않은 영향을 끼친다. 조지 브라운(George Brown) 박사가 수집한 자료에 의하면, 집 안의 엄마들을 바깥일에 고용하는 것도 고민을 덜어 주는 한 방법이 된다고 보았다.

포나(Phona)와 로버트 라파포트(Robert Rapaport)는, "일하는 엄마의 아이들은 방치되고 무관심의 대상이 되는 것이 아니라 오히려 의존적인 엄마보다 독립적인 엄마의 모습을 보면서 더욱 풍부해진 생활방식에 의해서 독립심과 존중의 감정을 가지는 경향이 있다."라고 하였다. 단지 엄마의 바깥일로 인해 문제가 야기되는 경우가 있다는 어떤 증거는 없는 것 같다. 일하는 엄마를 둔 어린아이들의 생활에 정말로 문제가 되는 것은 그 엄마들이 단지 가난하기 때문에 일하는 경우에 일어난다. 이것은 가난이 문제를 일으키는 것으로 일 자체와는 상관없는 일이다.

1950년대의 관심사였던 생후 첫 5년 동안은 반드시 엄마의 존재가 함께해야 한다는 생각은 이제 변화하여 최근의 심리학자들은 아기의 행복을 위해 필수적이지 않다고 보고한다.

오늘날에는 가능하면 아빠도 일뿐만 아니라 자녀를 키우는 기쁨을 함께 나누려고 한다. 그리고 이렇게 부모 모두의 보살핌을 받고 자란 아이가 더 많은 발전이 있다는 연구결과가 점차 증가하는 추세에 있다.

아기를 최소한 한 사람 이상의 양육자가 동일한 교육으로, 아기가 필요한 충분한 개별적 관심을 받고 있음을 확인하면서 양육해야 하는데, 어린아이의 엄마가 집 밖에서 직업을 가져야 하는지에 대해서는 부부가 스스로 해답을 만들어야 할 것이다. 불행히도 이는 엄마의 선택권과 관계없이 엄마가 지불해야 하는 대가와 함께 절충된다. 종일 집 밖에서 일을 하는 엄마들은 아주 지치고, 파트 타임(part time)은 승진에서 누락되며, 집에서 지내는 엄마들은 침체되고 좌절감에 시달린다.

결국, 질문은 '어떤 대가가 우리 가정에 맞는가?' 일 것이다.

3. 문제 있는 부모

자신이나 주변 사정을 잘 인식할 수 있는 영리한 아이들은 다른 사람들의 감정에 대해서도 민감한데, 그중에서도 그들 부모의 감정에 특히 민감하다. 그래서 집안에서 어떤 불안한 일이 생기게 되면 아이들은 그것에 대해 즉시 알아챌 수 있다. 그런데 아이들의 감정에 따른 반응은 매우 다양하므로 때론 이런 상황에 흥분하고 혼란해 하기도 한다.

아이들도 어른들처럼 어느 날은 혼돈스럽다가 다음 날은 활발해 진다. 그런데 부모가 좋은 관계로 회복되지 못할 때에는 대처능력이 뛰어나다고 여겨지는 아이들마저도 혼돈에 빠지고 그 결과 불행해 지게 된다.

이러한 경우에 여자 아이들보다는 남자 아이들이 부모의 고민에 특히 민감해 보이거나 더 민감하게 반응한다. 대부분의 상처는 끊임 없이 팽팽하게 긴장된 관계에서 오는데, 때때로 부모들 또한 그들의 어려움을 그들의 개인적인 문제에 반응을 보이는 아이들에게 돌리 므로 그 상황은 계속 나쁘게 흘러가는 것이다. 예를 들어, '만약 그 것이 현정이의 문제가 아니라면 우리는 행복했을 것이다.' 라고 그들 은 말할 것이다. 하지만 이런 일은 아이들로 인해서 일어났다기보다 는 아이들에게 영향을 주는 부모의 행동에 의해서 생겨나는 문제라 고 말할 수 있으므로, 부모들이 더 화목하게 되었을 때 그들 자녀들 의 행동과 학교 성적은 매우 향상될 수 있다.

4. 부모로서 해야 할 일

- 가족 구성원들이 정서적, 물질적으로 여유를 누릴 수 있는 공간 을 유지해라.
- 처음부터 자녀와 가까이 있거나 적어도 그렇게 시도를 해라. 가

끔은 감정(느낌)을 진전시키는 데 시간이 걸릴 수 있다.
- 당신의 아이들에게 단지 친구가 아니라 부모가 되어라. 아이들은 그들의 삶에 어떤 조직이 필요하며, 부모들에게 의지할 수 있다는 것을 알 필요가 있다.
- 아이들이 있을 때 우선권은 종종 변한다. 예를 들면, 아이들의 놀이방 사용을 위해 집의 일부 공간을 당신은 포기할 수 있는가? 당신은 아이들이 어수선하게 만들어도 기꺼이 받아들일 수 있는가?
- 어머니가 집 밖에서 일을 하든 안 하든 선택은 부부가 함께 만들어야 한다.
- 엄마나 아빠 가운데 어느 한쪽의 사랑이 아이에게 계속적으로 결핍된다면 아이의 건강하고 균형 잡힌 성장에 좋지 않다. 만약 일이 당신의 모든 것을 요구하고 있다면, 당신은 일을 어떻게든 줄일 것인지 한부모 가정 혹은 부모 없는 가정이라는 현실에서 자녀를 양육할 것인지를 선택해야만 할 것이다.

부모가 자녀를 대할 때의 감정은 자녀 양육에 많은 영향을 미친다. 예를 들면, 자녀가 사랑을 받고 있는 가정일 경우에는 꾸지람을 받게 되더라도 그 아이는 복잡한 감정적인 갈등 없이 그것을 받아들인다.

그러나 부모가 긴장하게 되면 아이들을 잘 돌볼 수가 없게 되어 제멋대로 처벌하게 되고, 무엇 때문에 처벌을 받는지 알 수 없는 아이들은 어리둥절하게 된다. 때때로 반대 현상을 빚기도 하여 긴장된 생활 속의 부모들은 과잉보호를 하기도 한다.

대부분의 아이들이 긴장 상태에서 반응하는 방법은 다음과 같다.

- 불안감을 공격적으로 표현한다.

가정에서 아이들은 긴장되거나 불안할 경우에 공격적으로 감정을 드러내기도 하는데, 이는 종종 나쁜 습관으로 자리 잡을 수 있으므로 주의해야 한다. 즉, 갓난아기 때부터 주변 사람들로부터 주의를 끌기 위한 수단으로 입을 다물어 버리거나 소리지르는 등으로 화를 표시한다.

- 안전장치를 마련한다.

아이들은 가족들이 주는 압박감과 긴장 상태에서 벗어나고 싶어 한다. 따라서 안전장치로 불안과 긴장 시에 건강과 연관된 징후가 나타나기도 한다.

대부분의 부모는 아이들이 나타내는 긴장의 징후로 수업 전의 배앓이를 알아차릴 수 있다. 그러나 다른 더 심각한 문제들, 이를테면 천식 또는 당뇨병도 스트레스의 징후라 할 수 있는데 이러한 징후들은 스트레스가 없어지면 자연스럽게 사라질 것이다.

불행하게도 부모는 아이가 너무 영리하기 때문에 이 평범한 세상에서 방해받는 것은 자연스러운 것이라고 판단하고 아이의 나쁜 습관을 정당화한다고 알려져 있다. 그래서 영리한 아이가 기분이 불쾌해지거나 학급에서 다른 아이들을 방해할 때, 이는 따분함 때문이므로 용서받을 수 있다고 말한다. 대부분의 아이들에게 공통적으로 있는 좌절과 지루함을 나쁜 행동을 하기 위한 허가로 사용해서는 절대 안 된다. 이 문제행동을 보일 때는 분명히 그 행동 뒤에 어떤 문제의 원인이 있음을 인식하고 아이의 행동을 관찰하고 적극적인 관심을 보여야 한다.

5. 부모의 기대

　유명한 찰스 다윈은 "훌륭한 잠재력보다 더 무거운 짐은 없다."라고 한 바 있다. 때때로 똑똑한 아이들을 둔 부모들은 아이들이 지닌 잠재력을 최대한 발휘하게 만들기 위해 과도한 시도를 하게 된다. 아이들의 업적에 대한 자랑은 부모들의 권리이고 좋은 일이다. 하지만 아이들이 나타내는 성취 이외에 어떤 심리적인 문제가 있는지에 대해서도 고려해 봐야 한다.

　부모는 자기 자녀가 최대한 능력을 계발하고 성공을 할 수 있도록 후원한다. 그러나 언제나 부모가 기대하는 만큼의 목표를 달성하기는 쉽지 않다. 아이가 항상 부모의 기대에 부응하는 것은 불가능하고 때때로 부모를 실망시키기도 할 것이다. 생활과 학업에 큰 영향을 미치지는 않을 이 작은 실패들은 그의 자신감에 타격을 줄 수 있다. 하지만 아이에게 성공에 대한 너무 많은 압박이 있을 때, 자신감의 부족은 유난히 열심히 노력하게 만들거나 또는 포기하게 만들 수 있다. 재능이 많은 아이는 부모의 기대에 부응해야 한다는 것을 너무 잘 느끼는데 이는 아마도 그의 평생 동안 반감을 일으키는 계기가 될 수도 있다.

　실패는 완전을 추구할 수 있는 여유와 자유가 있다는 것이므로 아이에게는 중요한 일이며, 그것은 학습의 일부다.

> ### 가족 문제에 대해 할 수 있는 것들
>
> - 당신이 아이에게 '너 자신을 위해 행동해라.'라고 말했고, 만약 이것의 의미가 '조용히 해라.'라는 의미라면 당신은 그 후에는 그렇게 말하고 또 그 이유를 말하라.
> - 부모는 다른 모순된 명령을 내리는 것을 피해야 한다. 그것은 아이를 혼란스럽게 하고 걱정스럽게 만든다. 그러므로 일관성을 가지고 지시해라.
> - 당신 아이의 성실함을 존중해라. 잘 되기 위해 아이를 신뢰해라.
> - 당신이 할 수 있는 한, 최대한 긴장이 없는 집 분위기를 유지해라. 예를 들면, 아이가 부모의 말다툼을 듣지 못하게 하는 것이다.

가족 중에서 맏이가 더 지적이며, 언어를 더 잘 구사하고, 다른 아이들보다 더 성공적인 삶을 사는 이유가 무엇인지는 여전히 심리학계의 의문 중에 하나로 남아 있다.

금세기의 유명한 과학자 프란시스 갈톤(Galton)은 왕립학회(Royal Society)의 동료들을 연구했을 때 대다수가 맏이로 이루어져 있다는 흥미로운 사실을 발견하였다.

그 이후 다른 구성원들(즉, 이탈리아의 교수들, 미국의 우주 비행사들과 스트립 댄서 등 다양한 사람들)에 대한 조사에서도 맏이가 더 많은 것을 볼 수 있었다. 이것은 맏이의 선천적 특징에서 기인하는 것일까, 아니면 그들이 길러지는 방법 때문일까?

형제들보다 더 성공한 첫째 아이들의 경우에 사실상 좀 다르게 대접을 받고 자란 경우가 많은데, 이것이 첫째 아이 또는 외동아이의 지적·성격적 성장에 미치는 영향에 대한 약간의 단서들을 제공할 수 있을 것이다.

매우 유능한 개인들에 관한 대부분의 연구에서는 그들이 맏이이거나 외동아이일 가능성의 비율이 보다 높은 것을 발견하였다.

에리노아 매코비(Maccoby)와 그녀의 동료들에 의한 흥미로운 연구에서는 맏이는 나중에 태어난 아이들보다 높은 수준의 호르몬들을 가지고 태어난다는 것을 발견하였는데, 특히 임신 기간의 간격이 좁을 때 더욱 그러하였다.

우리들은 이 발견이 내포하고 있는 의미를 아직 알지는 못한다. 어쨌든 때때로 막내들도 잘 하지만, 중간의 아이들은 성공할 확률이 가장 낮다.

비록 지적인 면에서 그들의 차이가 사실이라고 해도, 많은 사람들을 측정했을 때 맏이가 성공할 확률이 가장 높은 이유를 충분하게 설명할 수는 없다.

네덜란드 군대에 징집된 40만 명의 젊은 남성들을 대상으로 한 중요한 연구에서 가족에서의 순위가 높으면 높을수록 지적 점수도 높은 경향이 있었다는 것을 발견하였다. 또한 대가족일수록 나이가 어린 아이들의 지적 능력은 더 떨어짐을 보여주었다. 영국의 더글러스 박사에 의한 다른 연구에서는 대가족의 아이들은 종종 핵가족의 아이들만큼 잘하지 못한다. 모든 식구가 작은 집에서 복잡하게 살거나, 교육을 위한 충분한 돈이 없는 가난한 가정에서 자란 아이들은 완전한 정신 성장을 가질 수가 없었다.

주의, 돌봄, 관심에 가족의 자원이 많이 쓰이는 가계일수록 맏이가 항상 제일 좋은 몫을 차지할 것이고, 동생들은 점점 더 적은 양의 몫을 가질 것이다.

대부분의 맏이는 동생들과 다른 훈육 양식으로 길러진다는 증거가 있다. 첫째 아이의 경우에 뒤에 태어날 아이들이 전혀 경험하지 못할 부모의 모든 관심을 차지한다. 비록 맏이는 동생들 교육을 위한 실험적 위치에 있을지라도 말이다.

이것은 그들이 동생들과 매우 다른 가족생활을 했다는 것을 의미한다. 부모, 특히 엄마는 다른 아이보다 맏이에게 거는 기대가 더 크다. 따라서 엄마는 다른 아이보다 맏이에게 더 많은 도움과 격려를 준다. 아마도 아빠 또한 그럴 것이다.

대체로 태어나서 2년 동안 맏이가 받았던 또 다른 관심은 나중에 부모와의 관계에서 나타난다. 부모들은 맏이와 그리 쉽게 지내지는 못한다. 아마도 초보 부모로서 아이 다루는 것에 익숙하지 않으며, 이런 이유 때문에 종종 맏이를 동생보다 덜 껴안고 싶어 하는 것으로 보인다. 표면상으로 그렇게 보일지라도 여전히 맏이는 동생보다 더 많은 관심을 얻는다. 따라서 대체로 맏이는 동생들보다 더 부모를 닮아가는 경향이 있다. 맏이는 보다 사려가 깊어지는 경향이 있어서 다른 아이들보다 더욱 구식이든가 성숙해 보이기도 한다.

전형적인 맏이는 명석하고 예절 바르다. 여자 아이는 부모를 기쁘게 하기 위해 최선을 다한다. 그러나 또한 아이가 부모에게 호의를 베풀고 있다는 것을 부모가 알아주기를 바랄지도 모른다. 여아는 전반적으로 삶에 대해 약간 걱정을 가지고 있어서 편안하기가 쉽지 않다. 그래서 여자 아이들의 놀이는 많이 배울 수 있는, 우표 수집과 같은 '교육적인' 취미를 선택한다. 여아는 다른 아이들과 있을 때 다른 아이보다 자기 자신이 더욱 성숙하다고 생각하기 때문에 항상 자신이 제일 잘 알고 있다고 생각한다.

어른들은 장녀를 마치 특별한 아이처럼 다루는 경향이 있어서, 대체로 가족 중에 책임감 있는 아이로 자라게 된다. 여아가 할 수 있는 최고의 카드는 자신의 성공일 것이다. 달에 첫발을 내디딘 우주비행사들은 모두 맏이였다. 그리고 반에서 일등 역시 맏이일 것이다.

외동아이들은 목표를 더욱 높게 잡고 야망을 가짐으로써 학교에서의 지능검사에서 맏이보다 한층 더 잘할 수도 있다. 역설적일지도 모르지만 외동아이들은 더 높은 자신감을 가지고 있으면서 또한 부모나 선생님의 의견에 의존하는 두 가지 형태를 다 가지고 있다.

사람들은 종종 중간 아이들은 가족 속에서 자신이 맡은 일을 빈틈없이 해내기 위해 몸부림쳐야 한다고 말한다. 그리고 이것은 사실이다. 중간 아이들은 가족 중에서 다른 아이들보다 관심을 덜 받는다. 그래서 그들은 사는 동안 관심 부족을 느낄 것이다. 중간 아이들이 아주 어릴 때 그들은 그들의 존재감을 알리기 위해 비록 그것이 처벌을 받을 짓이라도 종종 어떤 것이든 한다. 중간 아이들은 특히 싸우기를 좋아하거나 고집이 세질 수 있다. 그리고 종종 가족 중에서 가장 인기가 없는 구성원이 된다. 그들은 성공에 대한 추진력이 매우 낮기 때문에 맏이보다 잘할 것 같지 않다.

친구들 사이에서 아이들의 인기는 또한 그들의 가족에서의 위치에 의해 영향을 받는다. 매우 성숙하고 때때로 모든 것을 아는 맏이는 인기가 적다. 중간 아이들은 그들이 원하는 만큼 많은 친구들을 항상 가지고 있다. 막내 아이들은 최고의 인기를 가진다. 막내 아이들의 선생님들은 그들에게 그들 또래 친구와 같은 온정을 보여준다.

막내는 항상 선생님에게 최고의 관심을 가지며, 맏이는 최소의 관심을 가진다.

> **출생 순위에 따라 할 수 있는 것**
>
> • 일정한 터울을 두고 자녀를 낳아라. 그래야 매우 어릴 때 각각의 아이들이 많은 관심을 얻을 수 있다. 말하자면 비록 가깝게 태어난 아이들이 후에 서로 도움을 줄 수 있다 하더라도 3~4년의 터울은 아이들이 잠시 동안 거의 첫째가 될 수 있다.
> • 첫째에게 주는 것을 늦게 태어나는 다른 아이들에게도 주도록 시도해라. 분명히 이것은 전적으로 가능하지는 않다. 그러나 당신은 상대적으로 각각의 아이들에 대한 관심이 점차 줄어드는 것을 피할 수 있다. 이것을 확신하기 위해서 당신은 각 아이들을 위해 무엇을 해야 하는지에 대한 대조표를 지녀야 한다.

6. 아이들 친구의 가치

친구를 갖는 것은 아이들의 감성적인 발달과 지적인 발달에서 매우 중요하다. 친구가 많지 않은 아이들이 균형이 잘 잡힌 성인으로 성장하기란 매우 힘들다.

심리학자들은 아이들이 그들의 친구들을 통해 성장 과정에서 어떻게 대처하며 행동해야 하는지 많이 배운다고 하였다.

영리한 아이들은 항상 동정심, 융통성, 연민을 많이 가지고 있다. 그리고 대체로 친구 없이 하는 일을 선택하지 않는다. 그들은 학교에서 모든 다른 아이들과 같은 깊이의 우정을 나눈다. 그러나 그들은 집에서 친구들과 함께 노느라 시간을 허비하지는 않는다. 그 이유는 방과 후에 그들이 하기 원하는 일이 매우 많이 있기 때문이다. 많은 아이들은 그들의 취미생활에 시간을 사용한다. 또는 악기연습을 할지도 모른다. 그 이후에는 텔레비전을 잠시 보고 잠이 들 것이다.

그들이 영리하든 아니든 간에 통합 교실에서 능력이 다른 다양한 친구를 사귄다. 이는 집에서 놀 경우에도 마찬가지다. 그러나 때때로 부모들은 그들의 아이들에게 '너는 다른 아이들과는 다르다.'는 주의를 주며, 시간을 일상적인 놀이보다 더욱 유용하게 사용하기를 기대한다. 부모들이 그들의 자녀에게 강요하기 위해 선택하는 '차이'의 종류는 많고 다양하다. 부모들은 예민한 방법으로 메시지를 준다. 예를 들어, 한 엄마는 "민희와 놀고 싶구나. 걔는 너에 비해 좀 조용한 것 같지 않니?"라고 말하거나, 자신의 허락 없이 만나는 친구들에 대한 언급이 나올 때 단지 실망스러운 얼굴을 보인다. 사람들은 "매우 영리한 아이들은 쉽게 자신과 동일한 나이의 친구들을 사귀지 않는다. 왜냐하면 그들은 이해력이 낮은 아이들에 대해 지루해하고 실망하기 때문이다."라고 말한다.

아이가 같은 나이의 집단 내에서 매우 많이 앞서 있을 때는 문제가 발생하더라도 해결이 가능하다. 만약에 명석한 아이들이 또래와 친구로 지내는 걸 원하는 것 같지 않다면, 이것은 두 가지 이유가 있을 수 있다. 첫 번째는 다른 아이들보다 오랜 시간 동안 자신에 대해 더욱 행복해하는 자기 만족감(自足)이 높기 때문이다. 두 번째는 그들이 부모의 동의하지 않는 무언의 힘에 의해 다른 친구들과 노는 것을 방해받기 때문이다.

친구의 나쁜 영향에 대한 부모들의 두려움은 정당화되지 않는다. 친구들은 아이들에게 다른 관점으로 삶을 보는 걸 돕는다. 그래서 아이들은 다른 사람의 관심사에 대해 배울 수 있다. 그리고 그들의 친구들은 자라면서 같은 문제를 가진다는 것도 발견하게 된다. 또한 친구들로부터 지지뿐만 아니라 비평을 받게 될지라도 아이들은 더욱 잘 받아들인다.

아이들은 자신의 관계를 만들고 깨는 것을 배움으로써 스스로 자신을 찾도록 도와줄 뿐만 아니라 타인과 어우러져 함께 일하며 사는 데 필요한 기술을 가르쳐 준다. 이것은 다른 아이들뿐만 아니라 영리한 아이에게도 중요한 것이다.

어린아이들은 종종 자기보다 나이 많은 아이들과 노는 것을 즐긴다. 그리고 항상 그들을 모방한다. 그래서 나이 많은 아이들은 나이 어린 아이들에게 좋은 선생님이 될 수 있다. 특히 몇몇 학교에서는 아이들이 학교생활을 시작할 때 나이 많은 아이들에게 책임을 지움으로써 이런 장점을 이용한다. 나이 많은 아이들은 어린 아이에게 방과 후에 어떻게 해야 할지를 가르치기도 한다. 사회성이 탁월한 아이들은 많은 친구들을 가지며, 항상 다른 친구들의 감정들을 이해하는 유별난 민감성이 있어 보인다. 이러한 아이들은 비록 그들을 따르는 사람보다 지적이지 않다 하더라도 종종 리더가 된다.

> **당신이 아이의 친구에 대해서 할 수 있는 것들**
>
> - 약 1세 때부터 당신의 아이가 다른 아이와 함께 어울리도록 해라. 아이들은 아직 함께 어울려 놀지 않을 것이다. 그러나 아이들은 곧 다른 사람 주변에 있는 것에 익숙해질 것이다.
> - 당신의 아이에게 어른의 주의를 공유하는 방법을 배우는 것을 끈기 있고 부드럽게 독려함으로써 도와주라. 조만간 이러한 방법에 익숙해질 것이다.
> - 아이의 친구 선택을 존중해라. 비록 이것이 놀랍거나 심지어 때때로 어려울지라도 말이다. 이것은 한 인간으로서 당신의 아이에 대한 존중의 한 부분이다.
> - 너무 보호하지 말라. 아이들은 자신의 실수를 다른 아이들로부터 배운다. 그리고 누구와 친구가 되는 것이 더욱 가치가 있는지에 대해 어른들의 관점으로 평가하지 않는다.
> - 명석한 아이는 자기와 비슷한 다른 아이와의 만남에서 특별한 기쁨을 가진다. 우리 모두 그렇지 않은가? 만약에 당신의 아이가 같은 동네에서 같이 놀 비슷한 능력의 아이를 찾지 못한다면, 비록 멀리 사는 아이라도 하나 둘쯤은 알고 지내게 만들어 줘야 한다. 그리고 아이가 영리한 아이들과 함께 참여할 수 있는 학교 밖의 활동을 찾도록 시도해야 한다.

글상자 1 영리한 아이는 부모가 만든다

1. 가족이 옹호하는 가치

자녀의 IQ가 높거나 매우 뛰어난 성취를 하는 경우, 그 가족은 자녀 중심적이고 지지적이며 친밀한 가족 관계를 유지하고 있다. 이들 가족의 경우, 부모들이 교육과 성취에서 매우 높은 표준을 설정하고 숙제 검토에 주의를 게을리하지 않고 지적, 문화적 활동을 추구한다. 영재 자녀들은 그들의 부모의 역할을 성공적으로 지각하며 아울러서 그들의 자녀를 부모들도 긍정적으로 지각한다.

2. 가족관계

잘 기능하는 가족의 영재 아동은 친밀하고 지지적 관계, 자녀 중심적 문화, 권한을 부여하는 경향, 수준 높은 융통성과 결속력, 탄력성 등의 가족 특징이 나타난다. 부모들은 영재 아동의 인지, 정의적, 대인관계 성장을 배양시키는 최적의 환경을 헌신적으로 제공하는 것으로 나타났다.

창의적 영재 아동과 저명한 성인의 가족은 매우 열심히 노력하거나 긴장관계로 드물게 특징지을 수 있다. 이들 가족은 폐쇄성보다는 독립성을 더 많이 나타내며 영재 아동의 가족은 학교 공부에서 성취를 잘하지 못했으며, 갈등적인 상호작용 관계, 불안정하고 바람직하지 않은 가정환경으로 특징지을 수 있다.

영재 아동의 존재 그리고 평범한 형제들 속에서 자라는 영재 아동의 존재가 가족의 역동적 관계 구조에 영향을 끼치는 것으로 알려져 있다. 이들 가족의 경우 영재 아동이 가족 구조에서 가장 강력한 구성원이 되며 아버지는 영향력을 발휘하고 막대한 헌신적인 희생을 감수한다.

영재 형제가 있는 평재 아동은 영재가 아닌 평재 형제들 속에서 자라는 통제 집단에 비해 적응력이 떨어지는 것으로, 평재 아동과 영재 아동 사이의 형제들 간의 나이 차이가 세 살 미만의 경우 이들 간의 갈등이 심한 것으로 나타났다. 그러나 타협을 모색하여 공존의 상생·포용관계를 이룩하기도 한다.

3. 가족 스트레스와 적응

영재 아동에 관해서 잘 기능하는 가족은 높은 수준의 적응성을 나타내지만, 영재 아동의 가족은 자녀가 학교 공부를 잘 하지 못하면 스트레스를 많이 받고 자녀와의 관계에서 순응이 잘 안 되는 것으로 나타났다.

영재성도 가족에게 특유한 스트레스 유발 요인으로 작용하며 가족의 생활양식을 영재성에 순응시키는 데 압력을 유발한다.(김정휘, 2001)

5장

지적인 능력 계발하기

1. 언어
2. 음악
3. 두뇌와 인지

　유아들이 최초로 받는 가정교육은 앞으로 살아가면서 받을 교육보다 지적인 부분에 큰 영향을 미친다. 어쨌든 간에 부모, 할아버지, 할머니, 삼촌 등의 가족 구성원이 첫 번째 교사다. 몸과 마음은 떨어질 수 없으며, 서로 영향을 주고받는다. 마음 안에서 일어나는 생각은 몸과 관계가 있다. 그리고 인간은 정신적으로나 사회적으로 적응하기 위해 태어날 때부터 이미 배운 것을 사용한다.

　인간의 정신은 주변에서 일어나는 일들에 질서를 만들고 규정을 짓는다. 이는 아이들에게도 마찬가지다.

　우리는 금지조항 만들기를 좋아한다. 아이들이 게임을 할 때에도 해도 되는 것과 하지 말아야 할 것을 정하는데, 하지 말아야 하는 것, 즉 부정적인 규칙은 감정의 갈등을 피하기 위해 하지 않으려고 하는 두려움에서 기인한다고 볼 수 있다. 예를 들어서, 사다리 밑으로 걸어가지 않기, 길이 갈라진 위로 걸어가지 않기(서양 미신) 등을 들 수 있다. 역설적으로 말하자면, 사실은 이런 마음 안에 있는 갈등을 통해 지적으로 성장할 수 있으며 창의적이 되는 계기가 된다는 것이다.

　인간은 이 세상의 모든 동물 중에서 가장 높은 지능을 소유하고 있다. 인간만이 스스로 자신을 뒤돌아볼 수 있고 자신에게 이야기할 수 있다. 의사소통은 정신계발의 진정한 열쇠가 된다. 동물들도 의사소통을 하지만 그들만의 언어라는 한계가 있고, 인간 지능은 언어 사용에 의하여 계발된다.

가장 넓은 의미에서 보면 지능은 개인이 세상에 적응하는 능력이 된다. 예를 들어, 목표 달성하기, 먹을 것 찾기, 시험 통과하기 등과 같다.

지능이란, 지금 가능한 것이 무엇인지 가늠하고 자신이 생각하는 이해에 기반을 두어 무엇을 할 수 있을지를 선택하는 것이다. 때로는 지적인 능력과 육체적인 능력을 비교하는데, 어떤 사람에게는 지적 능력, 즉 지능을 비교하는 것이 보다 쉬운 경우가 있다.

심리학자들이 인간의 정신적 능력을 향상할 수 있는 열쇠를 찾을 수 있으면 좋겠는데, 그러한 마법의 열쇠는 아무도 못 찾았다. 환경에 의하여 지능은 드라마틱하게 향상될 수는 없지만 그 잠재력을 계발하거나 성장하는 것을 막을 수는 있다.

어렸을 때 뇌손상을 입었거나 영양부족 등과 같은 열악한 육체적 조건은 성장에 손상을 줄 수 있다. 다른 사람으로부터 완전히 고립되어 양육된 아동들은 빨리 구해내야만 정신적 발달 지체를 막을 수 있다. 더 중요한 것은 지적으로 열악한 성장 환경은 아이들이 자연스럽게 발달할 수 있는 가능성을 저해한다. 지능을 측정하는 데 있어서 문화적인 영향을 고려해야 한다. 또한 어린아이들은 일상적인 주변 환경의 영향을 매우 많이 받게 된다. 지능의 특성에 대해서 한 세기 동안 연구를 해 왔건만 심리학자들도 자기 자신의 정신세계를 잘 모른다고 얘기한다. 지능은 분명 존재한다. 신비하지 않은 실존체다. 그러나 지능이란 것은 몇 킬로그램의 덤벨을 드는 것처럼 명확하게 측정할 수는 없다. 그 이유는 많은 요소는 내재되어 있지만 많은 검사들은 전체를 측정하지 못하고 서로의 연관성 여부를 측정하는 데 어려움을 갖고 있기 때문이다.

수많은 생각을 할 수 있는 능력은 사리 분별, 판별, 비판, 융통성, 창의성들의 보이지 않는 집합체다. 그래서 여러 가지 통계적인 방법으로 백 가지 이상으로 분류하고 있으나 각 능력을 변별하는 것은 쉽지 않다.

1. 언어

언어의 가장 초기적인 형태는 사물의 이름을 정하는 것이다

지금도 사물을 보고 의미를 부여하여 이름을 짓는 것에는 어떤 마술과 같은 신비로운 가치가 있다. 어떤 종교들은, 예컨대 정통 유대교에서는 무슨 일이 일어날지 몰라서 두려움을 갖고 그들 신의 이름을 부르지 못한다.

이러한 예를 통해서 알 수 있듯이 단어의 인식에는 세 가지 중요한 것이 있는데, 이름에 대한 인식, 행동에 대한 인식, 그리고 추상적인 생각에 대한 인식이 그것이다.

유아들은 부모들이 이야기하는 것을 통해 언어의 소리와 의미를 배우며, 동시에 수 세기 동안 사용되어온 해당 언어를 통해 개발된

사고체계를 함께 습득해 왔다. 따라서 유아의 생각과 행동은 언어의 발달과 밀접한 관계가 있을 수밖에 없다. 예를 들어서, 우리는 유아가 단순하게 "나 안아 주세요."라고 말하는 의미를 통하여 그 유아의 생각을 잘 알아볼 수 있다. 즉, 유아는 자신이 다른 사람으로부터 분리되었고, 자신에게 요청할 수 있는 힘이 있다는 것을 자각했으며, 안아 주는 물리적인 행동을 자신의 특정한 감정적 필요와 그에 대한 반응으로 인식한다. 이와 같이 우리가 언어를 어떻게 사용하는가를 보면 우리의 정신이 어떻게 작용하는지를 알 수 있다.

사고가 서로에게 의사로서 소통이 되려면 언어로 바뀌어야 하고, 또 여러 생각이 카테고리로 정리되어야 언어로서의 표현이 가능하다.

사고는 말하고 싶어 하고 표현하고 싶어 한다. 실제적인 생활의 문화 안에서 언어는 생성되고 소멸된다. 1960년대 이전에 사용했던 언어들 중에는 오늘날에 사용하지 않는 것들이 있다. TV쇼에서 옛 낱말들이 나오면 이해하지 못한다. 이런 단어들에 대한 토론은 이젠 의미가 없고 가치가 없다. 살아 있는 단어는 변화하고, 그것이 우리의 역할이기도 하다. 말하기를 배운다는 것은 유아의 지적 발달에서 가장 중요한 부분이다.

태어날 때부터 아기는 엄마와 대화하기 위해 언어를 사용하기 시작한다. 유아의 얘기를 듣고 반응을 잘하는 부모는 유아에게 언어발달을 잘 할 수 있는 견고한 길을 선택해 주는 것이다. 지적인 양육 상태가 좋으면 유아의 언어가 잘 발달되어 지적으로 훌륭하게 발달한다.

유아에게 행운인 것은 태어날 때부터 언어습득 능력을 가지고 있기에 빨리 배운다는 것이다. 네 살이 되면 유아는 자신의 언어를 유창하게 할 수 있게 되어서 자신보다 어린 유아의 언어발달을 돕고, 심지어는 언어를 단순화시켜 쉽게 이해할 뿐만 아니라 이해시킬 수 있는 능력을 소유한다. 아이의 언어능력 발달을 돕기 위해서는 가능한 한 유아와의 대화에 많은 시간을 투자하는 것이 필요하다.

아이가 옹알이를 하거나, 잘못 말하게 될 경우에도 아주 신중하게 들어주고 최선의 반응을 해서 유아가 받아들일 수 있도록 해 주어야 한다. 이를 위해 유아의 눈높이에서 직접 이야기해 주는 것이 중요하다. 하지만 아기들은 누군가 자신에게 이야기하고 있지 않아도 지속적으로 말을 배우려고 노력한다.

유아는 유아 자신이 준비되었을 때에만 말하기 능력을 개발한다. 어른들이 유아에게 언어를 강제로 주입할 수 없는 것은 유아가 받아들이지 않기 때문이다. 예를 들어, 2개월 된 아기의 모음소리는 단순한 모방으로 흉내내기이며 아직 자음소리는 내지 못한다. 그렇지만 2~3개월이 지나면 자음도 이해하기 시작한다.

유아가 언어를 배우는 그 첫 해는 그 이후의 말이나 생각하는 열쇠의 요소가 된다. 예를 들어, 옹알이는 아기가 낼 모든 소리를 다 포함하고 있다. 옹알이를 들으면 유아가 얼마나 똑똑하게 될지 알 수도 있다. 옹알이를 많이 하는 아이는 더 똑똑해질 가능성이 있다.

반면에, 실망스러운 것은 보통의 유아들보다 더 **빨리** 말을 배운다고 해서 커서도 더 말을 잘할 수 있거나 더 똑똑해진다고 단정 지을 수는 없다는 점이다. 왜냐하면 어렸을 때의 언어는 무언가를 고려하여 생각하고 표현하는 것이 아니라, 단지 모방이거나 말하기의 연습이기 때문이다.

똑똑한 아이와 덜 똑똑한 아이를 결정짓는 가장 큰 차이는 그 아이의 가족들 간의 대화의 양과 질이 좌우한다.

유아는 자신의 생각을 표현할 수 있도록 언어를 배우는 것인데 언어를 사용하면서 지적인 스타일을 개발하는 모든 것은 가정 안에서 이루어진다. 우리는 우리의 시각, 청각 등 감각을 통해 많은 것을 이해하므로, 집에서 말을 많이 하지 않으면 생각과 아이디어가 발달할 기회가 현저히 줄어든다. 그러나 매우 높은 수준의 어휘를 집안에서 사용한다고 해서 그 아이가 자동으로 말을 빨리 하게 되지는 않는다.

많은 유명한 사람들은 그들이 아동이 될 때까지도 말을 제대로 잘하지 못했다. 예로, 처칠이 어렸을 때 말하기에 무척 어려움을 겪었다는 사실로 볼 때, 어린 시절의 말하기가 그 후 그의 찬란한 연설과 작문 능력의 징후가 되지 않았음을 알 수 있다.

당신의 아기가 말하는 것을 간단히 기록하는 것은 말을 매우 잘할 수 있도록 도와줄 것이다. 6개월 정도의 아기는 'r'이나 'p' 같은 자음소리를 시작할지도 모른다. 그리고 한 살까지 대부분의 아기는 매우 높은 수준에 이른다. 아기는 몇 개의 단어만을 알다가 한 살이 되면 매우 빨리 발달하게 된다.

아기가 매일 보는 주변 것들(주로 움직일 수 있는 것들)의 이름들을 알게 되는데 그들은 거의 음식과 음료수, 동물, 옷, 장난감부터 알게 된다. 요즘 아이들은 '집'을 말하는 것보다 먼저 '자동차'를 말하길 더 좋아한다.

약 14개월에서 20개월이 되어도 여전히 엄마들은 아기가 사물의 이름을 말하길 원하는데, 엄마가 '인형'이라고 말하면 아기는 그 말을 따라한다. 그러나 엄마는 아기가 그것을 되도록 빨리 완전히 알 때 기쁨을 느끼게 되므로 아기가 더 잘해 낼 것을 기대하여 '이게 뭐지?'라고 묻는다.

18개월에서 24개월이 되면 아기들은 중요한 단어를 포함시킨 짧은 문장을 말하기 시작하는데 "아빠 차가 와." 같은 말을 한다. 그것은 문법의 시작이다.

그 후 아이가 말하는 것이 더욱 발달되면 '여기-지금'에서 조금 더 나아가 간단한 것들을 말하기 시작한다. 부모들은 다음과 같은 질문으로 아이들을 도울 수 있다. '뭐 했니?', '뭘 봤니?'

같은 집단의 사람들은 아주 작은 가족 같은 단위일지라도 그 집단만의 말하기 법칙이 있고 아이들은 그것들을 배우고 맞춰져 간다. 아이들은 주변 사람들이 말하고 생각하는 일반적인 방식으로 배워가고 그가 모은 그러한 규칙에 의해 강화된다. 때로는 질문에 관습이 포함되어 문법적 현상보다 의미를 생각해야 한다는 것을 알게 된다. 즉, 말이 가진 법칙을 습득하게 된다.

다섯 살이 되면 아이들은 이런 법칙에 대해서 잘 배웠기 때문에 좀 더 어려운 문장을 구성하려고 하며, 이에 따른 실수를 하게 된다. 그러나 연습을 더 많이 하고 주의 집중을 잘하는 어린이는 언어를 배울 때 또래들보다 더 적절한 언어를 사용할 수 있게 된다. 어린이들의 매우 간단한 대화뿐만 아니라 모든 대화에서 부모는 아이가 주제에 대해 더 크게 생각할 수 있도록 도와줘야 한다. 다음의 간단한 예를 보자.

종인(3세) : 나는 커서 소방관이 될 거야.

엄마 : 소방관, 음. 그럼 거대하고 큰 호스를 가지고 많은 불을 끌 수 있겠구나.

종인 : 나는 물을 사방에 튀길 거야.

엄마 : (짓궂게) 그러면 불을 끄는 데 필요한 물이 충분히 남아 있지 않겠구나.

종인 : 그럼, 불 끄는 데 사용할래.

만약 종인의 처음의 생각에 응해서 대화하지 않았다면 그는 아마도 불을 끌 때 물이 얼마만큼 필요할지 생각해 보지 못했을 것이다. 이 대화를 통해서 아주 조금이긴 하지만 그의 이해력을 어림잡을 수 있었을 것이다. 그러나 아이디어와 정보를 주는 것은 예술과 같다. 만약 종인의 엄마가 불을 끄는 입장에서 듣고 그에게 가르치려고 했다면 그 아이는 배우고 싶은 마음이 줄어들었을 가능성도 있다.

가장 큰 학습 효과는 대화의 주제가 유아에게 재미있어야 하고, 오랫동안 흥미를 가질 수 있어야 한다. 아이들은 자라면서 점점 길고 복잡한 대화를 하게 된다. 아이들은 앵무새와 같이 말하는 것을 배우지 않는다. 어린이들은 그들이 이미 아는 것을 연습할 수 있는 편안한 상황에서 제일 많이 배울 수 있다. 아기가 소리를 만들려고 애쓸 때, 당신이 기쁘게 반응한다면 아기들은 더 잘 학습하게 된다.

현명하게 듣는 것은 부모가 아이들에게 할 수 있는 가장 중요한 것들 중 하나다.

아이에게 성인에게 하는 것처럼 말하지는 않는다. 당신은 아이와 대화를 하는 것이 아니라 가르치고 있는 것이다. 아이의 언어가 증가하면서 배우는 범위도 넓어진다.

> **영아나 유아에게 말할 때는**
> - 반복해서 말하라.
> - 여기와 현재를 사용하라.
> - 크게 말하라.
> - 발음을 확실히 하라.
> - 간단한 질문을 하라.
> - 많은 정보들을 어렵게 설명해 가르치지 말라.

 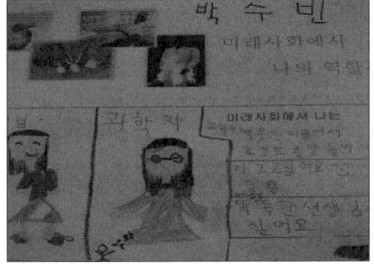

■ **아이들의 질문은 어떠한가?**

아이들은 자라면서 질문을 많이 하기 시작하는데 똑똑한 아이는 또래들과 질문이 다르다.

보통의 아이는 "뭐야?(What)"라는 질문을 많이 한다. "저거는 뭐야?"나 "내 곰돌이 어디 있어?" 같은 질문이다. 그러나 똑똑한 아이는 "왜?(Why)"라는 질문을 많이 한다. "하늘에 왜 달이 있지?"

이런 '왜' 질문은 대답하기 더 어렵고 어떨 때는 불가능하기도 하지만 아이의 지적 발달을 위해서는 아무렇게나 대답해서는 안 된다.

엄마 : 4시다~

혜진(3세) : 왜 4시야?

엄마 : 왜냐하면 차가 준비되었기 때문이지.

혜진 : (침묵)

더 나은 엄마의 응답을 보자.

엄마 : 음, 우리가 밥을 먹는 것이 1시였지. 그리고 쇼핑을 갔고 시간이 2시, 3시가 지나서 지금 4시야. 그리고 차시간이야.

혜진 : 나는 4시가 좋아.

아이들은 끊임없이 보고, 또 어떤 일이 계속되는지 이해하려 애쓴다. 아이들은 어떤 사건을 보고서 그것을 이해하지 못할 때, 묻기를 주저하지 않는다. 아이들은 언제나 그들이 본 것에 대해 머릿속에서 구조화시키려고 하지만 그것이 맞지 않을 수도 있다고 생각한다. 왜냐하면 아이들은 제지당하는 것에 약하기 때문이다. 그러나 아이들의 질문은 그것이 상식 밖의 예외적인 것이라 할지라도 언제나 항상 진지하다. 그러나 아이들 질문의 문제점은 그들이 확실히 표현할 수 없다는 것과 잘못 읽어서 생기는 것, 특히 부모들이 주의 깊게 듣지 않기 때문에 일어난다는 점이다.

독자는 형제가 있는 아이보다 어른과 대화할 기회가 많으므로 간혹 성인의 문화와 관습을 이해하지 못해서 의사소통에 방해를 더 많이 받기도 한다. 부모와 아이는 분명한 신뢰를 쌓을 필요가 있다. 그리고 아이는 부모와 많은 경험을 나눔으로써 새로운 생각을 할 수 있게 된다.

부모는 아이의 이해를 돕기 위해 같이 시간을 보내야 하며, 부모와 격리되어 병원에서 많은 시간을 보낸 아이의 경우에는 이런 것들이 생성되기가 어렵다.

총명한 아이들은 대개 유머 감각이 있다. 아기라고 할지라도 장난기를 가지고 있다. 한 번은 영리한 다섯 살짜리 아이가 질문하는 걸 들은 적이 있다.

"공룡 뼈랑 닭 뼈가 어떤 점이 다르게?" 어른은 곰곰이 생각하다가 한참 후 교육적인 대답을 하였다. "조류와 파충류는 진화적인 면에서 다르지." 그러자 아이는 웃으며 "틀렸어, 크기가 다르잖아."라고 대답하였다.

아이들의 언어를 위하여 당신이 할 수 있는 것들

■ 갓난 아기인 경우(0~12개월)
- 아이에게 육체적인 친밀감을 주도록 하라. 아이의 행복감을 공감할 수 있을 만큼 이야기하고 들어라.
- 장난감이나 빗과 같은 간단한 물건을 집어 주고 아이가 그것을 바라보는 것을 보아라. 그리고 나서 그 물건을 집어서 아이에게 보여주면서 그것에 대해 함께 이야기를 나눠라. 같은 방법으로 집안에

있는 다른 물건을 아이에게 보여줘라.
- 아이가 약 7~8개월쯤 되면, 물건을 가리키고 그것들의 이름을 아이에게 가르쳐라.
- 간단한 리듬과 즐거움이 있는 동시를 낭송하라.
- 생후 몇 달이 지난 후부터 아이에게 책에 있는 그림을 보여주면서 책을 읽어 줘라.
- 아이가 모양이나 색깔, 질감 등과 같은 몇몇 단어를 알게 되면, 아이에게 유사한 사물을 보여주고 무엇이 같고 무엇이 다른지 이야기한다.
- 같은 단어와 말투를 사용하라. 그러면 아이들은 그 소리를 알게 될 것이다.
- 다른 사람과 의사소통을 할 수 있도록 아이를 장려하고 그 안에서 기쁨을 얻게 하라.

■ 영아인 경우
- 노력에 대해서 칭찬하고 올바른 문법을 강요하지 말라.
- 아기같은 말투를 최소화하도록 노력해라.
- '주요' 단어를 여러 번 사용해라.
- 눈에 보이는 현상에 대해 묘사해라. 그것은 아이가 듣고, 보고, 만지고, 냄새 맡은 모든 것과 동등하게 느낄 것이다.
- 가능한 한 생기있고 활기차게 아이와 대화해라.
- 아이가 이미 알고 있는 단어를 사용하도록 도와줘라.
- '응.' 이라고만 하지 말고 적절한 대답을 해라.

2. 음악

음악을 즐기며 연주할 수 있는 능력은 언제나 어린이들의 정신적·감성적 발달에 생동감을 준다. 언제나 그렇듯이 부모들이 가장 효과적으로 해야 하는 것은 지시를 내리기보다는 실행할 수 있는 예를 보여주어야 한다. 음악교육은 태어나면서부터 부모들의 노래 속에서, 율동에 맞춘 움직임과 함께 시작할 수 있다.

이 세상 어느 곳에서도 음악이 없는 곳은 없다. 아이들에게 고전음악에서 대중음악, 그리고 재즈음악에 이르기까지 다양한 음악을 들을 수 있도록 해 보라. 또한 전자기기에서만 나오는 음악 이외의 음악들도 경험할 수 있도록 노력해 보라. 공원에서의 콘서트도 있으며, 어디에선가 피아노 혹은 기타 소리를 들을 수도 있다. 아이가 학교에서 지쳐서 돌아오거나, 때로는 활발하게 돌아왔을 때, 요한 슈트라우스의 왈츠나 디스코와 같은 선율과 리듬감 있는 음악을 크게 틀어 놓고 듣게 해 보자. 그리고 모두가 기분이 좋아질 때까지 함께 춤추고 노래하는 것도 좋을 것이다.

음악을 통해 어떻게 교육할 것인가?

- 잠자리에서 이야기해 줄 때와 같은 일상적인 부분에서 노래를 사용하라.
- 차로 학교에 가며 혹은 학교에서 오며 그리고 혹은 여행 중에 안절부절못하는 아이와 함께 노래를 불러라.
- 다른 것들을 노래와 가르쳐라. 예를 들면 "이렇게 하는 것이 우리

가 손을 닦는 방법이다." 이러한 방법이 어린아이들이 그 말에 집중하고 기억하는 데 도움을 준다. 예를 들어, "하나 하면 할머니가 둘 하면 두부 장수~" 다 같이 반복적 리듬에 맞춰 말을 만들어 나갈 수 있다.
- 이야기를 해 주는 대신에 노래로 하라.
- 움직임은 소리의 가시적 반응이다. 음악으로 때로는 거칠거나 행복하게 때로는 슬프거나 우아하게 해 보자.
- 대부분의 세계 문화에서 대부분의 유아들의 첫 음악도구는 재잘거림이다. 그러나 당신은 곧 이 유아들을 다른 도구들로 움직여 줄 수 있다. 예를 들면, 오래된 두 개의 냄비뚜껑이나 나무 블록을 부딪히는 것이 될 수도 있고 장난감 드럼을 크게 두드리게 할 수도 있다.
- 소리가 당신에게 어떻게 들리든 간에 아이들이 자신의 음악을 선택할 수 있도록 해라. 선택의 흥미진진함이 아이들에게 음악을 특별히 개인적이고 의미있게 만들어 주는 것이다.

3. 두뇌와 인지

두뇌의 신체적 구조와 함께 그것이 움직이는 방식 모두가 한 사람의 지적 능력에 영향을 미친다. 두뇌는 뉴런이라 불리는 특별 신경조직을 사용하여 작동하며, 이것은 밀도있게 축적이 된다. 이들 각각의 뉴런은 복잡한 네트워크 조직을 형성하며 다른 뉴런의 섬유조직과 연결되어 있는 섬유조직을 가지고 있다. 각각의 뉴런은 이미지를 저장할 수 있다. 이것은 그들 섬유조직 간의 거리를 넘어

(synapse 시냅스: 신경세포의 자극전달부) 전자흐름에 의해 다른 뉴런으로 보내지기도 하고 점유되기도 한다.

생각이라고 하는 것은 지속적으로 정보를 교환하는 100억 개 이상의 뉴런의 결과다. 하나의 뉴런은 동시에 1,000개 정도의 다른 뉴런과 연결될 수 있을 것이다. 뉴런이 더 많은 정보를 처리할 수 있는 섬유조직을 가지고 있으면 있을수록 더 방대한 정보를 전달할 수 있는 능력을 갖게 된다. 이론적으로는 두뇌가 처리할 수 있는 재료의 양에는 한계가 없다. 이러한 이론에 근거하여 정보공급 섬유조직의 가지를 늘려 가면 갈수록 우리는 지력을 향상시킬 수 있는 것이다. 지력이 높은 사람이 더욱 효과적으로 정보를 처리하는 이유에 대한 하나의 가설은, 가장 지적인 사람은 이러한 가지를 뻗어 가는 섬유조직을 더 많이 가지고 있다는 것이다. 또 다른 가설은 한 아이가 특정 신경 경로를 더욱 많이 사용하면 할수록 이 시냅스 간격이 더 빨리 건너질 수 있다는 것이다. 이러한 경우 대수계산이나 활발한 토론에서 더욱 이득을 얻을 수 있게 된다.

생쥐를 대상으로 한 심리학적 연구결과에 의하면, 각각의 섬유조직 주변이 더욱 두껍게 입혀져 있으면 있을수록 그 쥐들은 더욱 지적으로 행동하고 더 빨리 정보를 처리하였다. 쥐들이 그 소유자들에 의해 훈련을 많이 받게 되고, 또한 자극적인 임무들이 주어졌을 때 그 두께가 증가한다는 것이 발견되었다. — 쥐 사례에서는 복잡한 미로의 형태로 주어졌다.

이것은 인간의 정보처리 과정에서도 유사하게 작용된다. 따라서 만약 우리가 이러한 성과물들을 아이들에게 적용하게 된다면 지력,

혹은 적어도 생각의 속도는 신체적 애정과 자극시켜 주는 학습 환경을 통해서 향상될 수 있다는 결론을 얻을 수 있다. 또한 두뇌는 때때로 컴퓨터에 비유할 수 있다. 왜냐하면 컴퓨터 프로그램이 처리 과정 절차에 의해서 처리되듯이 두뇌는 그 개별적인 비트 혹은 연결고리 안에서 신경세포가 저장하는 정보를 처리하기 때문이다. 단순한 동작, 예를 들어 손가락을 들어올리는 것과 같은 행동도 뇌 안에서 수백만의 신경세포가 동시에 연결되어 일어나는 것이다. 이런 식으로 작업을 위해 오른손을 사용할 때 모든 신경이 긴장하게 된다. 이러한 프로그램을 통해 우리가 어떤 것을 학습했다고 해도, 인간으로서 우리는 컴퓨터가 아니다. 우리의 두뇌는 이런 프로그램들을 감정적인 방법으로 이용하는 경향이 있는 것 같다. 예를 들면, 새로운 학습이 흥미가 없거나, 보상이 없는 경우는 학생들은 주의하여 학습에 참여하지 않는다. 달리 말해, 우리는 우리가 원하는 것을 배울 때 최선을 다할 수 있다.

총명한 아이들은 다른 아이들보다 더욱 복잡한 프로그램들을 잘 따라온다. 그리고 그들 기억력의 더 발전된 지적 능력을 활용하고, 새로운 아이디어를 발전시키기 위해 집중한다. 부모들은 자녀들의 기억저장 능력을 향상시키기 위해 기억력이 좋다고 칭찬하도록 한다. "네 머리에 나사가 빠졌으니까 잊어버린 것이야."라는 부정적인 말 대신 긍정적인 태도를 통하여 격려해 주어야 한다.

부모들은 기억력을 강화시키는 게임을 통하여 아이들의 기억력을 향상시킬 수 있다. 예를 들면, 'Kim's 게임'은 재미있을 뿐 아니라, 학습을 위한 탁월한 도구다.

> **Kim's 게임**
>
> 작은 사물을 골라 쟁반에 놓고(고무줄이나, 인형의 신발, 장난감 찻잔이나 작은 상자) 보지 못하게 옷으로 덮는다. 그 다음 옷으로 덮인 쟁반을 아이들 앞에 놓고 옷을 치운 후, 5초 동안 보게 한다. 그런 다음 옷을 덮고 무엇을 봤는지 기억해서 그리게 한다. 몇 개나 기억했는지 세고 점수를 낸다. 마찬가지로 얼마나 정확한 위치에 있었는지 그리고 그것을 잘 그렸는지도 점수로 계산한다.

두뇌의 작업은 호르몬의 영향을 받는다. 신체의 내분비선에서 만들어진 화학적인 요소는 우리 신체의 기능에 영향을 준다. 특별히 감정적인 부분에 영향을 더 많이 준다. 예를 들어, 만약 아이가 그의 학습에 부정적인 태도를 가지고 있거나, 싫어하거나, 놀라거나, 피곤해하면 흉부의 내분비선이 호르몬을 방출하지 않게 된다. 따라서 두뇌 활동의 고차원적인 활동을 요구하는 새로운 지식의 습득은 실제적으로 막히게 된다.

시험에 대한 노이로제는 두려움과 호르몬 작용의 예다. 만약 시험에 대한 두려움이 있으면 당신이 시험지를 받아 드는 순간 전혀 기억이 나지 않을 것이다. 비록 당신이 그 전날 완벽한 정답을 알고 있었더라도 아무 소용이 없을 것이다. 아이들의 학습에 있어서 이런 문제를 극복하는 한 가지 방법은 시험에 대하여 흥미를 갖게 하고, 긴장을 제거해 주며, 많은 칭찬을 해 주어서 아이들이 시험에 대하여 좋은 느낌을 갖게 하는 것이다.

지친 아이들에게 억지로 주입시키지 말라. 아이들은 채우기 위해 기다리는 빈 공간이 아니라, 당신이 제공한 것을 나타내 줄 준비가 되어 있는 학습자인 것이다.

1) 우뇌와 좌뇌

수 세기 동안 위대한 사상가들은 이성에 근거한 사고와 감정에 기초한 사고 간에는 차이가 있다고 서술하였었다. 그러나 1950년 이후로 미국의 로버트 온스타인(Robert Ornstein)과 같은 심리학자들은 이런 차이는 양쪽 두뇌의 각기 다른 영향에서 기인한다는 것을 발견하였다.

이런 것들은 간질 환자와 두뇌가 손상된 환자를 관찰하면서 시작되었다. 우반구와 좌반구가 점점 분리되든지, 또는 두뇌의 특별한 부분에 충격을 받은 사람들이다.

생각이 우뇌에 의하여 지배되는 사람들은 사물을 전체적인 영역으로 보는 경향이 있다. 그들은 패턴, 모양, 크기에 관심을 가지고 있고, 더욱 상상력이 있으며 직관적이다. 좌뇌의 지배를 받는 사람들은 생각이 모호하고, 선명하지 않은 것처럼 보이며, 더욱 논리적이고, 수학이나 언어의 기술과 같은 지적인 작업을 좋아하는 것 같이 보인다.

우뇌 부분은 노래의 음률과 시를 쓰며, 그림을 전체적으로 감상하는 것을 도와준다. 좌뇌는 문법에 맞게 글을 쓰는 것을 도와주며, 엔진을 수리하거나, 예술가의 붓의 기교를 동경하는 것을 도와줄 것이다. 그러나 대부분의 사람들은 두 부분의 뇌가 서로 조화를 이루고 있다. 두뇌는 한 대의 컴퓨터가 아니라, 가장 효과를 얻기 위해 함께 작용하는 두 대의 컴퓨터와 같다.

지식은 무의식적으로 우뇌에 의하여 더욱 흡수되고, 그 이후에 좌뇌에 의하여 구분되고 전달되는 것과 같다. 각기 구분된 뇌는 어떤 정도까지는 다른 일을 할 수 있으나 진입 정보가 진행 스타일에 정확하게 일치할 때 기능은 더 좋아진다. 하지만 항상 그 적당한 절반을 이룰 수 없으므로 진입 정보가 지체된다. 모든 사람들은 한쪽 뇌로 치우치는 경향을 가지고 있는데, 이것이 그들에게 특정한 스타일을 가져오는 한편, 그들의 지식의 어떤 면을 방해한다. 예를 들면, 철자를 잘 모르는 사람은 그들의 왼쪽 뇌보다 오른쪽 뇌를 이용하는 편향적인 속성을 가지고 있다. 그래서 그들은 더욱더 직관에 의지하게 되고, 문장의 세밀한 것에 충분한 주의를 기울이지 않는다.

아동들이나 유아들은 그들의 뇌에 지배적인 절반의 뇌를 가지지 않는다. 그러나 학교의 전통적인 교육은 엄격한 좌뇌의 활동을 강조하게 되므로 때때로 우뇌의 손실을 가져오게 되어, 조화는 일반적으로 아이들이 학교를 떠난 뒤에 이루어지게 된다.

실제로 학교와 IQ는 우뇌보다는 좌뇌를 이용할 수 있게 디자인되어 있는 것 같이 보인다. 따라서 심지어 어떤 심리학자들은 만약 우뇌의 활동이 적절하게 활성화되지 못한다면 뇌가 정상적으로 발달하지 못하게 될 것이라고도 말한다. 위대한 창조적인 성취는 양쪽 모든 뇌의 활동을 필요로 한다. 그럼에도 불구하고 공부, 학문만을 강조하다 보니 교육이 아이들의 창의성을 저해한다고까지 말하기도 한다. 그러므로 선생님은 더욱 직관적이고 창조적인 우뇌 계발을 시작하여야 한다. 다음의 내용은 한쪽 뇌나 다른 쪽 뇌에 지배되는 어린아이들이 할 수 있는 짧은 목록을 보여준다.

  오른쪽 뇌와 왼쪽 뇌는 성별에 따라 다를 가능성이 있다. 여자아이들은 일반적으로 우뇌에 지배되며 직관적이라고 한다. 대체로 사내아이들은 좌뇌에 지배되며, 수학과 공학적인 측면이 우세하다. 그러나 어린아이들은 이 특별성에 어떤 징후를 보여주지 않으나 성장할수록 어떤 징후를 보여준다. 그러나 이러한 현상은 태어나서 성장해 나가는 과정에 처한 환경과 문화에 의한 영향이라고 하지 않을 수 없다. 어떤 아이들은 한쪽에 너무 편향적인 사고 습관을 가지게 된다. 부모는 이런 것을 찾아내어 균형을 잡아 주어서 아이들이 지적으로 활기차도록 도와주어야 한다.

  이 사고방식의 부분을 보는 다른 방법은 '산만한(일탈의)'이거나 '집중력이 있는' 사고의 그룹으로 보는 것이다.

  집중력이 있는 사고자는 법칙에 의해 진행하고, 매우 논리적으로 결론을 도출해 낸다. 이들은 일반적으로 과학적이며, 수학적 활동을

뇌의 한 쪽이나 다른 쪽에 의하여 지배되는 특성	
왼쪽 뇌	오른쪽 뇌
정규 교육을 좋아한다.	낮은 빛과 따뜻함을 좋아한다.
꾸준하다.	앉아 있거나, 배우는 것을 좋아하지 않는다.
책임감이 강하다.	외부에서 공부하는 것을 좋아한다.
혼자 공부하는 것을 행복해한다.	돌아다니는 것과 만지고, 행동하는 것을 좋아한다.
꾸준히 앉아서 공부한다.	학교 성적이 좋지 못하다.
학교생활을 잘한다.	

잘한다. 산만한 사고자는 더욱 창조적이며, 새로운 것을 찾아내며, 아마 매우 엉뚱한 아이디어와 접근방법을 이루며, 미래의 예술적 활동으로 종종 연결된다. 집중력 있게 생각하는 아이들은 직선적인 질문과 대답 스타일의 시험에 능한 반면, 산만한 아이들은 그들의 상상력을 이용하여 할 수 있는 에세이를 선호한다.

어떻게 사고를 도울 수 있는가?

- 물리적인 많은 영향을 줘라. 쓰다듬고, 안아주는 것, 그러면 아이들은 원하는 것과 가치를 발견할 수 있다. 그것에 대하여 좋은 느낌을 받은 아이들은 더 잘 교육받을 수 있고, 더 깊게 생각할 수 있다.
- 아이들이 다양한 자료를 통해 함께 배울 수 있도록 주변에 많은 재료를 줘라.
- 자녀들의 집중함과 예민함을 격려해라. 그래서 그들이 즐거움 속에서 배웠다고 기억하게 해라.
- 자녀들에게 당신 자신들이 이상을 위해 애쓰는 것을 보여줘라.
- 당신이 할 수 있는 대로 자녀의 교육을 흥미있게, 최소한 재미있게 하라. 지루함은 제거해 버려라.
- 피곤한 자녀에게 새로운 지식을 주입하려고 하지 말라.
- 가정에서는 가능한 한 긴장을 주지 말라.
- 조용한 생각과 대화를 하기 이전에 자녀와 함께 음악에 맞춰 춤을 추어라. 심리적으로 결합해라.
- 때때로 조명, 음악 등의 환경을 맞추어라. 그리고 당신이 아이디어에 대하여 말하거나 관심을 공유하는 문제에 대하여 말할 때에 때때로 다른 종류의 음악을 틀어라. 당신이 먼저 대답하기보다 당신의 아이들의 말에 주의를 기울여라.
- 만약 당신의 자녀들이 우뇌에 지배되는 것을 느낄 때, 좌뇌를 사용

> 할 수 있도록 격려해라. 아이들이 게임으로 여길 수 있는 게임을 해라. 예를 들어, 숨은 그림 찾기와 같이 주의집중을 요하는 게임을 해보게 하라.
> - 만약 당신의 자녀가 좌뇌에 지배되는 것처럼 보이거든, 큰 생각의 체험을 하도록 도와줘라. 지구와 하늘이 만나는 길과 같은 것이나, 큰 종이를 주고 큰 붓으로 그림을 그리게 해라.

산만한 아이인지 혹은 집중력이 있는 아이인지를 판단하는 전형적인 검사는 아이들이 블록을 어떻게 만드는지를 보면 된다. 집중력이 있는 아이들은 집과 벽, 담을 떠받쳐 주는 선반 등을 만든다. 산만한 아이들은 블록을 가지고 문진처럼 이용하고, 시멘트를 만들기 위해 부수고, 창밖으로 던져 버린다. 때때로 산만한 아이들에게 용기를 주는 것은 단지 바보같은 아이로 만드는 것을 북돋아 주는 것처럼 보인다.

아이들은 아직 완전하게 한 종류나 다른 종류의 사고방식으로 살지 않는다. 살아가는 데는 두 가지 모두가 필요하지만, 어떤 뇌에 지배를 받고 있는지를 살펴보는 것이 여기서 우리가 할 일이다.

(1) IQ란 무엇인가?

비록 IQ라는 용어가 매우 자유롭게 부모나 선생님들, 그리고 심리학자들에 의하여 사용된다고 하여도, 이것의 실제는 논쟁의 여지가 많이 있다. 금세기 초기에 IQ는 동시대의 흐름에 맞춰 사는 지성으로 이해되었다. 그러나 지금 우리는 이것은 환경에 따라 다양하며, 심지어 매일 어느 정도는 변화할 수 있다는 것을 안다. 개인의 IQ 점수가 다양할 뿐 아니라, 검사에 따라 다른 점수를 얻어내기도 한다. 가장 많이 사용되는 두 가지 IQ 검사를 이용하면, 한 방법은 최고점수가 145점이고, 다른 한 점수는 170이다. 동일한 어린이에게 다른 측정방법을 사용하면 매우 다른 점수가 기록되는 것이다. 때로 어떤 측정방법은 특별한 기술, 예를 들면 읽기 등을 측정하는 것으로 만들어져 있는 것은 IQ 측정에 실패할 수 있다.

IQ의 용어는 지적 지수를 대표한다. 지수는 수학적 분야의 결과를 의미한다. 점수에서 얻어진 계산된 수치는 아이들이 지능 검사를 통해 얻어진다. 이 수치는 지적 연령이라고 부르고, 연대기적 나이에 의해 나누어진다. 이것을 백분위로 곱하는 값이다.

$$\frac{\text{지적 연령}}{\text{연대기적 나이}} \times 100 = IQ$$

평균적으로 아이들은 100점 정도를 기록한다. 60% 아이들이 IQ 90에서 IQ 110의 점수 사이에 있다. 아이의 점수가 120이나 120점 이상이라면, 매우 총명한 아이다. 이 점수는 인구의 10% 정도로 측정된다. IQ 135 이상부터 IQ 170까지의 특별하게 재능있는 아이들은 상위 2% 정도에 불과하다. IQ 점수는 항상 상대적이며, 어떤 과제를 한 아이가 다른 또래의 아이에 비하여 얼마나 성공적으로 수행하는가 하는 것에 대한 점수다.

그러나 검사는 단지 그 시간 그가 수행하는 어린이의 능력을 검사하는 예에 불과하다. 이것은 그 어린이가 배운 것을 잘 적용하는지와 어떻게 배운 것을 재생산하는지를 검사하는 것이다. 그 시간 환경이 결과에 영향을 줄 수도 있다. 예를 들면, 그가 추운 때에 검사를 한다면, 그의 검사 결과는 낮게 나타날 것이다.

비록 지적 검사의 이익이 단지 어린이, 특히 영리한 아이들을 위한 안전장치로 알려져 있을지라도 영리한 아이들의 적절한 수준에서 어떤 것을 할 수 있게 하는 적당한 교육을 놓치거나 제공받지 못하기도 한다. 예를 들면, 집에서 문제점을 가지고 있기 때문에 학교에서 하위 그룹에 배치되었고 점차 뒤쳐지기 시작하였다.

그는 아마 흥미를 잃고 단지 평균의 수준만을 따라갈 수 있을 것이다. 지적 능력 검사는 부모나 교사가 아이가 자기 능력 이하의 일은 매우 잘한다는 사실을 빠르게 알아내며, 아이가 따라갈 수 있도록 돕고, 상위 그룹 안에서 제자리를 찾을 수 있도록 도와줄 수 있다. 따라서 최소한도의 지적 능력 검사는 많은 의견 안에서 객관적인 측정이지만 이해와 함께 쓰여야 한다.

IQ의 언급은 많은 사람들의 분개감을 일으킨다. 왜냐하면 이것은 아이들의 능력을 잘못 측정할 수도 있으며, 이 잘못된 측정을 기초로 그들의 미래에 대한 어떤 결정을 내릴 수 있기 때문이다. IQ 검사가 정당성을 얻을 수 있는 것은 어린이의 학습 기회에 많이 달려 있다. 예를 들어, 집에서 언어를 사용할 수 있는 것과 집에서 놀이를 하는 것, 그리고 그 놀이에서 배운 것 등이다.

바른 기회가 주어지지 않고는 지적인 어떤 측면은 절대로 충분히 발전될 수 없다. 그러면 IQ로 지적인 면을 측정하는 것이 정당화될 수 있는가?

다음은 IQ에 대해 종종 받는 질문이다.

■ IQ는 유전되는가?

어린이의 IQ가 어느 정도 집안의 배경에 기인하는지 말하기는 매우 어렵다. 즉, 환경에 기인하는 것과 어느 정도 유전에 의한 것 등으로 말할 수 있다. 과학자들은 다른 환경에서 자라난 각기 다른 아이들 그룹에서 어떤 것이 발생하는지를 실험할 수는 없다. 그러나 동일한 쌍둥이에게서 가장 이상적인 사례를 관찰할 수 있었다. 서로 다른 쌍둥이의 사례를 통해 각기 다른 집안에서 자라난 동질적인 쌍둥이를 관찰하면서 우리는 어떻게 다른 환경이 동일한 유전적 유전자를 가진 두 어린이들에게 영향을 주는지를 살펴볼 수 있다.

이런 관찰에서 문제가 되는 것은 두 쌍둥이를 입양하는 가족이 매우 비슷하다는 것이다. 입양 사회는 보통 가능하다면 그들이 원 부모들과 아주 비슷한 상태에서 양육을 하기 때문이다. 이 사실은 환경이 상이한 다양성의 효과를 감소시킨다는 것이다. 그러나 여기에는 IQ의 생태적인 강한 유전적인 요소가 있기 때문에 다른 통계적인 방법을 사용하거나, 다른 결과를 산출한다고 하더라도 어떤 학자들은 지적 능력의 80%가 유전적인 요소이며, 단지 20%만이 환경의 영향을 받는다고 말한다.

가장 보수적인 평가자들은 유전적인 지적 능력은 전체의 약 30% 정도라고 말한다. 의심할 바 없이 대답은 두 극단 사이 어딘가에 있지만 유전적인 IQ의 부분은 아이들에 따라 다를 가능성이 있다.

■ 어떻게 환경이 지적 능력에 영향을 미치는가?

이 질문은 이 책이 얻고자 하는 중요한 질문이다. 환경(부모의 노력을 포함한)은 잠재적인 지적 능력을 발전시키는 데 영향을 줄 수 있다. 그러므로 어떤 요소가 지적 능력을 다르게 만드는지를 아는 것은 중요하다.

평균적으로, 자기 자녀의 지적 발달에 관심이 높은 부모의 아이들은 자기 자녀의 지적 발달에 관심이 낮은 부모의 아이들보다 IQ가 높다. 이 이유는 아이들이 더 지적으로 높게 태어났기 때문이 아니라 교육적으로 확실하게 양육되어서 그런 것이다. 즉, 자녀의 지적 능력에 영향을 미치는 것은 부모의 자기 자녀의 지적 발달에 대한 태도에 있으며, 가정과 학교의 수준에 있다는 것이다. IQ 점수가 높은 것은 어느 정도 교육적으로 양육되었다는 것을 의미한다. 적절한 학습 기회를 가질 수 있는 환경에 있는 아이가 최대한의 학습을 했을 것이라는 것이 IQ 검사로 평가된다.

평균 이상의 아이들에 대한 나의 연구에서 IQ를 높이기 위한 가장 효과적인 두 가지 중대한 생활의 관점은 그들 가정의 생활 태도며 그들의 교육적인 대비다.

종족과 그들의 지능과의 관계에 대한 질문은 오늘날 교육학에서 매우 민감한 주제일 것이다. 어떤 미국 학자들—아서 젠센(Arthur Jensen)에 의하여 출간된—의 연구결과는 두 인종을 비교해 보면, 흑인 아이들이 백인 아이들에 비하여 IQ가 낮고 다른 종족은 중간으로 나타났다는 결론을 내 놓았다. 그러나 이 연구는 심리학에서나 통계적 근거에 대하여 매우 비판받고 있다. 심지어 연구자가 마음을 바꾸었지만 연구의 원 자료는 지금도 실제적으로 불신당하고 있다.

한 예로, 일본의 어린이들이 다른 그룹에 비하여 대단히 높은 점수를 받았다고 보고하였다. 이러한 결과는 일본 부모들이 아이들에게 제공하는 교육적 경험이 충분하였다는 것을 의미한다. 즉, 정보를 획득하라고 스트레스를 주어 결국 점수를 높인 것이다. IQ 검사는 창조적인 노력에 대한 것은 측정할 수 없다. 아이들이 인종에 상관없이 독립적으로 판단되는 곳에서만, 아이들은 자기 자신의 행동의 경험을 통하여 자신의 한계점(약점)과 역량(강점)을 자유롭게 발견할 수 있다.

■ IQ로 성공을 짐작할 수 있을까?

IQ가 높은 사람들은 학교나 대학의 성취도가 아주 높다. 그러나 높은 IQ만으로는 성공을 짐작할 수 없다. 아이들의 사회적 배경도 IQ와 밀접하게 연결되어 성공을 예측하는 데에 중요하다. 높은 지능을 가진 사람들을 파악하기는 쉬운데, 그들 중 일부분만이 세계적으로 성공했다고 불린다. 반면에 낮은 IQ를 가진 많은 사람들도 아주 성공하였다.

성격과 미래를 보는 전망은 IQ만큼이나 성공을 짐작하는 데에 중요하다. 만일 아이가 높은 IQ를 가지고 자수성가한 백만장자가 되려는 목표를 세우고, 그것을 위해서 대학에서 많은 시간을 소비하며, 건설적인 것보다는 비평적인 것에 사고체계를 둔다면 이는 긍정적인 방해물이 될 수 있다.

■ 소년과 소녀는 IQ가 다른가?

성이 다르면 지능도 다를 가능성이 있다. 소년들의 지능은 커다란 범주를 근거로 보면 소녀들보다 지능이 아주 낮거나 아주 높다. 그러나 최근 몇 세기 동안 지능을 측정해 본 결과, 현재에 와서 명확하지는 않지만 몇 가지 다른 점은 아주 좋은 사회성에 있다는 것이다. 예를 들면, 정신적으로 표준 이하의 소년들은 소녀들보다 사회적인 것을 더 좋아한다. 그것은 집에 대하여 소녀들이 가지고 있는 만족성이 더 높기 때문일 가능성이 있다. 눈에 뜨일 정도로 영리한 여자 아이들을 많이 발견하지 못하는 것은 사회적인 이유 때문일 것이다. 여자 아이들의 성공을 위한 활력은 아마도 그들을 더욱 받아들여 주는 다른 쪽으로 비켜 나가는 것이다.

소년과 소녀들의 지식적 발전은 다른 속도와 형태를 가지고 있으므로, 검사의 결과는 그들의 측정된 나이와의 적당성 관계를 봐야 한다. 예를 들면, 미래의 여자 아이들의 성인 지능은 그들이 세 살이나 여섯 살 사이에 짐작할 수 있다. 그러나 소년은 여섯 살에서 열 살이 될 때까지 기다려야 한다. 훗날 이 동안의 성장 기간에 소년 소녀들은 거의 두 번 IQ가 증가한다. 추가적으로 소녀들은 일반적으로 언어에 능하며 소년들은 숫자에 능하다. 그 결과 만약 검사가 한 쪽 성향을 가지고 있다면 한쪽 성별의 점수는 더 높을 것이다. 심리학자들은 아직도 IQ에 관한 다른 논쟁뿐 아니라, 성별의 차이에서 유전과 환경이 미치는 영향에 대하여 분별을 해 내는 노력을 하고 있다.

■ 미래의 지능검사는 무엇인가?

지능검사를 어떻게 해야 하는가에 대하여 많은 심리연구소들은 수많은 아이디어를 내놓았다. 미래의 검사 수행자는 다음의 예와 유사할 것이다.

- 전극을 그들의 관자놀이에 대고 컴퓨터에 의해 분석된 두뇌의 응답을 받는 동안, 이어폰이나 발광하고 있는 전구와 같은 딸깍거리는 소리를 듣는다.
- (아기의 경우) 장난감 차가 인형을 넘어뜨릴 때 그들의 심장 박동 소리를 느낀다.
- 스텐실을 그린다.(베낀다.)
- 하루 일과를 설명한다.
- 흩어진 점들을 재구성한다.
- 세 살 때 게임을 하려는데 게임에는 두 명의 아이만 필요한데 세 명의 아이가 있었다. 그때 어떤 결심을 했는지에 대하여 알아본다.
- 가능한 한 빨리 버튼을 누른다.

IQ는 일반적이라고 생각하지 않는 러시아의 연구자들은 학습 잠재력을 측정하는 데 초점을 두었다. 이것은 익숙하지 않은 문제를 아이에게 주고 빠르게 해결하는 시간을 재거나 그 문제를 푸는 데 받은 지도의 양을 가지고 알 수 있다는 것이다. 서양에서 실시한 이런 시도는 사고 과정을 추론하는 데는 서로 다른 단계가 있음을 알려 준다. 이것은 마치 아주 작은 것을 통해 큰 것을 알아내는 것처럼 여겨진다.

■ 부모들이 자녀의 IQ를 높일 수 있는가?

특별히 문화적인 훼손이 없는 한, 상식적으로 우리는 자녀들의 IQ를 20점 정도 올릴 수 있는 게 가능하다고 생각한다. 그리고 이러한 이점은 미래엔 더욱 증가할 것이다. 방법은 이 책에 제시되어 있다. 우리 또한 아이의 물리적 환경에서 어떤 것이 IQ 발달을 가로막는지 알고 있다.

예를 들어 차의 배기가스와 산업쓰레기에서 나온 공해는 아이들의 지적 발달을 저하시킨다.

끊임없는 소음(큰 음악소리도)이 주는 충격은 분명 아이의 IQ 발달에 악영향을 미친다.

왜냐하면 소음은 자녀가 어떤 것을 듣는 선택의 능력을 해치기 때문이다. 가장 빠른 IQ 발달은 아기와 부모와의 자연스러운 대화를 통해 일어난다. 부모는 자주 아이의 소리를 흉내내고, 아이의 반응을 기다리며 아이는 또 그것을 모방한다. 잠시 후 다시 새로운 소리와 단어를 소개한다. '자~ 나는 네 배를 간질일 거야~.' 이때 아기의 반응은 중요한데 마음의 변화도 가져온다. 얼굴 표정에 의한 의사소통도 대화의 발달을 돕는데, 그때 진실에 대한 감각이 길러진다. 보기만 하고 듣지 못하는 아이는 그들의 지적 발달에 한계가 있을 것 같다고 말하지만 다행히도 실제로는 그렇지 않다.

아기의 삶에서 IQ의 증진을 더 빨리 시작한 부모는 아이들에게 더 많은 영향을 주지만 발달은 결코 멈추지는 않는다. 발달의 변화 정도는 태어나서 두 살이 되기까지가 가장 빠르고 이때가 지나면 좀 더 서서히 진행되지만 지속적으로 발달한다. 그때는 또한 특별히 민감한 시기다. 아기는 삶에서 뭔가를 배우려는 성장 가능성이 폭발하기 때문이다. 이러한 특성이 네 살까지 나타나는 경우도 있고, 네 살부터 여덟 살까지는 또 다른 국면이 나타나기도 한다. 아이가 학교를 가기 시작하는 다섯 살에서 여섯 살에는 지능발달의 속도가 좀 더 줄어들게 된다.

부모의 가장 중요한 문제는 아이에게 충분히 활기차고 자극적인 환경을 제공해 줘야 하며 아이의 발달의 어떤 부분에 너무 많은 요구를 해서는 안 된다는 것이다. 그것은 매우 어렵고 쉽지 않은 고민거리다. 그러나 능력과 도전이 잘 조화를 이루면 기쁨과 배움에 대한 욕구를 아이에게 가져다 주고 그것은 그 안의 힘으로 계속된다. 그리고 그것은 의욕적인 것에 대해 걱정할 필요가 없는 것이다. 아이가 환경에 대처하려는 시도—그 주변의 것과 사람들, 보는 것과 일어나는 일들과의 관계의 경험은 아이의 지능을 자라게 한다.

이것들을 제공하는 것이 부모의 기술 중 한 부분이다.

아이들의 IQ를 위하여 당신이 할 수 있는 것은 어떤 것이 있을까?

- 가능한 한 많은 장난감이나 도화지, 악기 등 아이들의 지적이고 예술적인 기술을 연습하는 데 사용하는 것들을 최선을 다해 제공해라. 예를 들면, 도화지를 사기보다는 띠 벽지를 사라. 왜냐하면 어린아이들은 돈을 낭비한다는 생각 없이 낙서를 할 것이다. 아이들의 놀이와 생각을 키우는 데 돈을 아끼지 말라.

- 가능한 한 삶을 자극적이고 충만하게 만들어라. 이것은 그들의 부모를 보고 자라는 아이들에게 지적으로 중요하다. 한 예로 음악회 같은 곳에 갈 때는 아이들을 함께 데리고 가라. 어떤 음악은 마음에 생동감을 얻을 수 있는데 이런 것들은 중요하다.
- 아이의 능력을 현실적으로 바라보도록 노력해야 한다. 높은 기대가 일을 잘할 수 있도록 할 수 있으나 너무 큰 기대는 피해를 준다. 너무 높은 기대를 아이들이 충족시킬 수 없을 때 아이들은 실패로 자신의 가치를 낮게 생각한다.
- 아이가 고정관념에 빠지지 않도록(성 고정관념 같은) 끊임없이 확인해라. 사실 그것은 전적으로 부적절한 개인적 이해다.
- 긍정적으로 생각하고 칭찬을 많이 해라. 그것은 가치가 있다. 신뢰와 수용의 분위기를 집에서 만들어라. 그러면 아이들은 비꼼과 날카로운 비난에 대해 두려움 없이 심리적 자유를 얻고 새로운 생각과 지식을 탐구하게 된다.

글상자 1   영재아 사례 – 송유근(6세)

지난 8일 오전 8시 30분 경기도 구리시 교문동의 집. '미적분을 척척 풀어낸다'는 이유로 언론에 소개된 '과학영재' 송유근(6). 송 군의 공부방에는 'H(수소), He(헬륨), Li(리튬), Be(베릴륨)…' 원소기호가 기록된 주기율표가 방 한쪽 벽을 차지했다. 책장에는 공학용 전문 프로그램인 듯한 알 수 없는 CD 100여 장이 꽂혀 있다. 그리고 컴퓨터와 전자피아노 한 대. 여느 집 '어린이방'에 있을 법한 동화책은 눈에 띄지 않는다.

거실은 더욱 눈길을 끈다. '무한적분' 'C++ 프로그램' '이차방정식' '리만 적분' 등 아버지 송 씨가 직접 스크랩한 수학과 컴퓨터 자료와 원서 20~30권이 빼곡히 쌓여 있다. 마치 작은 '영재학교 교무실'을 연상케 한다.

"영재는 타고난 것이 아니라 만들어지는 것이죠."

아버지 송 씨의 말이다. 송 씨는 지난해 8월 '아들의 교육을 위해 1년을 투자하자'는 생각으로 생업을 접었다. 지난 17년간 초등학교 교사를 지냈던 어머니 박 씨도 가세했다.

"원리를 이해하면 그리 어렵지 않아요. 유근이는 차바퀴를 세는 데서 '수학'을 배우기 시작했죠. '차 3대의 바퀴는 모두 12개' 뭐 이런 식이죠. 적분도 원리를 따지고 보면 일정한 규칙으로 나열된 숫자들의 덧셈이거든요. 처음에는 한 문제 푸는 데 일주일이 걸리더니, 이제 복잡한 2차곡선그래프 적분도 2시간이면 풀어냅니다."

그러나 올해 초 한 차례 '사건'은 수학 가정학습을 중단케 했다. 사건의 발단은 이러했다. 지난 4월 송 군의 물리·수학

수업을 돕던 인하대학교 부설 과학영재교육원 박제남 교수가 '삼각형 내각의 합은 180도'라고 하자, 송 군이 이를 대놓고 부정한 것. 박 교수와 주변 사람들은 깜짝 놀랐다.

어른들 반응에 놀랐는지 두 시간 동안 입을 닫고 있던 송 군은 집에 와서야 아버지에게 조심스럽게 입을 열었다. "한국에서 한 점을 찍고, 북극에서 한 점을 찍고, 미국에서 한 점을 찍고 연결하면 삼각형이지만 내각의 합은 180도를 넘어요. π (180도)에서 3π(540도) 사이 정도예요."

송 군의 수학적 사고는 '유클리드 기하학'(평면 기하학)을 넘어서 3차원에 이미 도달했다.

'삼각형 사건'이 있은 뒤, 송 씨는 아이를 가르치는 데 한계를 느꼈다. 주위에서도 '어설프게 집에서 가르쳐서 아이에게 혼돈을 주니 가르치지 말라.'고 조언했다. 이후 컴퓨터에 관심을 갖는 송 군을 위해 '전자공학' 쪽으로 눈을 돌렸다.

오전 10시. 송 군의 전자공학 공부에 도움을 주는 I 전문대학 엄 교수 사무실로 향하는 차 안. "컴퓨터 간에 정보를 주고받을 때의 통신법 규칙과 약속은?" "프로토콜!!"

어머니 박 씨가 닳고 해진 정보기기 관련 책을 보면서 질문을 던지고, 송 군이 답한다.

송 군은 정보기기 운영사 1차 필기시험에 합격하고, 오는 11일 2차 실기시험을 앞두고 있다. 이미 지난 8월 국가기술자격 시험인 정보처리기능사 자격증을 따냈다. 공부 기간은 2~3개월로 순식간에 벌어진 일이다. 정보처리기능사는 전자계산기 일반과 정보통신 일반, PC 운용체계 등과 관련된 필기시험, 프로그램 작성 등 1·2차 시험에서 60점 이상을 받아야 합격한다. 송 군은 2차 실기에서 100점 만점을 받았다. 성인의 합격률도 30%대인 어려운 시험이다.

이런 영재를 둔 부모는 마냥 행복할까. 인천으로 향하는 차 안에서 송 씨는 운전을 하면서도 우리나라 영재교육에 대한 넋두리와 안타까움을 늘어놓는다.

"많은 사람들이 왜 갑자기 정보기기 관련 자격증을 따느냐고 물어봐요. 정보기기를 이해하는 것이 유근이의 앞길에 도움이 된다고 판단해서 한 거예요. 그럼 이거 말고 뭘 해야 하죠?"

송 씨는 오히려 반문한다. 과학기술부도, 교육인적자원부도, 국내 23개에 달하는 어떠한 영재교육원도, 이 질문에 시원스러운 답을 주지 못했다. 바둑, 골프, 야구, 축구 등 연예·스포츠 부문에는 영재교육의 길이 열려 있지만 과학 영재, 특히 유근이 같은 유아들은 '사각'에 처해 있단다.

6장

발견의 기쁨을 느끼게 하라

1. 발견한 것을 칭찬한다
2. 브레인스토밍하기
3. 공상의 나라로 가기
4. 똑똑한 아이로 키우기

　사물을 찾거나 자신의 것을 만드는 데 특별한 충동이 있는 똑똑한 어린이는 다른 아이들보다 훨씬 두드러진 면모를 지닌다. 창의적으로 무엇인가를 열심히 찾아다니는 어린이는 일상생활 속에서 참으로 많은 것들을 발견할 수 있고, 이러한 활동을 통해 점점 더 발전할 수 있다는 것을 깨닫는 것이다. 그래서 이 어린이는 더욱 열심히 발견을 위한 노력을 한다. 똑똑하다는 것은 단순히 다른 사람을 모방하는 능력 그 이상을 의미하기 때문에 많은 기술이 필요하다.

　느낌이나 아이디어를 만들기 위해서는 직접 경험이 필요하다. 이를 위해서 만지거나 보는 것뿐 아니라 각도를 달리하여 다양하게 생각해 봐야 한다. 유아기의 '바보 같은' 아이디어나 '멍청한' 질문도 사실은 탐구와 시험의 형태기 때문에 가볍게 생각해서 지나칠 일이 아닌 것이다.

1. 발견한 것을 칭찬한다

　발견의 기쁨은 누구나 태어날 때부터 느끼기 시작한다. 다행히도 이런 기쁨을 계속 지니게 되는 어린이는 아마도 평생 동안 꾸준히 배우고자 하고, 문제를 만들며 그것을 푸는 것을 열망하게 된다. 이렇게 바로 출발한 어린이는 창조적이고 만족한 삶을 영위하게 된다. 학교가 이러한 영감을 부여할 것이라고 기다려서는 안 된다. 그때는 이미 때가 늦다. 탐구방법은 그 전에 가정에서부터 터득되기 때문이다.

어린이가 무언가를 배우는 과정에는 장난감이 중요하다. 특히 장난감을 가지고 창의적으로 무언가를 만들 때 더욱 그러하다. 장난감 회사의 설명서를 굳이 따를 필요는 없다. 어떤 아이는 퍼즐 막대기를 쌓아 재미있는 탑을 쌓는 것이 퍼즐을 맞추는 것보다 재미있을 수도 있다. 어떤 아이는 장난감을 흩어 놓고 이것을 다시 조립하여 칭찬받는 것을 좋아하기도 한다.

물론 어린이들은 종종 어른 행동을 하는 것을 장난감을 가지고 노는 것보다 더 선호하기도 한다. 이때는 못을 같이 박는다든지 요리를 같이 한다든지 아니면 집에서 어른이 하는 일에 참여하게 해 준다. 함께 일을 하면서 그 일과 관련된 아이디어나 일의 성과에 대해서 조심스럽게 얘기를 나누도록 한다.

어린이들이 무언가를 발견하도록 재촉할 필요는 없다. 다만 경험을 할 수 있는 많은 기회가 필요한데, 그 기회가 다양할수록 창의적 사고의 폭은 더욱 넓어진다. 예컨대, 좁다란 10층 아파트에 살기 때문에 아이에게 다양한 기회를 자연스럽게 제공하기 어려울 때는 부모가 더 많은 노력을 기울여 그 기회를 제공하도록 힘써야 한다. 텔레비전이 도움이 될 때도 있다. 미국 텔레비전 방송의 '세서미 스트리트(Sesame Street)' 같은 프로그램과 유럽의 많은 어린이 프로그램들이 이러한 목적으로 방영되고 있다. 또한 주변 도서관을 무료로 이용할 수 있는데, 이는 어린이들에게 매우 유익한 서비스를 제공한다. 도서관에서 예쁜 그림책을 많이 볼 수 있고 취학 전 아동을 위한 독서 프로그램도 곳에 따라 제공되기도 한다. 아이를 미술관이나 박물관에 데려 갈 수도 있다. 이때 아이가 재미있어 해야 하며 시간이 너무 오래 걸리지 않아야 한다. 부모의 호기심만 채우려고 전시실을 이리저리 돌아다니면 오히려 아이를 지치게 만들기 때문이다.

 어린이의 감각을 최대한 활용하도록 가르치는 것도 가능하다. 어린이가 살고 있는 세상의 일부만 알고 있다면, 앞으로 성장하고 창조하는 데 활용할 재료 선택의 폭이 그만큼 좁다는 것을 의미한다. 창조적이란 것은 아무리 간단한 것이라도 무언가를 요구하는 것이다. 그리고 아이디어가 계발되고 결실이 맺기까지는 시간이 소요된다. 비 오는 오후에 그림을 그리는 것은 괜찮다. 그러나 어린이가 이것저것 하느라고 그림 그리는 것이 방해받거나, 충분히 마쳤다고 느끼기 전에 그림 그리기를 그만두게 한다면 그림 그리는 즐거움과 만족감을 잃게 된다. 창의적인 어린이가 어느 한 작업에 몰두하게 된다면 몇 주일에 걸쳐 그 작업을 여러 차례 반복해야 할 때도 있다. 또한 발견의 기대에 마음이 부풀기도 하지만 자기가 원하던 것을 이루지 못할 경우 절망하기도 한다. 마음 상해서 "난 이걸 못해."라고 소리칠 때면 부모는 아이가 해낼 수 있도록 용기와 관심을 보여야 한다.

 다른 사람으로부터 인정받는 것이 창의력의 큰 원동력이 된다. 아이가 커다란 붓을 들고 큰 종이 위에 그림을 그리고 있는 것을 예로 보자. 이 아이는 곁눈으로 엄마의 눈을 주의 깊게 보면서 자기가 하는 일에 대해 엄마의 반응이 어떤지를 읽고 있다. 아무리 어리다고 해도 종이에 아무렇게 색칠하지는 않는다. 직선이든 곡선이든 때론 남에게는 장난같이 보이더라도 나름대로 구상을 하고 색을 선택한다. 하지만 엄마가 무의식중에 어떤 신호를 보내면 마음을 바꾸어 다른 것을 선택하게 된다.

아이가 만든 귀중한 작품은 아이의 방이나 한쪽 구석에 방치해 두기보다는 누구나 보고 칭찬할 수 있도록 잘 보이는 곳에 두어야 한다. 자신이 그린 그림을 액자에 넣어 거실 벽에 걸어 두었던 어린이가 예술에 더 많은 관심을 갖고 또한 능력도 월등했었다는 연구 결과도 있다. 창의적 활동은 무엇이든 간에 자기표현의 형식을 가지며, 결과에 대한 객관적인 평가보다 어린이가 스스로 자신을 위해 무엇을 만든다는 것 자체가 더 중요한 것이다. 즉, 부모나 다른 사람들도 결과를 보고 매우 기뻐하지만 어린이의 만족감은 그 몇 배나 더 크다.

창의적 활동이 놀이라고 생각되는 경우가 많다. 이때 놀이는 배우는 모든 활동의 중요한 부분이 된다. 요즘 대부분 어린이들이 학교 활동에서 즐거움을 찾는 것은 그것의 창의적인 면에 기인한다. 무언가를 하면서 배우는 것은 재미있을 뿐 아니라 손쉽게 기억하고 쓸모 있다는 것이다. 개방되고 반듯한 집에서 자란 어린이가 엄격한 집에서 자란 아이보다 학교생활을 더 잘할 수가 있다.

어린이가 창의적으로 자신을 나타낼 수 있도록 도와줄 수 있는 방법은 많다. 그중에서도 그림 그리기가 가장 좋은 방법이다. 아이가 작업하는 바닥에 물감을 묻혀도 상관없다고 부모가 허용한다면 심리적으로 자유롭게 된다. 물론 아이가 도구를 사용하는 방법을 배워야 할 것이다. 붓이 너무 젖거나 종이가 너무 얇으면 일을 그르치게 된다. 그림 그리기 위해 물을 여러 번 갈아주어야 하고 휴지를 충분히 준비해서 붓을 닦도록 해 준다. 그러나 염두에 두어야 할 것은 부모가 보는 관점이 아이가 보는 것과는 다르다는 것이다. 아이에게는 보라색 나무도 녹색 나무만큼 좋아 보인다는 것이다.

어린이는 때론 삼차원적인 것을 만들기 좋아한다. 마분지와 접착 테이프 뭉치를 가지고 복잡한 집을 만들기도 하고 심지어 마을을 꾸미기도 한다. 점토를 무딘 칼로 파내어서 재미있는 것을 만들기도 한다. 옛날 초등학교 학생들은 날카로운 칼로 나무나 비누를 깎아내면서 조각하는 것을 배우기도 했다. 시중에서 쉽게 살 수 있는 도구 상자는 정교함을 가르치는 정도 이외에는 대부분 값어치가 없는 것들이고, 아이들이 스스로 만들면서 느낄 수 있는 짜릿한 감동을 주지 못한다. 꼬마들은 풀과 안전 가위를 가지고 옷감이나 벽지를 잘라서 마분지에 붙여 그림 만들기를 좋아한다. 어떤 때는 사람 모양을 만들고 때로는 좋아하는 무늬를 만들기도 한다. 도안을 만들고 난 뒤에 붙이기도 하고, 아니면 도안 없이 바로 만들기도 한다.

최근에는 대부분의 초등학교에서 창의력 계발 기회를 제공하고 있다. 만일 그런 기회가 주어지지 않는다면 집에서 그것을 보충해 주어야 한다. 학교에서 크레용으로 그림 그리기 정도만 드문드문 한다면 균형 잡힌 교육을 기대하기 어렵다. 이런 환경에서는 아이들의 열정이나 기백은 사라져 버리거나 아니면 학교 이외의 일에 관심을 쏟게 된다. 도서관 책 중 가정에서 할 수 있는 창의적인 일에 관한 것이 있는지 살펴봐라. 책에 나와 있는 어린이의 그림이 아이가 집에서 그린 것보다 훨씬 나아 보인다고 주눅 들 필요는 없다. 그보다는 그 책에 쓰인 내용 중에 단순한 낙서같은 것이 매력적일 수가 있다.

특히 창의력이 많은 어린이일수록 구태의연한 학교에서는 창의력을 계발할 기회를 잃어버릴 수 있다. 이런 어린이는 주로 학습 시간에 매우 활발한 편인데 선생님이 이를 성가시게 본다는 것이다. 하지만 창의력 있는 어린이는 누구나 의심 없이 받아들이던 것에 유일하게 의문을 던지는 특별한 면모를 보인다. 이 아이는 다른 사람에 대해 매우 민감하면서 동시에 자신에게는 비판적이기도 하고 유머 감각도 갖고 있는 편이다.

부모가 아이에게 지시하는 방법은 두 가지다. 그 첫 번째는 명령으로, '조용히 해, 내가 그렇게 말했잖아.' 등이다. 두 번째는 교훈으로, '조용히 해, 그래야 새가 우는 소리를 네가 들을 수 있잖아.' 등과 같다. 아이에게 모험심을 키워 주기 위해서는 명령적인 지시를 하지 않도록 해야 한다. 실제 그런 명령은 그리 필요치 않으며 교훈적인 접근이 훨씬 낫다. 아이가 자신을 통해 사물을 생각할 수 있게 도와주어라. 그것이 바로 창의력을 키우는 원동력이 되기 때문이다.

부모가 계속해서 '하지 마라.'고 하면서 어린이 행동의 자유를 제한하게 되면 어린이의 호기심과 독립적인 사고를 제약하게 된다는 것이 입증된 바 있다. 이렇게 자란 아이는 나이가 들면서 바르고 유순한 행동을 하는 대신 반항적이고 또 남을 괴롭히는 사람이 되기 쉽다. '만지지 마라.'는 말이 부모가 가장 많이 하는 경고인데 이런 말을 너무 많이 사용하면 아이가 세상으로 나아가는 창을 닫는 것과 같아진다. 좋은 방법은 아이가 클 때까지 깨지기 쉬운 물건들을 아이 손에 닿지 않은 곳에 두는 것이다. 학업 성적에 대한 관심을 보다 적게 쏟는 가정에서 자란 아이들이 보다 창의적인 사고력을 가지게 된다. 또한 다양한 친구와 활동을 할 수 있었던 아이들도 그러하다.

상상력과 창의력을 갖는 데는 아이가 특별히 머리가 좋을 필요는 없다. 예컨대, 훌륭한 예술가들이 특히 지능이 뛰어났다고 알려진 바는 없다. 다만 지능이 높다는 것이 높은 창의력을 보장하는 것은 아니지만 지능이 낮으면 창의력 향상에 지장을 줄 수 있다고는 말할 수 있다.

하지만 발견이란 그 자체가 유용한 것이라고 할 수 없다는 것을 기억해야 한다. 발견한 것을 아이가 이미 알고 있는 것과 연결 짓고, 그 다음 아이가 스스로 판단하기에 무엇이 값진 것이라는 것을 아는 것이 중요하다. 이것은 돌아가는 만화경을 가지고 노는 것같이 이리 저리 돌리다가 새로운 모양을 만들어 내고 그러다가 새로운 아이디어를 찾는 것이다.

글상자 1 보는 눈에 따라 달라지는 아이 – 용호

용호가 1학년 때 만난 교사는 용호를 아주 좋아했고 그의 능력에 대해 좋게 생각했다. 또 때때로 용호가 자신감을 가지고 즐겁게 할 수 있는 도전적인 과제들을 제시하였다.

그런데 2학년 때의 교사는 용호가 산수 풀이 과정을 정확하고 자세하게 써야 한다고 했다. 용호는 모든 문제를 머릿속으로 풀 수 있었기 때문에 그것을 자세히 종이 위에 써야 할 필요성을 느끼지 못하는 데도 말이다.

다른 아이들이 열심히 산수 풀이 과정을 쓰는 동안 다른 부분을 뒤적이거나 다른 책을 꺼내 보는 용호가 교사는 정말 못마땅했다.

교사는 점점 더 엄격해졌고, 그에 따라 용호는 점점 불안하게 되고 구석진 곳으로 기어들어 갔다. 학교생활이 재미없어졌다. 불행히도 3학년이 되어서도 같은 선생님을 만난 용호는 더 성적이 불량한 학생이 되어 갔다.

용호가 과거에 잘하던 과제조차 하지 않는다는 교사의 말을 듣고 용호의 부모는 용호에게 숙제를 하도록 강요하였다. 이미 다 알고 있는 것을 몇 번씩 되풀이해 써야 하거나 잘 알고 있는 계산 방법도 몇 번씩 다시 적용해야 했다. 조금 더 어렵거나 좀 더 색다른 공부가 하고 싶다는 생각이 들었지만 그건 누구도 알려주지 않았다. 용호는 학교에서도 집에서도 전혀 이해받지 못했다.

4학년 때 새로운 교사가 왔다. 용호는 학급에서 불량학생이었고, 그의 능력은 더 이상 거론되지 않았다.

하루는 젊은 용호의 담임교사가 조작법을 모르는 기구를 사용하여 실험을 하게 되었다. 그런데 실험 기구를 설치하기 위해 쩔쩔매고 있을 때, 그 실험에 대해 호기심을 갖고 있던 용호가 가서 모든 것을 순서대로 정리했다. 교사는 감사하는 눈빛으로 그를 바라보았다. 그 실험이 끝난 후에 교사가 학생들에게 물어보려고 한 질문을 용호가 실험 도중에 과감히 물었다. 교사의 눈은 이해로 가득 차 빛났다.
 2년이 지나서 용호는 다시 한 번 교사가 자기를 이해해 주고 인정해 준다고 느꼈던 것이다. 그는 인정을 받게 해 준 그 사건 이후 점점 과감하게 자기만의 구석진 자리를 떠나 교사에게로 다가갔다. 용호는 이제 숙제를 주의 깊고 자세하게 할 준비가 되었다.
 교사의 이해와 격려는 많은 영재 아동들을 외롭고 구석진 곳으로부터 밖으로 나오게 할 수 있다.
 교사가 학생과 함께할 준비가 되었기 때문에, 그도 교사와 함께할 준비가 된 것이었다. 이처럼 교사가 세심하고 민감하면 아동들에게 집에서는 느낄 수 없었던 안전성을 제공할 수 있다.

2. 브레인스토밍하기

 어린이가 창의적으로 사고할 수 있도록 부모가 가르칠 수 있는데, 이를 위해 가장 효과적인 방법은 아이의 지성과 감성을 동시에 이용하도록 하는 것이다. 이때 정신적 훈련이 핵심이다. 어느 사업체에서 아이디어가 필요할 때는 이사들이 하루나 이틀 동안 함께 모여 머리를 짜내는 종합 토의 시간을 갖는다. 그들이 하는 일은 자신의 경험과 활동에 대해 토의를 해 가며 아이디어를 산출해 내는 것이다. 이렇게 머리를 짜내는 활동을 브레인스토밍(brainstorming)이라고 한다. 다양한 발산적 사고를 하게 하는 브레인스토밍 이후에는 산출한 아이디어 간에 연결고리를 만들어 주게 되므로 새로운 아이디어를 창출하게 된다. 이는 또한 각자의 사고 형태를 하나로 모아 주게 된다. 말하자면 좌측 뇌와 우측 뇌를 사용하는 사람 또는 사고가 안으로 접어드는 사람과 사고가 밖으로 확산되는 사람들이 함께 서로의 생각에 자극을 주게 한다. 이러한 브레인스토밍의 기본 법칙은 결코 부정적인 반응을 보여서는 안 되고 아이디어가 나오는 대로 수용하는 것이다.

아이가 창의적인 사고를 하도록 가르치는 첫 번째 단계는 아이의 지각을 개선시키는 것이다. 아이의 능력에 맞는 문제를 줌으로써 해결을 시도하도록 한다. 이에 해당하는 질문의 예를 보면 다음과 같다.

- 세 살배기에게 : "종이 한 장으로 무얼 할 수 있니?"
- 다섯 살배기에게 : "사람들의 키가 두 배로 커지면 어떻게 될까?"
- 열 살배기에게 : "세상 사람들을 먹여 살리려면 무엇이 필요할까?"

조금 머리를 복잡하게 만드는 문제의 예를 들면 다음과 같다.

- 폭풍 전에 하늘이 어두워지는 것은 동물 세계의 무엇과 비슷한가? 왜?
- 쇠 스프링은 희망과 어떻게 비슷할까?
- 빙산은 좋은 아이디어와 같다. 그 이유는?

• 호수가 테이블이라면 보트는 어떡하지?

이와 같은 질문을 가지고 창의력 계발을 위한 브레인스토밍을 할 수 있다. 물론 여기에는 정답이 없다. 아이의 상상력을 최대한 키우기 위한 것이다.

한 어린이와 이런 시간을 가질 수도 있지만 여러 아이와 함께 한다면 더 재미있을 것이다. 처음에는 질문에 대한 가능한 답 위주로 생각하다가 나중에는 어린이가 자유롭게 상상력을 이용하게끔 해 준다. 이때 판단은 금물이다. 옳고 그른 답이 없기 때문이다. 단순한 법칙하에 정말 자유로운 선택을 하도록 도와주지만 매우 어려운 작업이 될 수도 있다. 대개 어린이들은 규칙을 시험하면서 시작을 하면서도 자유로움으로써 얻게 되는 결과를 믿지 않는다. 그러나 계속하다 보면 자신의 아이디어와 남의 아이디어를 인정하고 존중하게 된다. 이런 분위기에서 마음을 훈련시키면 아이의 자기 가치의식과 개인적인 힘을 키워 주게 된다. 신뢰의 분위기 속에서 지적인 모험을 할 수 있는데, 그 분위기가 바로 창의적 사고 형성의 필수요건이다. 상황이 허락하는 한도에서 브레인스토밍 프로그램을 계속하면서 상상력이 더욱 확대되도록 하고 또한 의문을 제기하고 아이디어를 제시하는 등 이런 것을 반복하도록 해라. 아이들은 대체로 정신적 탐구에서 오는 기쁨을 맛보기를 좋아한다.

이런 훈련은 아이들이 의사 결정을 할 때, 좀 더 다양한 아이디어를 활용하게끔 해 준다. 하지만 그러기 위해서는 부모의 세심한 배려와 통제가 필요하다. 아이들이 때론 지치거나 잠자고 싶어 하기도 하고 때론 너무 흥분하기도 하는데 이때 부모는 아이들이 너무 피곤하거나 너무 몰입하는 것을 막을 수 있어야 한다. 참여 어린이들끼리 장난하거나 주의가 산만해질 때는 어느 정도는 묵인할 수 있지만 초점이 흐려지지 않게끔 통제할 필요가 있다. 만일 피곤해하는 조짐이 있으면 부모들이 융통성 있게 휴식 시간을 가지게 한다. 이런 과정을 마치고서 아이들이 최고의 기쁨을 맛볼 수 있어야 한다.

불가리아 사람들은 배움의 기쁨에 관한 원리를 담은 암시학이라는 시스템을 갖고 있다. 무엇보다 아이의 마음을 안정시키는 것이 우선이지만 언제나 시작할 준비가 되어 있다. 그런 다음 부모나 선생님이 서로 다른 생각이나 사물을 어떻게 함께 바라볼 수 있는지 설명한다. 예컨대, 부모가 편안하게 아이와 함께 바퀴, 축, 중력, 무게와 같은 것들에 대한 생각이 마음속에 떠오르게 한다. 그런 생각들이 서로 뒤엉키기도 하다가 새로운 방향으로 모여들게 된다. 이런 것이 브레인스토밍과 같은 것이다. 그럼으로써 결국 달나라로 가는 마차를 고안해 낼 수도 있는 것이다.

3. 공상의 나라로 가기

창의적인 사고는 주로 느낌과 필요성, 욕구 및 두려움과 연결되어 있다. 백일몽이 바로 이런 생각의 한 예다. 어린 소녀가 인형을 가지고 놀다가 가족생활에 대한 느낌을 갖게 된다. 이러한 경험이 그 소녀로 하여금 사랑과 배려의 필요성을 확인하게 한다. 동시에 아이는 공상을 정리하는 법을 배우게 된다. 훌륭한 예술가, 작가 그리고 과학자는 이런 어린이와 같은 정신적 탐구활동을 활용하여 본인의 작업에 도움을 얻고자 한다. 물론 어린이와 같은 순수성은 없을지라도 사람들이 보다 창의적이기 위해서는 공상(fantasy)의 세계로 나아갈 필요가 있고, 옳고 그름의 판단 틀에서 좀 더 벗어나야만 한다. 그럼으로써 본인의 독특한 아이디어를 생산할 수 있고 그 다음 어른으로서 구체적인 작업을 수행할 수가 있는 것이다. 이런 과정은 다음과 같다.

- 준비 : 이것은 어려운 과정이다. 사전에 어떤 작업이 이루어졌고 어떤 기술이 사용되었는지에 관해서 알아두어야 자신이 할

수 있는 부분을 확인할 수가 있다. 이 부분이 창의적 사고의 기초가 된다.
- 무의식적인 생각 : 모든 작업에서 손을 떼고 마음을 딴 데로 돌리도록 한다. 발효 숙성 과정과 같은 것인데 몇 분에서 몇 년이 걸릴 수도 있다.
- 영감 : 아이디어란 언제나 떠오를 수 있지만 대체로 잠들 때나 깨어날 때쯤 잘 떠오른다. 아주 작은 싹에 불과한 아이디어라도 그런 것을 잡아낸다는 것이 중요하다.
- 작업 실행 : 새롭게 떠오른 영감을 가지고 논리적으로 점검하고 아이디어를 정리하는 것이 창의적인 작업의 핵심 부분이다. 이 과정에서 기술과 전문성을 나타내게 된다.

어떤 경우에는 창의적인 작업이 오래 걸릴 수도 있다. 작곡가 와그너는 링 사이클 오페라를 26년 동안에 완성하였다. 에디슨이 말하지 않았던가. 천재는 1퍼센트의 영감과 99퍼센트의 노력으로 만들어진다고.

4. 똑똑한 아이로 키우기

우리 아이를 똑똑한 아이로 키우기 위해서는 호기심을 무디게 만들거나 순응하기만을 요구해서는 안 된다.
총명한 어린이는 종종 미래의 '우주선 지구(spaceship earth)'에 대해 관심을 가진다. 이 아이들은 미지의 가능성에 빠져들고 문제를 해결하기 위해 도전하고 싶은 충동을 가진다. 미래의 문제를 감지하고 풀어 나가는 데 필요한 사고의 과정은 수준 높은 능력과 관계가 있다. 문화, 과학, 정치, 교육 등 인생의 다각적인 미래에 관심이 많은 어린이가 바로 우리의 가장 값진 자연 자원이다. 따라서 똑똑한 어린이들을 그들의 문제에만 국한시킬 것이 아니라 세상의 문제에 참여시키는 것이 중요하다. 불행히도 학교에서 가르치는 것 대부분은 특히 천재성이 있는 어린이의 입장에서 보면 단순히 반복되고 재생되는 정보에 관한 것뿐이므로 어린이의 자연적 호기심과 변화의 욕구를 무디게 만들 수도 있다. 만일 어린이의 사고가 이미 알고 있는 것에만 국한된다면 아직 알지 못한 것에 관해서는 어떻게 의사결정을 할 수 있을 것인가?

또한 창의성 있는 아이들은 특히 독립적이다. 이런 독립성은 가족과의 관계에서도 나타난다. 이런 어린이들의 대부분은 가정에서 그들이 하는 것에 대해 많은 격려를 받으며 자라났다는 것을 알 수 있다. 무언가를 발견하려고 애쓰는 아이는 격려해 주어야 한다. 몰두하는 것과 고집스러운 것은 분명히 차이가 있다. 이것은 부모가 잘 알 것이다. 아이가 갖고 있는 흥미를 보면 아이가 어떻게 자랐는지 알 수 있다. 물건을 만드는 것을 좋아하는지 아니면 음악 연주를 좋아하는지, 혹은 다른 동급생보다 더 많이 책을 읽는지? 비록 아이의 흥미가 변한다 하더라도 뚜렷한 주제에 따라 변한다면 이는 흥미가 발달하는 것이다. 아이의 흥미가 어떻게 나타나며 얼마나 진지한지에 관해서 부모는 일기에 써 두는 것도 좋다. 아직 아이의 관심거리를 모른다 하더라도 일기를 쓰다 보면 아이의 진짜 흥미를 알아낼 수 있고, 그럼으로써 아이의 미래까지도 예측할 수 있는 단서를 찾을 수가 있다.

아이의 타고난 창의성 중 상당히 많은 부분이 아이를 순응하게 하는 압력에 의해 소멸되는 수가 있다. 예를 들어, 어린 소년에게 실내에서 모형비행기를 가지고 놀지 말고 나가서 다른 아이들하고 공을 차고 놀라고 했다 하자. 왜? 이것이 더 건강에 좋다고? 아니면 이와 비슷한 예로 어린 딸에게 장난감 자동차나 모터 같은 것을 가지고 노는 것은 여자답지 못하다고 이를 부모가 말리는 경우도 있다.

활달한 성격의 창의성 있는 아이들에게는 때론 일정한 선 밖으로 나갈 수 있는 자신감과 의지가 필요하다. 또래 아이들과 다른 생각을 하는 어린이는 대개 독립성과 자신감을 가지고 있다. 이런 아이는 '옳고' '그른' 사고방식에서 벗어나서 때로는 스스로 자유롭게 하면서 자신만의 가치관을 가지고 일을 할 필요가 있다.

만일 가정에 이런 아이가 있다면 분명히 알아두어야 할 것이 있다. 혼자 하는 일에서 행복감을 느끼는 아이와 남이 놀아주지 않아 외톨이가 된 아이를 구별할 수 있듯이 나쁜 행동과 독립적인 행동에는 차이가 있다는 것이다. 참을성 있는 아이와 무슨 일에나 쉽게 마음을 정하지 못하는 아이는 같지 않다. 더욱이 단순히 예쁜 작품과 고유한 창의적인 작품은 정말 차이가 큰 것이다. 부모가 이런 면에서 확신이 서지 않는다면, 전문가의 자문을 구하는 것이 좋다. 진정한 창의력은 아이를 위해서나 다른 모든 사람을 위해 결코 잃어버려서는 안 될 것이다.

상상력과 변화의 최대 적은 순응이다. 똑똑한 어린이는 능력을 키우기 위해 훈련이 필요하다. 그럼으로써 그들이 할 수 있는 일에 대해 통제력과 자신감을 얻게 되는 것이다. 따라서 근시안적인 경쟁 속에서 문제에 휩싸여 있는 것이 아니라 서로 나눔을 통해 새로운 지식을 얻고 문제를 해결할 새로운 접근법을 안전하게 찾아낼 수 있게 되는 것이다.

아이의 발견을 돕기 위해 부모가 할 수 있는 것들

- 아이가 차분하게 혼자 있을 공간과 시간이 있는가, 그래서 심리적으로 안정된 분위기에서 스스로 연습하고 탐구할 수 있는가를 봐라.
- 아이가 작업할 적당한 재료를 마련해 주어야 한다. 예를 들어, 메뉴인(Menuhin, Yehudi)에게 부모가 작은 바이올린을 사 주지 않았더라면 훌륭한 음악가가 되지 못했을 것이다. 아이에게 종이와 물감이 충분히 있는지를 확인하고, 풀로 붙여 무언가를 만들 수 있는 계란 상자나 다른 박스 같은 것이 있는지도 체크해 보아야 한다. 일을 할 때는 너무 어지럽히지 않게 하고, 마친 다음에는 정리 정돈하는 것을 가르쳐야 한다. 다만 어지럽혀도 되는 장소를 항상 제공해야 한다.
- 자꾸 간섭하거나 좋은 결과가 바로 나올 것을 기대하지 말아야 한다. 하루에 한 번씩 그림 그리는 것은 좋은 방법이 아니다.
- 많이 도와주고 격려를 해야 한다. 창의력은 걱정을 부르게 되는데, 매우 창의적인 사람은 걱정을 잘 참아 내는 사람들이다.
- 아이의 사생활과 허풍을 최대로 인정해야 한다. 농담이라도 비꼬는 말을 해서는 안 된다.
- 발견은 즐거움이라는 것을 부모의 생활습관으로 보여줘라. 부모의

흥미를 아이와 함께 나누도록 해 보라.
- 긍정적인 자세를 유지해라. '된다.'라는 것이 '안 된다.'라는 것보다 훨씬 낫다.
- 아이가 가지고 노는 것을 새로운 방식으로 놀아 보도록 권장해라. 아주 어린아이도 그렇게 논다. 예컨대, 방울을 흔들게만 하지 말고 땅바닥에 던져서 부모가 이것을 집는 것을 보고 아이가 즐거워하도록 할 수도 있다.

7장

취학을 위해 어떻게 준비할 것인가

1. 어떻게 취학 준비를 할까?
2. 딸들은 어떻게 기를 것인가?
3. 공부를 잘하게 하려면
4. 부모회

 취학을 앞둔 자녀를 둔 부모는 아이가 학교에 입학한 후 우수한 성취를 할 수 있도록 하기 위해서 먼저 준비를 시키게 된다. 이를 위해 가정에서는 효과적인 학습 환경을 조성하도록 해야 한다. 이렇게 함으로써 최대한의 시간을 자녀에게 쏟을 수 있게 된다. 여러분이 취학 전 가정교육을 위해 적용할 수 있는 몇 가지 방안을 소개하면 다음과 같다.

1. 어떻게 취학 준비를 할까?

1) 놀이를 활용하라.

 아주 똑똑한 아이가 즐겁게 공부하는 방법에는 뭔가 특별한 것이 있다. 하지만 종종 이 방식은 부모들에게 놀이라는 인상을 주게 되어, 때론 시간낭비라고 생각하기 일쑤다. 스스로 공부하는 방법을 알고 있는 똑똑한 아이는 때때로 애어른 같이 보일 수 있다. 하지만 아이로서의 삶을 풍요롭게 해 주는 것은 놀이에 있으며, 학교에서 이루어지는 방식의 학습을 강조하는 것은 이러한 풍요로움과는 거리가 멀다. 아무리 고상하고 성숙한 아이라 하더라도 여전히 놀이는 필요하다.

놀이의 가치는 아이들이 놀이를 통해 재미나 휴식을 얻을 수 있다는 것뿐만 아니라 학습에서도 정서적 측면과 인지적 측면에 도움이 된다. 정서적인 측면에서 볼 때, 유아조차도 생활하면서 자신이 이해하지 못하는 여러 가지 상황에서 놀게 되며, 놀이에서 일어나는 상황에 친숙하게 되고, 점점 그 상황에서 지내는 것이 더 쉽다는 사실을 알게 된다. 인지적인 측면에서 볼 때, 놀이를 통해 아이들은 새로운 정보를 받아들이고 조작함으로써 이미 자신이 알고 있는 정보에 잘 맞춘다. 놀이를 통해 아이들은 반복적으로 연습하고 자신의 사고를 향상시키며 창의성을 계발하게 된다. 다른 아이들과 함께 하는 놀이는 사회성 및 상호작용 기술을 배울 수 있는 매우 가치있는 수단이다. 특히, 혼자 노는 경향을 보이는 아이들에게는 매우 가치가 있다.

부모들은 아이들이 즐기려고 선택하는 일상적인 놀이뿐 아니라, 여러 가지 다른 놀이를 제안할 수 있다. 유치원에서는 모래와 물로 하는 놀이를 제공할 수 있고, 이러한 놀이는 단체 활동의 형태로 제공할 수 있다. 가정에서 부모들은 다음과 같은 몇 가지 놀이를 아이들에게 제공할 수 있을 것이다. 다음의 놀이는 똑똑한 아이들에게 일종의 정신적인 운동 효과를 가져다 줄 것이다.

- 여러분의 세 살배기 아이에게 스스로 자신이 로봇이라고 상상하게 한다. 자신이 로봇이라면 이 세상에 어떤 영향을 미칠 것

인지를 생각하게 한다. 로봇이라면 생활방식을 어떻게 바꿀 수 있을지를 생각하도록 도와준다. 아이와 함께 모든 종류의 상상 속의 발명품이나 아이디어를 확대한다.

- 여러분의 아이에게 블록을 쓰러질 정도로 높게 쌓게 하고 이것에 대해 아이와 이야기를 나눈다. 블록의 맨 위에 더 큰 블록 하나를 얹으면 어떻게 될지 또는 더 작은 블록을 얹으면 어떻게 될지를 말할 수 있는지를 지켜본다. 그런 다음, 아이가 가정한 대로 되는지 먼저 더 작은 블록을 얹게 한다. 아마도 몇 가지 적절한 질문을 던지고 제안함으로써, 몇 개의 블록이 전체 블록탑을 지탱시켜 주는 역할을 할 수 있다는 사고까지 아이들의 사고를 확장시킬 수 있을 것이다. 이러한 종류의 놀이를 통해 아이들은 지적으로 문제를 해결하는 기술을 배울 수 있다.
- 영리한 네 살배기는 그가 이미 알고 있는 게임의 규칙을 따르기보다는 스스로 흥미로운 게임을 생각할 수 있다. 그 아이가 좋아하는 인형 혹은 다른 것을 이용하여 그만의 규칙을 가진 게임을 만들어 보도록 제안해라. 그리고 다른 아이들과 함께 그 게임을 해 보도록 해라.

2) 아이들이 놀 수 있도록 도움을 줘라.

어린아이들이 한참 배우는 과정에 있는 집들은 대개 어질러져 있다. 물감, 장난감, 종잇조각, 쿠션, 아이들이 매일 필요로 하는 온갖 종류의 잡동사니들이 여기저기에 널려 있다. 대체로 집안의 미화를 망가뜨리는 일일 것이다. 하지만 쉽게 생각해야 한다. 이것은 마치 아이를 돌보아 주는 사람이 없는 집안과 같다고 생각하면 된다. 몇 년 동안은 집안이 이런 모습이 될 것이기 때문에 어른들이 정신없긴 하겠지만, 집안을 완벽하고 질서정연하게 정리하려고 하지 않으면 된다. 예를 들어, 아이들이 종이를 자를 때마다 잔소리를 하게 되면 학습은 둔화될 수도 있다. 여러분들이 혼자 있고 싶거나 오랜만에 집에서 친구와 함께하고 싶다면 부모들만의 공간을 따로 마련하면 된다. 별도의 응접실이 있다면 아이들을 들어오지 못하게 할 수도 있다.

벽의 그림뿐만 아니라 장식물, 손으로 갖고 놀 수 있는 것들이 있는 집은 교육적으로 아이들에게 많은 자극을 줄 수 있다.

(1) 음악

음악 역시 중요하다. 여러 시간 동안 라디오 방송과 함께 흘러나오는 배경 음악뿐만 아니라, 주의를 사로잡는 음악은 아이들에게 매우 중요하다. 리듬감은 아이들이 일찍 말을 할 수 있도록 하는 데 도움이 되며, 언어 습득에 있어서 좀 더 균형 잡힌 방식으로 도움을 줄 수 있다.

(2) 그림

여러분의 자녀가 그림을 그릴 나이가 되면, 부모들은 아이들이 그린 그림을 단지 부엌뿐만 아니라 중요한 장소에도 붙여 놓아야 한다. 초등학교에서와 마찬가지로, 아이들의 작품에 테두리를 예쁘게 꾸며서 벽에 붙이는 것이 좋다. 그렇게 할 때 아이들은 아이들이 얻을 수 있는 최대한의 성과를 얻게 된다. 그럴 때 부모들은 아이들을 보면서 기쁨을 느끼고 아이들을 자랑스럽게 여기게 된다. 압정을 사용해서 그림을 붙이거나 또는 두꺼운 바탕 종이를 이용할 수 있다. 때때로 그 그림에 변화를 주어서 아이들이 그림을 그리는 데 더 자신감을 갖도록 해 줄 수 있다. 이러한 행동은 아이들의 노력을 존중한다는 것을 나타내는 행동이 될 수 있다. 아이가 아직 이런 정도의 단계에 이르지 않았다면, 부모 자신의 그림을 붙여 두는 것도 좋다.

(3) 책

모든 아이들은 처음부터 자신들만의 책을 놓아둘 공간을 갖고 있는 것이 좋다. 꼭 근사한 책장을 마련해야 한다는 의미는 아니다. 아이가 가서 읽을거리를 찾을 수 있는 곳이라면 어디든 상관없다. 특히 아이가 계속해서 읽을 준비가 되어 있다고 생각한다면 도서관을 방문하거나 이따금 책을 사주는 것이 좋다. 집에서 아이들에게 자신의 책을 갖게 하는 게 좋다. 그렇게 되면 아이들은 책을 스스로 관리해야 함을 배우게 되고 자신만의 방식으로 책을 활용하게 된다. 아이의 책이 비치된 장소는 편하고 예쁘게 꾸미는 게 좋고, 아이들이 책을 쉽게 잡아서 꺼낼 수 있도록 책과 책 사이를 너무 가깝게 붙여서 배치하지 않는 것이 좋다.

(4) 장난감

아이들의 장난감을 비치해 놓는 곳을 마련하는 이유도 책과 같다. 장난감장은 비교적 큰 게 좋고 아이들의 손이 닿을 만한 높이에 있어야 한다. 그래야 아이들이 쉽게 장난감을 정리할 수 있다. 아이들이 가지고 놀던 장난감은 아이들이 정리할 수 있는 정도까지 늘 정리하게 할 수 있다. 아이들은 장난감장에 하나하나씩 포개서 장난감을 정리해야 할 때, 그런 수고를 귀찮아하기 때문에 아무렇게나 쌓아서 결국 무너뜨리는 경향이 있다.

(5) 물놀이

아이들이 물놀이를 할 경우 욕실에서만 하게 하되, 어지럽히면 어지럽힌 대로 놀게 하는 게 좋다. 아이들은 꾸지람 들을 것에 대한 걱정없이 물장구를 치며 재미있게 논다. 그러면서 자연스럽게 물의 특성을 배울 수 있다.

(6) 학습 재료

아이들의 학습을 위해 사용하는 재료는 중요하며 이런 재료는 많을수록 좋다. 끝이 뾰족한 연필, 두꺼운 사인펜, 물감, 붓, 종이 등이 필요하다. 아이가 어린 경우 줄무늬가 있는 벽지가 사용하기에 편리하고, 적절한 연령이 되면 계속해서 그림을 그릴 수 있도록 많은 종이가 필요하다. 그리고 풀과 가위가 필요하다. 요즈음은 풀이 고체 형태로 나오기 때문에 우리가 자랄 때처럼 여기 저기 온통 끈적끈적한 풀로 난장판이 되지는 않을 것이다. 아이들에게 재료를 줄 때는 충분히 주되 낭비가 될 정도로 많이 주지는 말아야 한다. 아이들이 물건의 가치를 이해하는 것 역시 학습과정의 일부이기 때문이다.

(7) 폐품

모든 부모나 교사라면 다 알고 있듯이 폐품은 쓸모가 많다. 계란 상자, 휴지걸이, 화장품 케이스 등 이 모든 것들은 학습에 있어서 언제든지 활용 가능하고 상상력이 듬뿍 배어 있는 수천 개의 작품을 만드는 데 충분한 재료가 된다. 또한 콩, 씨앗, 조개껍데기, 솔방울, 포장지, 천 등 재료는 무궁무진하고 자유롭게 사용할 수 있다. 아이들이 공예 작업을 할 때는 헌 셔츠와 같이 소매까지 내려오는 작업복을 입히는 것이 좋고, 사용하는 재료가 물기가 있는 경우에는 방수가 되는 작업복을 입혀야 한다.

작업이 끝나고 난 뒤에는 아이들이 스스로 깨끗이 정리하게 하도록 해야 한다. 아이들에게 정리해야 함을 분명히 알게 해 주고 정리할 수 있는 충분한 시간을 주되 중요한 것은 반드시 정리 과정을 지켜봐야만 한다는 점이다. 엄마나 아빠가 조금만 도와주면 두 살짜리 아이도 정리를 잘할 수 있다. 아이들이 서로 청소하는 것을 돕도록 격려해 주는 것이 좋다. 그렇게 되면 누가 어질렀든 상관이 없이 아이들은 정리하게 된다. 그렇지 않으면 아이들의 불평에 시달리게 될 것이다. 아이가 정리하기를 싫어하면 일단은 간단히 할 수 있는 일거리부터 주는 게 좋다. 예를 들어, "영수야, 연필을 연필꽂이에 꽂아 줄래? 그럼 엄마가 책장에 올려놓을 테니까." 식으로 말하는 게 좋다. 잔소리를 피하고 구체적인 일을 지시하고 아이가 그 일을 했을 때 가능한 한 칭찬을 많이 해 주어야 한다.

3) 보육시설 이용

취학 준비를 위해 보육시설을 이용하여 취학 전 학습을 시키는 것도 좋은 방법이다. 빠른 경우에는 만 2세 정도가 되면 보육시설에 맡길 수 있다. 처음 맡겨진 아이들은 일주일에 2~3시간 정도 어린이집에서 교육을 받을 수도 있다.

어떤 부모들은 어린아이를 정기적으로 집을 떠나서 다른 곳에 보낸다는 것 자체를 선뜻 내켜 하지 않지만, 보육시설에 맡겨진 아이들은 빨리 적응하게 되고 학교에 가서도 더 잘 적응하는 것으로 알려져 있다. 나는 우리 아이가 두 돌이 지났을 때 어린이집에 보냈다. 엄마로서 아이를 지켜보았는데, 우리 아이는 형제 없이 혼자 지내다가 어린이집에 가는 것을 매우 좋아했고, 환경이 바뀌는 데서 오는 문제는 없었다.

아이들은 세 살 정도가 되면, 혼자보다는 다른 아이들과 어울리고 싶어 한다. 지금까지 의존해 왔던 가장 친근하고 사랑스러운 부모에게도 더 이상 만족을 못한다. 사실 부모들도 이쯤 되면 휴식이 필요하다. 아이가 앞으로 사회적 관계를 잘 유지하도록 도와주는 방법은 또래 아이들과 함께 있을 기회를 마련해 주는 것이다. 이는 아이들이 정체감을 얻고 자신만의 개성을 갖게 되는 것에 도움이 된다.

사회나 문화에 따라 '부모-자녀' 관계는 다르다. 서구 사회에서는 '부모-자녀'가 독점적 관계를 이루고 있지만, 동양의 경우에는 아이들이 걷게 되면 다른 아이들과 어울리게 한다. 우리가 부모로서 행동하는 많은 것들은 배워서 알게 된 것들이다. 이것은 다음 세대로 전수되는 여러 문화적 가치들 중 일부에 해당하는 것이다.

그러나 아이들은 부모의 사랑과 돌봄 그 이상의 것을 요구한다. 균형 있는 발달을 위해 아이들은 또래의 아이들과 함께 지내게 해야 한다. 유아들이 또래의 아이들과 함께 있을 때 편안함을 느낄 수 있다는 것은 부모들이 잘 알고 있는 사실이다. 또한 똑똑한 아이들은 자기보다 나이가 많은 아이들과 놀기를 좋아한다. 캘리포니아의 한 연구에 따르면, 다른 아이들과 함께 시간을 보낸 아이들은 9개월의 나이에도 불구하고 다른 아이들을 알게 되고 제한적이나마 서로 친구가 되었다고 한다.

미국의 해리 할로우(Harry Harlow) 교수는 자신의 유명한 실험을 통해, 엄마 원숭이 없이 자란 새끼들은 결국 성장해서 정상적으로 다른 원숭이들과 어울리지 못하고 고립된 생활을 하게 됨을 밝혔다. 그러나 이러한 원숭이를 하루에 20분만이라도 또래의 원숭이 그룹에 보냈을 때, 사회적인 면, 정서적인 면, 지적인 면에서 발달을 나타냈다. 또래 집단을 통해 이미 많은 사회성을 배우게 된 것이다. 언어 사용이 빈약한 집에서 자란 아이들에게는 보육시설에 있는 다른 아이들이 매우 가치 있는 언어학습의 원천이자 생각하는 능력을 길러 주는 좋은 원천이 될 수 있다는 사실이 연구를 통해 밝혀진 바 있다. 그렇다고 이러한 내용이 모든 아이들에게 항상 적용되는 것은 아니다. 누가 뭐라 해도 아이들의 언어 수용력은 가정에서 이루어지는 대화를 통해서 최대한 계발될 수 있다. 집에서 길러지는 이러한 언어 수용력은 보육시설에서 이루어지는 대부분의 상호작용보다 더 충분히 계발되고 더 정교해질 수 있다.

미시건주에 있는 한 보육시설에서 실시된 종단적 연구를 통해 밝혀진 바에 의하면, 취학 전 교육이 얼마나 중요한지를 알려 준다. 그 연구는 빈민가에서 자라나는 어린 유아에게 교육의 혜택을 주는 것이 매우 가치가 있음을 잘 보여주었다. 가난한 흑인 아이들을 대상으로 한 연구에서, 전에 보육시설에 다닌 적이 있는 아이들은 어릴 때 보육시설에 다닌 적이 없는 아이들에 비해 고등학교 정규과정을 마쳤을 가능성이 더 높았고, 직업을 구한 아이들의 수는 2배가 더 높았다. 범죄를 저지른 수가 더 적었고, 여자 아이들의 경우 10대에 임신한 수 역시 더 적었다. 모든 아이들이 보육시설에서 교육받을 선택권을 갖는다면 말할 나위 없이 좋을 것이다.

그러나 불행히도 그러한 교육을 필요로 하는 모든 아이들에 비해 교육을 해 줄 수 있는 시설의 수는 충분치 않은 것 같다. 보육시설에서 교육받을 수 있도록 충분히 시설을 제공한다고 자랑하는 동유럽 국가조차도 사정은 비슷하다. 사립 보육시설을 최대한 활용하는 것이 대안이 될 수 있으며, 그러한 사립기관의 프로그램이나 시설은 훌륭하지만 많은 가정의 경우 경제적인 문제가 따른다. 일부 보육시설은 부모가 일하는 시간과 맞지 않아서 아이를 맡기지 못하는 경우가 있다. 이에 대한 해답은 저렴한 비용의 종일제 보육시설을 늘리는 것이다.

4) 취학 전 놀이방 이용

1961년, 영국의 보육교사인 벨 튜테브 씨는 정부가 보육시설에 더 많이 지원해야 한다는 글을 신문에 투고하였다. 또한 그녀는 부모들이 먼저 솔선해서 시작할 것을 제안하였다. 그 후 그녀는 엄청난 편지를 받았고, 2~3년 후에 전국 취학 전 놀이방 협회(the Pre-school Playgroups Association)가 창설되었다. 지금은 명칭이 취학 전 학습 연맹(the Pre-school Learning Alliance)으로 바뀌었다. 이 단체는 전국적으로 실제 활동 중인 18,500개의 산하 단체에서 80만 명의 아이들에게 혜택을 주고 있으며, 약 3,000명의 개인 회원이 있다. 또한 무료 소책자인 『조기교육의 질(Quality in Early Years Education)』을 발행하고 있고, 지역마다 현지 봉사자들과 직접 연결할 수 있는 도움의 전화를 개설해 놓고 있다. 한국의 경우에도 1980년대 이후, 보육시설의 수가 매우 늘어났다. 구립·사립 어린이집과 종일제 탁아소 및 놀이방도 활성화되고 있다.

엄마와 아이 모두가 놀이방을 통해 얻을 수 있는 이점은 상당하다. 아이들 입장에서 볼 때, 시와 노래를 통해 아이들은 더 확대된 언어학습을 경험할 수 있는데, 이것은 마음껏 상상하고 놀면서 사회성을 배울 수 있도록 해 주는 자유로움이 주는 이점의 일부에 불과하다. 부모의 입장에서 본다면, 특히 엄마가 일을 하는 경우에는 종종 놀이방의 훈련된 보육교사가 어린아이들을 안전하게 보호해 준다는 이점이 있다.

그러나 놀이방의 규약에 따라 부모들은 보통 놀이방에 대해 일정 부분 맡아야 할 책임이 있는 데, 일하는 부모의 경우 시간이 맞지 않는 애로사항이 있을 수 있다. 따라서 부모의 조건에 맞는 놀이방을 선택해서 아이와 부모 모두가 만족할 수 있는 놀이방을 알아보는 것이 중요하다.

보육원(nursery school) 선택 시 고려 사항

- 보육원의 분위기가 생동감이 있는가? 아이들이 교육내용에 자극을 받거나 격려 받고 있는가?
- 교사를 비롯해 직원들은 잘 훈련되었고 아이들과 항상 함께 있는가?
- 교육내용이 조직적인가? 또는 활동 내용의 교육적 근거가 빈약하지 않은가?
- 보육원이 가정과는 똑같지 않겠지만, 따뜻하고 사랑이 넘치는 분위기인가?
- 아이들이 편안하고 행복감을 느낄 수 있게 하는 분위기인가? 예를 들어, 특별한 연극을 위해 또는 이야기를 들려주기 위해 소그룹으로 아이들을 재구성함으로써 집에서와 같은 친밀함을 느끼게 할 수 있다. 아이들에게 보육원은 제2의 집이 되어야 한다.
- 직원과 아이들은 서로 원만한 관계 속에서 잘 지내는 분위기인가, 아니면 아이들이 명령을 따른다는 기분으로 움직이는가? 벌을 주는 엄한 분위기는 아이들에게 행복감을 느끼게 하지 못하며 교육에 대해 적대적인 감정을 쌓게 할 수 있다.

놀이방이나 다른 보육시설이 먼 지역에서 살거나, 보육시설에 아이 맡기기를 꺼려하는 경우에는 종종 아이들의 할머니나 할아버지에게 의존하거나, 보모를 고용하는 경우가 대부분이다. 그런데 보모를 고용하는 경우에 그들은 정규 유아교육을 받지 않았거나 훈련받지 못했을 수 있다. 이러한 사람들을 단순히 아이를 돌보는 사람으로서 받아들일 수 있지만, 아이들 돌보는 훈련을 받지 않은 사람의 경우 유아교육의 차원에서는 적절하지 못하다. 우리가 우려하는 근거들은 최근의 연구에서 뒷받침해 주고 있다. 예컨대, 미국의 제롬 부르너(Jerome Bruner) 교수가 자신의 옥스퍼드 조사에서 밝힌 바에 따르면, 인정 많고 친절하며 전통적으로 유능하다고 생각되는 보모들이 아이들을 돌보는 데 있어서도 위험성이 있다고 한다. 그러나 모든 보모들은 그들이 갖고 있는 장점에 따라 판단되어야 함은 물론이다.

놀이방이든 보육원이든 모든 취학 이전의 교육은 단순한 교육기관의 개념이 아니라 아이들이 가장 잘 성장할 수 있게 도와주는 곳으로서, 가정의 확대 개념으로 생각해야 한다. 따라서 가정에서 취학 전 교육기관으로 아이들을 보내는 것은 가능한 한 자연스럽고 손쉬운 일이 되어야 한다. 부모들은 자녀들의 취학 전 교육에 대한 주도권을 유치원 교사들에게 넘겨준다고 생각하지 말아야 한다. 하루에 잠시 몇 시간 정도 이러한 책임에서 벗어나 있지만, 아이들은 여전히 가족의 구성원이고 부모들은 단연코 자녀들에게 영향을 가장 많이 미치는 사람이기 때문이다.

2. 딸들은 어떻게 기를 것인가?

'더 똑똑해지려면 착하고 사랑스러운 소녀가 되어라' 라는 시를 쓴 시인은 똑똑한 여자 아이를 길러내는 데 필요한 몇 가지 태도들을 자신의 시에 모아 놓았다. 이러한 태도들은 오늘날에도 흔히 적용되는 것들이다. 남자 아이들과 여자 아이들은 처음부터 서로 다른 욕구를 갖고 출발하는 것은 아니지만 성장하면서 사회화 과정에서 남자 아이는 남자 아이로서 여자 아이는 여자 아이로서 행동해야만 하는 지침들이 결국 성별의 차이를 만드는 것 같다. 일반적으로 여자 아이들은 남자 아이들에 비해 성공에 대한 강한 열망이 적은 편이다. 여자 아이들은 직업을 선택함에 있어서 경제 또는 사회적 지위 측면에서 보상보다는 만족을 더 중요하게 생각할 가능성이 높다는 조사결과가 있다.

이러한 기대치는 여자 아이들이 자라고 배우는 과정을 통해 형성됨으로써 결국 자신들이 도달할 수 있는 수준의 지적인 활동에서 더 낮은 성취를 나타내게 된다. 남자 아이들은 여자 아이들에 비해 내재된 능력에 대해 더 자신감을 갖고 있는 것 같다. 따라서 남자와 여자 아이들이 똑같은 결과를 낸다 하더라도 여자 아이들은 자신들의 능력과 성취도에 있어서 더 자신감 없어 하는 것 같다. 따라서 여자 아이들은 학교에서 높은 성취도를 나타낼 경우 그 원인을 열심히 노력한 결과로 돌리는 반면, 남자 아이들은 원래 똑똑해서 그러한 성취를 나타냈다고 생각하는 경향이 있다.

미국의 남녀공학에 다니는 많은 여학생들은 자신들의 목표치를 낮게 설정해야 남학생들이 자신들을 더 좋아할 것이라고 생각한다는 연구결과가 있다. 심지어 학급에서 일등을 하는 여학생조차도 자신이 일등을 한 것은 어쩌다 '실수'로 한 것이라고 생각하였다. 사실, 여학생들의 교육 성공 가능성은 여학교에 다닐 경우 가장 높다. 그러나 특정 과목에서 우수한 성적을 나타내는 것은 지역에 따라 다양하게 나타난다. 예를 들어, 일본과 러시아에서는 여학생들이 선택하는 직업 유형이 다른 나라들과는 서로 다르게 나타났다. 이들 나라의 여학생들은 다른 나라에 비해 상대적으로 과학과 수학에서 더 뛰어난 성취를 나타내었다.

똑똑한 여자 아이들은 여성으로서 무엇을 해야 할지를 매우 잘 인식하고 있다. 상당히 지적인 여자 아이들의 경우 성취를 하느냐 여성답게 지내느냐의 갈등으로 인해 특별한 문제를 안고 있을 수 있다. 따라서 이러한 여자 아이가 열한 살이나 열두 살 정도가 되면 이렇게 서로 상충하는 목표행동들의 균형을 맞추려 하기보다 둘 중 어느 하나를 포기할 가능성이 더 높다. 따라서 여자 아이들은 예쁘게 꾸미고 다니면서 학업에 있어서는 일부러 최선을 다하지 않는 등, 전통적인 여자 아이다운 모습에 지나치게 관심을 갖게 되든지 아니면 학업에 지나치게 매달려서 자신에 대해 매우 높은 기대수준을 설정하고 학업에 매달릴 수도 있다. 만약 목표에 도달하지 못할 경우 심한 좌절감을 느낄 수 있다. 여자 아이들은 이러한 식으로 서로 상충되는 목표행동의 불균형을 표출하게 된다. 똑똑한 여자 아이들은 자신들의 이러한 취약한 측면을 보호하기 위해 자기 주도적이고 보스 기질의 성향을 보임으로써 과잉반응을 할 수도 있다. 이러한 태도는 때로는 여자 아이들이 갖고 있는 창조적이고 창의적인 좋은 면을 둔화시킬 수 있다. 따라서 학교에서 두각을 나타내는 여학생은 때로 지나치게 야심만만하든지 아니면 지나치게 둔감한 경향이 있다. 그러나 그들의 내면의 모습은 정반대일 수 있다. 모든 상황에 대해, 특히 자신의 여성스러움에 대해 몹시 안도감을 느끼고 싶어 할 수 있다. 여자 아이들에게는, 특히 속마음과는 달리 행동할 때조차도 칭찬을 아끼지 않는 것이 더욱 좋다.

딸아이를 효과적으로 도와주는 방법

- 지금 주어진 과제가 얼마나 어려운지 물어본다. 쉽다고 대답하면 지적인 면에서 운동부족의 상태에 있을 가능성이 높다. 똑똑한 여자 아이들에게는 좀 더 어려운 과제를 주어야 하는데 여자 아이들은 남자 아이들에 비해 스스로 자신에게 도전이 될 만한 과제를 찾아서 수행하고자 하는 능동성이 떨어질 가능성이 높기 때문이다.
- 여러분 생각에 여러분의 딸이 학교에서 '그럭저럭 현상유지'만 하고 있다면 교사에게 이 사실을 통보해야 한다. 교사는 이에 대해 감사하게 생각할 것이다. 여러분과 교사가 함께 여러분의 딸의 현재의 정확한 수준을 정확히 파악해서 수업을 운영해 나갈 수 있다.
- 딸을 대할 때 딸의 지능을 존중하는 태도로 대해야 한다. 즉, 아기취급하거나 실제의 능력을 과소평가해서는 안 된다. 미리 가정을 하고 아이를 대하는 태도를 지양해야 한다. 예를 들면, 아들은 다리미질을 해 보게 하고 딸은 전구를 갈아 끼우게 해 보는 것도 좋은 방법이 될 것이다.
- 더 똑똑해지는 것과 여성스러움이 어떤 것인지에 대해 스스로 어떻게 느끼고 있는지를 파악하도록 도와주어야 한다. 학교에 대해서 대화를 나누되 학교가 딸에게 어떤 의미가 있는지, 앞으로 학교에 가서 어떻게 지낼 것으로 예상하는지를 물어보는 게 좋다. 정말 관심 있는 게 무엇인지 찾도록 도와주어야 한다. 그래야 직업을 선택할 때에 가장 잘 맞는 직업을 선택할 수 있게 된다. 여자 아이들은 태어날 때부터 여자다운 행동을 하도록 강요받으므로 이러한 관심사를 찾는 것은 빠르면 빠를수록 좋다.
- 직장에서 성공적으로 일하는 여성의 모습을 본보기로 보여주는 게

> 좋다. 그 모델이 엄마가 될 수 있다면 더할 나위 없이 좋을 수 있다. 여성들이 간호사가 아니라 어떻게 의사가 될 수 있는지를 알려 주고, 아울러 언젠가는 당신의 딸이 여자들이 접근할 수 없었던 분야에서 최초의 여성으로 일할 수 있다는 사실을 인식시키는 게 좋다.
> - 딸을 격려하는 태도나 말의 내용이 실질적이어야 한다. 속으로는 딸아이가 '언젠가 결혼해서 자리를 잡고 좋은 엄마'가 되기를 바라면서 겉으로는 훌륭한 직업여성이 될 수 있다고 말하지 말아야 한다. 많은 딸들은 부모가 입으로는 '훌륭한 변호사가 되어라.'라고 말하면서 속으로는 '좋은 주부가 되라.'고 말할 때 혼란스럽다.

한편, 수업시간 내내 조용히 앉아서 별로 요구사항 없이 자신에게 기대되는 행동들을 충실히 하는 많은 똑똑한 여자 아이들이 있다. 이런 아이들은 부모나 교사가 어려운 과제를 주게 되면, 나름대로 임기응변의 조치를 취해서 문제를 해결할 수 있는 능력을 보여주지만 이러한 능력은 그다지 크게 칭찬을 받지 못하는 경우가 종종 있다. 왜냐하면 교사나 부모들은 이러한 여자 아이들을 그렇게 주목하지 않기 때문이다. 교사들은 남학생들을 여학생들보다 더 똑똑하다고 생각해서 더 관심을 쏟는 경향이 있다. 따라서 남자 아이들이 결국 더 앞서게 되는 결과를 초래할 수도 있다. 요구사항이 많은 아이들이 더 주목받기 쉽다. 품행이 정숙하고 예의바르게 행동하는 딸을 둔 부모들은 이러한 점을 주목해서 아이들을 키워야 한다.

3. 공부를 잘하게 하려면

학습방법을 배우기 시작하는 때는 아이가 아주 어릴 때부터이지만, 이때 습득한 학습방법은 아이가 앞으로 평생에 걸쳐 문제를 다루는 방식에 영향을 미치게 된다. 아이들이 적절한 기술과 인내심을 습득하게 될 때 이러한 학습방법을 배우는 과정은 잘 진행되고 있다고 보면 좋을 것이다. 예를 들어, 아이가 장난감 우체통에 뭔가를 넣기 위해서는 먼저 겉 뚜껑을 열고 난 뒤 네모난 구멍에 집어넣어야 한다. 뚜껑을 여는 기술을 습득하고 인내심이 있는 아이들은 이때 뚜껑이 잘 안 열린다고 장난감 우체통을 손으로 내리치는 것이 아니라 잘 열고서 적절하게 집어넣을 가능성이 높다.

이러한 이해를 바탕으로 얻은 기술은 다음에도 사용할 것이다. 또 아이는 보육원에서 친구의 손에 있는 장난감을 빼앗지 않아야만 친구들과 더 친하게 잘 지낼 수 있다는 사실도 알 수 있게 될 것이며, 적절한 방식으로 교사에게 궁금한 것을 질문함으로써 교사의 관심을 끄는 법도 배우게 될 것이다. 부끄러움을 많이 타는 아이들은 때로 교사가 옆에 있음에도 혼자서 과제를 수행하게 될 때가 있다. 따라서 좀 더 생생한 학습의 기회를 놓칠 수도 있다. 반면 요구사항이 너무 많은 아이는 그들의 행동에 짜증이 난 교사에 의해 무시될 수도 있다.

학습방법에 대해 기술함에 있어서, 우리는 아이들이 자기 나름의 학습방법을 어떻게 배워 나가는지에 대해 관심을 가지게 된다. 어린 시기에 습득한 학습방법에 관한 기술은 고학년 아이의 경우와 어른의 경우 매우 유용하다. 여러분들이 이 책을 읽는 목적이 똑똑한 아이들을 키워내는 데 필요한 더 많은 정보를 얻으려 하는 것일 수도 있지만, 이 책을 통해 다른 유용한 정보도 보너스로 얻을 수 있을 것이다.

학교에 입학해서 처음 얼마동안 아이들이 바른 방법으로 자신들의 학업을 수행하게 된다면, 앞으로 있을 시험에서 아주 좋은 결과를 낼 수 있다. 좋은 학습 습관은 가정에서 형성되고 학교에서도 계속해서 가치를 인정받게 된다. 아이들이 중등과정을 마치고 대학교육으로, 그리고 성인이 되어 가면서 이러한 습관은 계속해서 가치를 발휘한다. 학교는 대개 학습방법을 가르치지는 않는 것 같다. 따라서 대부분의 아이들은 자기 나름대로의 시스템을 고안하게 된다. 그러나 똑똑한 학생들은 이러한 좋은 학습의 기본을 쉽게 기억하고 실제로 대단히 만족한 결과를 가져온다. 다음에서 유아 시기의 전 과정을 통해 유용하게 작용할 수 있는 몇 가지 의견을 제시하고자 한다.

1) 학습 의지 기르기

동기부여의 문제가 가장 우선이다. 동기부여에 수반되는 문제점들은 흔히 나타난다. 특히 똑똑한 아이일수록 자신들이 관심 있어 하는 몇 가지 것에만 열심히 집중할 수 있다. 예를 들어, 과학은 열심히 하지만 미술은 등한시할 수 있다. 자신이 관심 없는 시간에는 자리에 잘 앉지도 않는다. 배워야 하지만 관심이 없는 역사는 전혀 학습하려 하지 않을 수 있다. 왜 관심 없어 하는지 이유를 파악해야 한다. 아이들과 이러한 점에 대해 이야기를 나누어야 한다. 아이의 발달에 지장을 주지 않는다면 싫어하는 과목은 듣지 않게 할 수 있지만, 넓은 교육적 기초를 제공하기 위해서라도 관심 없어 하는 과목일지라도 다 듣게 하는 것이 좋다. 어떤 과목에는 단지 부모나 학교의 정해진 교육과정의 틀에 의해서가 아니라 배우는 아이를 위해서 특별한 내용을 담고 있는 것은 분명하다. 그러나 아이들에게 왜 이 과목을 배워야 하는지를 이해시키는 것이 더욱 바람직하다. 어린 아이들이라도 지리와 역사를 통해서 다른 사람들에 대해 배움으로써 세계에 대해서 더 잘 알 수 있고, 그럼으로써 자신들의 삶을 더 잘 준비할 수 있게 된다는 사실을 이해할 수 있다. 또한 영어가 의사소통하는 데 도움이 됨을 이해할 수 있고, 무엇인가를 올바르게 이해할 수 있다는 것은 그 무엇인가를 위해 올바른 대가를 지불해야 한다는 사실을 이해할 수 있다.

2) 계획 세우기

부모들은 아이들이 학교에서 내 준 숙제를 해결함에 있어서 교사들이 아이들의 숙제 해결 능력까지 계발시키고 있으리라는 지나친 생각을 한다. 그러나 사실과는 거리가 멀다. 수업시간에 적극적인 아이들도 어느 특정한 과목을 중심으로, 또는 관심 있는 분야를 중심으로 공부하고 싶어 할지도 모른다. 따라서 어떤 과제를 효과적으로 하기 위해서는 적절한 계획을 세워야 한다. 첫째로, 수행할 과제가 하나의 연구과제이든 시험에서 나온 내용을 복습하는 것이든 전체적인 관점에서 조망할 때 가장 효과적이다. 먼저 아이들은 주어진 과제에 대해 면밀하게 계획을 수립하는 법을 배워야 한다. 그런 다음 계획에 따라 하나하나씩 과제를 수행해 나가면 된다. 계획을 세울 때 유의해야 할 점은 논리적이어야 한다는 점이다. 그래야 하나의 사고의 유형에서 급작스럽게 다른 유형의 사고로 전환함으로써 생기는 정신적인 에너지의 낭비를 막을 수가 있다. 예를 들어, 중학교나 고등학교 학생은 화학 다음에 물리, 그 다음에 생물, 지리, 역사 등의 과목 순서로 복습 계획을 세워 볼 수 있을 것이다.

3) 물리적 교육 환경 조성하기

학습할 때 들리는 소음에 대해서 두 가지 생각으로 양분된다. 소음이 없어야 한다고 생각하는 쪽과 멀리서 들리는 자동차 소리라든가 조용한 음악처럼, 조용하면서도 지속적으로 들리는 소음에서 오히려 심리적 안정을 얻을 수 있다는 쪽이 있다. 10대 아이들은 공부할 때 음악을 크게 틀어 놓고 공부하는 것을 좋아한다. 하지만 부모의 입장에서 볼 때, 이러한 환경에서 능률적으로 공부를 하고 있는지 여부에 대해서는 여전히 회의적이었다.

과식을 하게 되면 소화를 촉진시키기 위해 뇌에서 멀리 떨어져 있는 소화기관에 피가 몰리게 되고 곧 졸림 현상이 나타날 수 있다. 이와 같은 현상은 뜨거운 욕조에 몸을 담글 때라든지 술을 마실 때도 나타난다. 너무나 안락한 의자, 너무 더운 방, 어두운 조명, 또는 탁한 공기 등 이러한 요인들이 학습을 방해할 수 있다.

아이들이 같은 장소에서 공부를 하게 되면 지속성 면에서 도움이 될 수 있다. 따라서 가능하면 아이들을 위해 작은 공간을 마련해 주는 것이 좋다. 아이들이 평소에 익숙한 의자나 책상으로 가서 평소에 쓰던 연필을 갖고 미해결한 문제를 계속할 때 문제해결 시간이 훨씬 단축될 것이다. 아이들이 공부하는 곳이 이런 식으로 친숙한 환경으로 구성된다면 학습과정은 물 흐르듯 잘 흘러갈 것이다.

4) 기억하기

기억을 못하거나 틀리게 기억하는 데는 분명한 이유가 있다. 아이들은 자기가 싫어하거나 지루하다고 생각하는 것은 곧 잊어버린다. 시험에 대비해서 학습했던 내용을 시험이 끝난 후에는 마치 방에 물건을 깜빡하고 두고 나오듯이 잊어버렸던 기억은 누구나 있을 것이다. 학습했던 내용을 다시 활용하지 않는 한 잊어버릴 공산이 크다.

공부 방법

■ 훑어보기

아이들은 의도적으로 학습과제를 훑어보아야 한다. 그래야 무엇을 다룰지 대충 아이디어를 잡을 수 있다. 하나의 학습목표를 가지고서 집중적으로 그 목표를 달성하기 위해 노력하는 것은 목표가 모호한 채로 많은 과제를 다루는 것보다 더 효과적이다. 예를 들어, 어린아이는 동시에 서로 다른 많은 철자를 배우려 하기보다는 B라는 철자 하나를 완벽하게 배우려고 할 것이다.

■ 내용 연관 짓기

아이가 이미 알고 있는 내용에 새로운 내용을 연관지어서 학습하도록 해야 한다. 예를 들어, 종민이는 개수대에서 물을 튀기며 장난침으로써 물의 운동에 대해서 이미 많은 것을 배운 상태다. 이 아이에게 U자 모양의 투명한 고무관 속에 물을 넣고 물이 어떻게 균형을 이루는지를 보여준다. 이것이 물리의 시작이다.

■ 전체 내용 읽기

서로 무관한 문장을 단편적으로 읽는 것보다 이해하기 쉬운 내용 전체를 한 번에 읽게 하는 것이 학습에는 더 용이하고 좀 더 효과적이다. 아이에게 전체의 내용을 정기적으로 읽게 할 때, 가능하면 정숙을 유지하고 충분한 시간을 주어서 교사가 중간에 끊는 일이 없어야 한다. 그러나 책과 같이 제법 분량이 긴 경우는 한 번에 하나의 장을 읽게 하는 것도 좋다.

■ 확실하게 이해하기

확실히 이해가 안 된 단어나 문단의 내용은 반드시 사전 등을 참조해서 확실히 알고 넘어가야 한다. 이해했다고 생각하지만 아직 확신이 없이 넘어가게 되면 학습해야 하는 내용을 놓치기 쉽다. 아이들을 이런 식으로 지도하면 곧 사전에서 단어를 찾아보는 습관을 갖게 될 것이다.

■ 요약하기

고학년 아이들은 읽은 내용이나 들은 내용을 자신의 말로 요약해 보게 하는 게 좋다. 아이들이 요약하기 위해서는 읽거나 들은 내용 하나하나를 반드시 곰곰이 생각해야 한다. 또한 요점이나 원리들을 강조하게 한다. 이를 통해 아이들은 읽은 내용을 충분히 이해할 수 있다. 대부분의 학생들에게 어떤 과목에서 배운 내용 중 핵심 내용을 단어장에 적게 하는 것도 좋다. 또한 아이들은 그 단어장을 가지고 다닐 수 있다.

■ 큰 소리로 말하기

아이들이 배운 내용을 혼자서 큰 소리로 말해 보는 것도 좋다. 그러면 아직 확실히 자기 지식이 되지 않은 부분들이 드러나게 된다. 어린아이들은 혼자서 말해 보는 것에 당황스러워 하지 않는 한, 종종 아주 자연스럽게 이러한 식으로 내용을 말한다. 나이에 상관없이 이 방법은 유용하다.

■ 기억술 이용하기

기억법(Mnemonic systems)은 전혀 서로 무관한 내용이 목록으로 되어 있을 때 암기하는 데 도움이 될 수 있다. 예를 들어, 국사시간에 조선시대 왕조를 외워야 할 경우에 우리는 '태정태세 문단세……'와 같이 첫 글자를 이용해 기억을 한다.

한편, 학습내용을 완전히 끝내지 않은 과제에 대해서 학습자는 일종의 잔존현상(hangover effect)을 겪게 된다. 즉, 기억이 지속되는 현상으로서 심리학적으로 잘 증명된 현상이다. 따라서 나이가 많건 적건 간에 하루에 과제를 완전히 끝내지 않는 것이 하나의 중요한 학습요령이다. 다음날 다시 그 과제를 계속하다 보면 그 내용이 더 쉽게 느껴질 것이다.

5) 읽기 능력 향상

궁극적으로 저자가 전달하고자 하는 바를 빠르면서도 정확하게 파악할 수 있게 하기 위해 읽기 자료의 내용에 대한 이해력을 향상시킬 수 있는 여러 가지 방법이 있다. 토미 부잔(Tony Buzan)은 자신의 책 『머리를 쓰라(Use Your Head)』에서 독해력과 학습능력을 향상시키는 많은 방법을 기술해 놓았다. 실제로, 각각의 단어를 따로따로 읽는 것 대신에 한 번에 많은 단어를 보는 것은 가능하다. 더 나아가 한 줄 한 줄 읽는 것 대신에, 아래쪽으로 내용을 대충 훑어볼 수 있다. 눈으로 손가락을 따라가며 읽어 갈 수도 있다. 어느 부분에서 좀 더 자세하게 읽고 싶으면 언제든지 다시 그 부분으로 되돌아가서 읽을 수 있다. 똑똑한 아이들은 중·고등학교 정도면 충분히 이런 식의 속독을 시작할 수 있다.

4. 부모회

학교와 가정 간의 긴밀한 협조는 대개의 경우 당연한 것이지만 때로는 예외도 있다. 예외의 경우는 교사와 부모가 생각이 서로 다른 경우인 것 같다. 때로는 학부모들에게 교육적으로 특별한 관심거리가 있을지라도 그 학교의 교장이 다른 할 일이 너무 많거나 학부모가 관심 있어 하는 것에 관심이 없을 경우에는 학부모들은 독자적으로 행동해야 한다. 예를 들어, 보충 학습이 필요한 자녀를 둔 학부모들은 보충 학습을 지원하기 위해 재원을 마련할 수도 있다. 여러분의 경우가 그렇다면, 이러한 부모회 활동이 활발해질 수 있도록 적극 협력할 것이다. 다음은 부모회를 꾸려 나갈 때 고려해야 할 사항이다.

- 부모교육 프로그램을 마련해서 전문가의 강의를 듣거나 실제로 아이들과 함께 여러 교육 프로젝트를 시험해 본다.
- 회보를 발간해서 여기에 아이들이 직접 참여하게 하고 관심사를 공유한다.
- 특수 도서관 시설과 같이, 지역의 재원을 마련해서 시설을 설립한다.
- 부모와 아이들을 위한 현장학습을 계획하되, 가능하면 현장학습의 주제를 갖고 토론할 수 있는 전문가도 함께 모시는 것이 좋다.
- 부모들이 공통적으로 안고 있는 문제들에 대해서 이야기를 나눈다.
- 부모회에서 이제 막 활동을 시작하는 부모들은 열정을 갖고 실제로 시간을 투자하여 활동에 참여하고, 부모회에서 세운 계획이 끝까지 추진되도록 협력해야 한다.
- 관심이 있는 부모들, 교사들 또는 지역 사회 내의 다른 사람들로 임원을 구성한다. 일정 임기의 회장을 선출해서 전체 부모회가 시작될 수 있게 하고 행동계획을 세운다. 어느 임원의 집에서 회의를 열고 이 회의를 통해 부모회가 더 발전할 수 있도록 계획해 나간다. 앞으로 심의하게 될 주제를 미리 알려 주고 다음에 모일 때 이에 대해 심도있게 토론하게 한다. 회의를 통해서 나온 구체적 활동과 필요사항들을 기록으로 남겨 둔다.
- 하루의 일정을 빈틈없는 계획 속에서 진행한다. 결정사항이 있으면 되도록 학교에 알리고 학교가 관여할 수 있게 해야 한다.

학교 쪽에 도움을 청할 것이 있으면 도움을 청한다. 예를 들어, 부모회의 활동계획에 관심이 있을지도 모르는 다른 부모들과 학교를 통해 접촉할 수 있을 것이다. 학교는 부모회 편에 서서 지원해 줄 가능성이 높다. 모든 부모들은 결국, 아이들 교육의 질을 향상시키기 위한 공통의 목적이 있기 때문이다. 관심이 있는 비회원 부모들의 서명을 받고 이들을 통해 다른 비회원 부모들에게도 가입 서명을 받을 것을 제안한다.

- 하위 그룹의 일을 분류한다. 예를 들어, 재정 담당, 지역사회 재원 담당, 연락 담당, 또는 특수교육 담당 등의 일을 분담해야 한다. 법률적 지식을 갖춘 회원이 있다면 많은 도움이 될 수 있다. 부모회의 비용을 충당하려면 얼마가 필요한지 예산을 세워야 한다. 그래야 얼마의 회비를 부과할지를 결정할 수 있다. 아마도 학교에서 후원해 줄 수 있을 것이다. 외부와의 연락 주소를 정하고 가능한 한 변경하지 말아야 한다. 그래야 새로운 회원들이 쉽게 가입할 수 있을 것이다.

글상자 1 빌 게이츠가 마운틴 휘트니 고등학교 학생들에게 해 준 인생 충고 10가지

마이크로소프트사의 빌 게이츠가 마운틴 휘트니(Mt.Whitney) 고등학교를 방문하고 사회 문을 밟기 시작하는 학생들에게 참고될 조언을 들려주었다.

1. 인생이란 원래 공평하지 못하다.
   그런 현실에 대하여 불평하지 말고 받아들여라.
2. 세상은 네 자신이 어떻게 생각하든 상관하지 않는다.
   세상이 너희들한테 기대하는 것은 네가 스스로 만족하다고 느끼기 전에 무엇인가를 성취해서 보여줄 것을 기다리고 있다.
3. 대학교육을 받지 않는 상태에서 연봉이 4만 달러가 될 것이라고는 상상도 하지 말라.
4. 학교 선생님이 까다롭다고 생각되거든 사회 나와서 직장 상사의 진짜 까다로운 맛을 한 번 느껴 봐라.
5. 햄버거 가게에서 일하는 것을 수치스럽게 생각하지 마라. 너희 할아버지는 그 일을 기회라고 생각하였다.
6. 네 인생을 네가 망치고 있으면서 부모 탓을 하지 마라. 불평만 일삼을 것이 아니라 잘못한 것에서 교훈을 얻어라.
7. 학교는 승자나 패자를 뚜렷이 가리지 않을지 모른다. 어떤 학교에서는 낙제제도를 아예 없애고 쉽게 가르치고 있다는 것을 잘 안다. 그러나 사회 현실은 이와 다르다는 것을 명심하라.
8. 인생은 학기처럼 구분되어 있지도 않고 여름 방학이란 것은 아예 있지도 않다.

네가 스스로 알아서 하지 않으면 직장에서는 가르쳐 주지 않는다.
9. TV는 현실이 아니다. 현실에서는 커피를 마셨으면 일을 시작하는 것이 옳다.
10. 공부밖에 할 줄 모르는 '바보'한테 잘 보여라. 사회에 나온 다음에는 아마 그 '바보' 밑에서 일하게 될지도 모른다.

8장

책으로의 초대

1. 학교에서 사용되는 교수방법
2. 난독증
3. 읽기 지도
4. 쓰기 시도
5. 계산하기

아이들이 인쇄매체를 통해 얻을 수 있는 정보는 문어(文語)를 통한 것이지만, 이는 아이들의 일상생활에서 사용하는 구어(口語)와 가장 유사할수록 이해가 쉽고, 정보 습득이 빠르다. 부모들은 구어와 문어의 차이를 연결할 수 있도록 도와줄 수 있어야 한다.

아이들은 수많은 질문을 하지만, 때론 적절하지 못한 표현을 쓰기도 한다. 부모들은 아이들의 질문을 격려하면서 더 정확한 표현을 할 수 있도록 유도해야 한다. 예를 들어, 그 아이의 뜻을 다른 방식으로 유도하며 격려해 줄 수 있는 것인데, 이러한 연습은 그 아이의 사고를 확장시켜 주는 데 도움을 줄 수 있다.

아래에 있는 세 살짜리 아이 영미와 엄마의 대화를 통해 엄마가 영미의 생각을 조금 더 정확하고 분명하게 만들어 주는 것을 볼 수 있다.

영미 : 우유 배달부 아저씨는 우유를 가져 와요?
엄마 : 우유 배달부 아저씨는 어디서 우유를 가져오는 걸까?
영미 : 음…… 소들이요. 소들이 주지요.
엄마 : 그 소들이 무엇을 어떻게 하는데?

영미 : 그 소한테서 우유를 가져올 수 있는 거예요.
　　　　음…… 우유들이 병 속에 들어가서 우리가 그것을 얻을 수 있는 거예요.
엄마 : 그러면 어떻게 그것들이 우유병 속에 들어가는지 말해 줄래?
영미 : (빨리 생각하고) 우유 배달부 아저씨가 짜서 넣는 거예요.

　아이와 대화하는 데 가장 중요한 두 가지 측면은 대화의 주제와 대화 상대다. 주제는 아이에게 흥미로운 것이어야 하고, 대화하는 어른은 그 아이에게 중요한 사람이어야 하는 것이다. 부모들은 진지하게 들어야 하고 주의 깊게 반응해야 한다.
　다음의 경수 이야기는 좋은 예가 된다. 세 살짜리 경수는 마루에서 장난감 자동차를 갖고 놀고 있었다. 그리고 아버지는 팔걸이의자에서 그것을 보고 있다. 경수는 "제 차가 부서졌어요." 아빠가 다가오면서 "어디 한번 보자. 음…… 이것은 부서진 게 아니고 트럭이란다. 지금 적재함이 위로 들려져서 그런 거야. 자, 이게 어떻게 되는지 봐라." 그러자 경수는 "내가 할게요. 내가 할게요." 아빠는 손으로 트럭을 뒤로 다시 밀면서 "이 트럭이 운반할 수 있는 게 어떤 게 있는지 찾아봐. 그러면 너는 이 트럭이 어떻게 움직이는지 볼 수 있을 거야." 경수는 호기심을 보이면서 "트럭은 내 것이니까 나는 그렇게 하지 않을 거예요." "아…… 그러면 너는 어떻게 할 건데? 뭘 할 건데?" 경수는 "내가 또 다른 트럭 위에다 이 트럭을 올려놓을 거예요." 경수는 이제 어떤 것들을 운반하는 것이 트럭이라는 아이디어를 얻게 된다. 그리고 그는 아빠의 조언을 거절하는 것으로 독립심이 자라고 있다는 것을 보여주고 있다. 그리고 트럭이 운반되는 것을 표현하는, 더 나은 단계로 나아가는 것이다. 경수의 아버지는 경수의 비상함에 정말 웃을 수밖에 없을 것이다.

심리학적으로 말해서 인쇄된 언어는 구어와 그렇게 같지는 않다. 인쇄매체는 훨씬 더 복잡해서 해석이 필요한데, 글을 읽을 때 인쇄된 것에서 어떠한 의미로 번역이 될 때는 두 가지 현상이 나타난다. 첫째, 글자들이 먼저 소리로 이해되고, 그 다음은 단어로 이해되는 것이다. 우리의 눈은 글자들이 페이지에 어떻게 놓여 있는지를 보고 거기에서 다음에 어떤 것이 나올지 봐야 한다. 그리고 그동안 우리의 생각은 그런 부호들의 조합이 무엇을 의미하고 있는지 알아내는 작업들을 하고 있는 것이다.

아이는 읽기라는 것이 소리나는 것과 무시되어야 하는 것이 있다는 사실을 알도록 배워야 한다. 그렇지만 그것은 단지 그 부호들이 구어로 바뀌는 것만을 문제 삼는 것은 아니다. 읽기도 일종의 의사소통 기술인데, 각 사람은 그 스스로 이러한 기술을 사용하고 통제하는 자신들만의 방식을 갖게 된다.

처음 읽기를 시작하는 아이가 어른에게 큰 소리로 읽어 줄 경우에는 그 아이가 바르게 읽고 있는지 아닌지를 보려고 듣지 말고, 아이가 말하는 것을 들어야 한다. 그래서 아이가 틀렸을 때에는 아이가 스스로 수정하는 것을 배울 수 있도록 참여시켜야 한다. 아이들에게 비판을 함으로써 부정적인 감정이 생기지 않도록 노력하라. 가령 "너는 소리 내선 안 돼."라는 말보다 "그 단어를 다시 한 번 말해 보아라. 보통 네가 말하는 것과 다르지 않지."

때때로 아이들은 알지 못하는 단어 읽기를 시도해 보기도 한다. 새로운 단어를 읽을 경우에도 일반적으로 자신이 단어를 사용하는 방식을 그대로 적용해 보기도 한다. 이러한 것은 아이가 읽는 것을 배우는 데 자신의 지적 능력을 사용한다는 것을 보여주기 때문에 그런 노력은 따뜻하게 격려되어야 한다. 부모들은 그 아이들이 즐겁게 읽을 수 있도록, 새로운 시도를 하는 아이들을 확실히 격려해 줘야 하고, 아이들이 스스로 읽기를 원하도록 도와주어야 한다. 그래서 어느 정도의 짧은 문장을 큰 소리로 읽는 것은 스스로 원해서 하는 것이라는 느낌을 가질 수 있도록 도와준다. 처음 배우기 시작할 때에는 그 단어들을 이해하지 못할지라도 어린아이도 그 리듬을 알게 되고 문어체를 큰 소리로 읽는 것을 통해서 그 구조들과 리듬을 알게 된다. 아이들이 글을 읽게 될 때 읽어 나가는 과정 중에서 앞으로 읽어야 할 부분들에 대해 더 잘 알게 된다.

스코틀랜드의 마가렛 클락 박사는 학교에 들어가기 전에 유창하게 글을 읽을 수 있는 아이들의 경우에는 취학 전 가정에서 부모가 실시한 초기 읽기에서의 중요한 특징과 주안점들이 있다고 말한다. 집에서 읽기를 배운 아이들은 학교에서 읽기를 배운 아이들보다 조용하게 읽는 것이 훨씬 우수하다. 그리고 이 아이들은 읽는 것에서 더 즐거움을 누린다. 또한 쓰기도 더 우수한데, 왜냐하면 그 아이들이 읽기를 배우고 있는 동안에 항상 부모들이 그 옆에서 쓰는 것도 가르쳐 주었기 때문이다. 이런 아이들은 칠판에 분필로, 종이에 연필로 써 본 적이 있는 아이들이다. 이러한 환경에 있었던 결과로 그 아이들은 글자들을 어떻게 조합해서 만드는지에 대해서 훨씬 더 민감하고, 글자들이 어떻게 소리가 나는지에 대해서도 민감하다. 그렇게 그 아이들은 읽기와 쓰기를 잘 배울 수 있도록 많은 노력을 했던 것이다.

아이들이 읽기를 배울 때에는 아이들의 수준보다 조금 더 어려운 책으로 읽기를 시작하면서 좋아하는 어른의 즉각적인 도움을 받는다면 훨씬 더 진보가 빠를 것이다. 이런 점이 부모가 선생님보다 더 나은 이유다. 선생님은 이런 아이들이 선생님을 필요로 하더라도 그 반 아이들 한 명 한 명에게 그런 배려를 모두 해 줄 수는 없지만, 부모님이나 그 아이를 돌보는 어른들은 할 수 있다. 도서관의 무료 서비스처럼 이런 것은 돈의 문제나 사회 학습의 문제가 아니며 부모들이 자기 아이들과 함께하는 것의 문제인 것이다. 아이가 매일매일 구어체와 문어체를 경험하는 것은 따뜻하고 배려해 주는 가족 안에서 교육이 잘 이루어지고 있는 것이다. 어린 시절에 즐겁게 읽기를 배우는 아이들은 대개의 경우, 그들의 부모님들 역시 읽는 즐거움을 느낄 수 있는 경험을 가지고 있다.

1. 학교에서 사용되는 교수방법

아이들에게 읽기를 가르치는 방법은 매우 다양하다. 이 중 다음 세 가지 교수방법은 가장 많이 사용되는 방법이다.

1) 전체 단어, 문장 보고 말하기

이 교수방법의 아이디어는 아이들이 보고 기억하는 것과 듣는 것 사이의 관계에 기초해서 만든 것인데, 아이들은 정서적인 연관성의 고리들을 형성해 낼 수 있다. 선생님은 아이가 흥미롭게 여길 거라고 여기는 단어들을 골라서 그것을 아이에게 보여주고 소리 내어 따라 읽게 하면서 동시에 그 단어를 쓰도록 한다. 그리고 아이들이 그 글자를 쓰는 동안 관련된 느낌을 만들어 내도록 한다. 그렇게 할 때 아이는 그 단어를 아주 빠르게 습득하게 되고 이런 방식으로 읽는 것을 매우 즐거워하게 된다.

2) 소리내기 방법

이 방법은 아이들이 글자들의 소리들을 인지해서 한 단어들을 만들어 낼 수 있도록 가르치는 것이다. 예를 들어서, c-a-t의 소리가 모여서 '캣' 소리가 나는 단어 'cat'을 만들어 내는 것이다. 이런 방법은 정확한 규칙을 따르는 단어를 강조하는 것으로 시작해서 'would' 같이 소리와 글자가 조금 다른 조합을 가지는 것을 소개한다. 이 방법은 음소에 관한 교재를 이용하여 배우게 되며, 아주 체계적으로 훈련받는다. 예를 들어, 선생님들은 'magice' 처럼 맨 끝에 e가 나오지만 소리가 안 나는 그런 단어 그룹이나, 같은 소리가 나는 글자 유형들, 가령 'meat'나 'peep' 같은 소리를 묶어서 가르칠 수 있고 'sage' 같은 부드러운 소리나 'gate' 같은 강한 소리들의 묶음들을 소개할 수 있다. 또한 원래 알고 있는 단어에 e가 붙어서 새로운 단어가 만들어지는 그룹, 예를 들어 car에 e가 붙어 care가 되는 것, fir이 fire가 되는 것처럼 새로운 단어가 만들어지는 그룹들을 묶어서 알려줄 수 있다.

이 방법의 문제는 아이들이 즉각적으로 보상받는 것이 덜하기에 전체 단어, 문장 보고 말하기(look and say)보다 열심히 하지는 않는다는 것이다. 그러나 이 방법은 철자를 잘 쓸 수 있도록 도와주며 언어에 대해 더 나은 이해를 할 수 있도록 도와준다.

3) 절충법(eclectic methods)

사실 많은 부모님이나 대부분의 선생님들이 이런 식으로 확장된 두 가지 방법을 사용하고 있다. 읽기를 배우는 단 한 가지의 방법이 모든 아이들을 만족시킬 수 없다는 것을 깨닫게 될 것이다. 읽기는 절대적으로 개인적인 문제다. 즉, 어떤 페이지에 있는 부호와 기호들을 해독해 내는 것이 아니라 구조적인 사고체계인 것이다. 다시 말해, 행간을 읽으므로 글자들의 의미를 파악하는 읽기가 일반적으로 의미있는 읽기의 한 부분인 것이다.

4) 더 확장된 읽기

글을 유창하게 읽을 수 있는 아이는 글자를 하나하나 보는 것이 아니라 글을 재빨리 훑어보고 의미를 읽으며 비슷한 문장구조를 찾아낸다. 점진적으로 그 아이는 보는 것에 자동적으로 반응하게 된다. 아이가 익숙하지 않은 낯선 단어나 문장구조를 만났을 때만 해독하기 위해서 천천히 느리게 머뭇거릴 수는 있다.

2. 난독증

　아주 똑똑한 아이일지라도 읽거나 쓰는 것을 배울 때 어려움을 겪을 수 있다. 읽거나 쓰는 것에 대한 전반적인 모든 문제들을 난독증(dyslexia) 혹은 독서장애라고 할 수 있다. 이는 읽기를 어려워하는 아주 사소한 것에서부터 눈에 보이는 종이 위의 기호들을 해독해서 글자로 번역하는 능력이 없는 아이들에 이르기까지 다양한 문제를 다룬다. 그러나 읽기에 문제를 가진 모든 아이들 중에서 난독증이라고 불리는 아이들의 수는 그리 많지 않다.

　난독증 아이들은 단지 읽기를 어려워할 뿐이지 보통이거나 높은 지능의 아이들이며, 일반적인 센스를 가진 아이여야 한다. 난독증 아이들의 가족구성원들은 보통 같은 문제를 가지고 있고, 남자 아이들에게서 가장 빈번하게 발견된다. 그런 난독증을 가졌던 수잔 햄프셔(Susan Hampshire)라는 여배우는 『수잔의 이야기(Susan' Story)』라는 자신의 책에서 "아이들의 12.5%가 넓은 의미에서 난독증을 가지고 있다."라고 이야기하고 있다. 그러나 난독증이라는 것은 때때로 읽기에 문제가 있는 모든 아이들을 포함하는 말로 사용된다. 최근에 만 3세 반 된 아이가 심리검사를 받은 결과, 그 아이는 난독증이라고 진단 받았다고 하였다. 그러나 실제로 이 어린아이는 학습 속도가 느린 아이였다. 만 3세 반 된 아이들은 읽는 것에 능숙할 수 없고 그래서 난독증을 가졌다고 말할 수 없을 것이다.

　그렇지만 아주 분명하게 난독증의 증상을 보이는 경우도 있다. 부모들이 자기 아이의 읽기 수준이 걱정스러울 경우 가능한 한 빨리 읽기에서 아이의 문제를 발견하여 치료한다면 그 아이가 진보할 수 있는 기회를 줄 수 있게 된다. 일반적으로 읽기를 배우는 아이들은 그런 비슷한 문제를 경험할 수 있는데 정상적인 아이들은 스스로 잘 극복해내고 진보하지만, 난독증을 가진 아이들은 도움을 받지 않으면 해결할 수 없다.

난독증으로 고생하고 있는 많은 아이들은 단어의 글자를 어순대로 해독하는 데 어려움을 겪는다. 예를 들어서, 'saw'라는 단어는 'was'로 읽을 수가 있고, 'no'의 단어는 'on', 'dog'는 'gob'와 같이 읽을 수 있는 것이다. 가끔 우리는 아이가 거울로 보는 것처럼 글씨를 반대로 쓰는 것을 발견할 수 있다. 'dog' 같은 단어를 'gob'로 쓰는 것이 그러한 경우인데 이러한 아이들은 많은 인내를 가지고 가르칠 필요가 있다. 난독증 아이는 'pig'를 'pig'로 제대로 배우려면 아주 많은 노력을 기울여야 하고, 그것도 그날 아니면 그 다음날 바로 잊어버리게 된다. 때때로 난독증 아이의 철자는 너무나 이상해서 심지어 아이와 아주 가까워서 감정을 읽을 수 있는 사람일지라도 도저히 읽어 낼 수가 없다. 그런 난독증을 가진 사람이 읽기의 유용한 기술을 배웠다 하더라도 이러한 철자 오류들은 어른이 되어서도 생활 속에서 종종 계속해서 나타난다.

난독증을 가진 아이들은 보통 왼쪽, 오른쪽이나 위, 아래와 같은 쌍으로 된 말들을 사용하는 데 어려움을 겪는다. 그리고 이러한 아이들은 집중해서 읽다가도 순간 집중력을 잃었을 때 읽던 페이지에서 어디까지 읽었는지 찾을 수가 없다. 또한 이 아이들은 단기 기억력이 매우 떨어져서 금방 들었던 말들도 금방 잊어버리게 되고, 종종 얌전하게 가만히 앉아 있는 것도 힘들어하고 또 쉽게 피곤해한다. 그런 아이들은 유아기 때 단추를 채우는 것이나 옷을 제대로 입는 것을 배우는 속도가 매우 느리다. 그렇지만 읽기에 어려움을 겪는다고 해서 모두가 난독증인 것은 아니다. 아래의 다음의 이유들 때문에 읽기에 어려움을 가질 수도 있는 것이다.

- 말하고 듣고 보는 데 어려움을 가질 경우
- 불안감 같은 정서적인 불안을 가지고 있는 경우
- 오랫동안 병을 앓는 경우
- 의지가 저하된 경우
- 제대로 교육을 받지 못한 경우

불행히도 이유가 어떻든지 간에 읽기 기술을 제대로 습득하지 못한 아이는 산수와 같은 다른 영역의 학습에도 지장이 있다. 그래서 그런 아이들은 일반적으로 배우는 능력에 있어서 자신이 떨어진다고 생각한다. 나쁜 행동을 하거나 학급 프로젝트에 적절하게 끼지 못하거나 더 나아가서 고립될 수도 있다. 똑똑한 아이들은 특별히 제대로 읽지 못하는 것들을 너무나 잘 숨긴다. 그런 아이들은 수천 가지의 이유들을 찾아낼 수 있다. 예를 들어, 읽기를 시켰을 때 화장실을 가겠다고 하거나 안경을 잃어버렸다고 하는 것들이다. 이러한 변명들은 복잡한 교실 속에서는 통한다. 그렇지만 그것은 아이의 문제를 해결하도록 돕는 시기를 늦추게 함으로써 더 악화되게 한다.

이런 난독증을 야기하는 이유를 찾는 것은 불가능해 보이기도 한다. 어떤 이론은 단순히 어떤 기호들이나 좌우의 선택을 다루는 네 개의 특정한 부분이 정상적으로 성장하지 못해서라고 말한다. 이유가 무엇이든지 간에 사람들이 할 수 있는 최선의 방법은 그런 즉각적인 문제를 덜어 주려고 하는 것이다. 난독증을 가진 아이들이 읽는 데 어려움을 느끼는 것이 어떠한 낙인이나 불명예로 느끼지 않도록 돕는 것이 중요한데, 쉬운 치료방법은 없다. 교육적인 여러 가지 장치들이 제공되고 있지만 끝없는 인내심을 가진, 특별히 훈련된 선생님을 대체할 것은 아무것도 없다. 그러나 그러한 선생님들의 수가 너무나 부족하기 때문에 대부분의 부모들이 그 짐을 안고 있다.

만약에 당신의 자녀가 난독증을 가지고 있다고 생각된다면 해야 할 일들이 몇 가지 있다.

- 학교에 상담을 해서 자신의 생각이 맞는지 도움을 구해라.
- 만약에 학교에서 당신의 아이를 단순히 바보라든지 버릇없이 자란 아이로 보고 있다면, 교육심리학자에게 테스트를 요청해라. 그러나 그것에 어려움이 있다면 개인적으로 당신의 아이를 평가할 수도 있다.
- 가까이에 있는 난독증 관련 기관, 혹은 심리검사 기관에 연락을 해라. 그들이 평가나 충고와 함께 아이를 가르칠 수 있는 도움을 제공할 것이다. 그리고 그들이 당신에게 난독증을 가지고 있는지 아닌지 정확히 말해 줄 것이다.

만약에 읽기에 어려움을 갖고 있는 아이가 난독증이라고 심리학자나 선생님으로부터 듣게 된다 하더라도, 그 말이 곧 그 아이가 더 이상 진보할 수 없다는 의미는 아니다. 정상의 청력과 시력을 가진 아이들은 읽기에 대해 합리적으로 배울 수 있다. 만일 그런 학습능력의 발달이 느리거나 균등하지 않더라도 읽기를 잘 배울 수는 있다. 똑똑하지만 난독증을 가진 아이들은 이해력에 있어서는 매우 탁월하며, 또한 난독증을 가지고 있다고 해서 창의적인 창작이 억제된다고 말할 수는 없다.

시인인 예이츠와 한스 크리스천 앤더슨은 모두 난독증을 가진 사람들이었다. 의지가 굳고 과제집착력이 높은 어떤 아이들은 의학이나 치의학과 같은 전문적인 학문에도 도전할 수 있다. 그러나 보통 메모를 쓰거나 시간표를 읽는 데도 어려움을 갖게 될 것이다.

여러분이 부모로서 집에서 연습할 수 있는 여러 가지 방법들이 있다. 그러나 모든 부모님들이 성자와 같은 참을성을 가지고 있는 것이 아니기 때문에 전문가의 도움을 받는 것도 좋은 방법이다. 읽기를 배우는 데는 즐거움이 동반되는 것이 가장 큰 격려임에도 불구하고 난독증을 가진 아이들에게는 너무나 큰일일 것이다. 책임을 지고 있는 성인은 쉬는 시간을 많이 제공해야 하고 다양한 많은 접근방법과 많은 격려를 해 주어야 한다. 적정한 시간 동안에 책의 한 페이지를 함께 읽고 방금 읽은 것들에 대해 같이 이야기를 나누어라. 그리고 다음 장을 읽기 전에 어떤 내용이 나올지 아이에게 상상하도록 요구해라. 그렇게 해야 아이가 앞의 내용을 생각할 수 있다. 기억해야 할 것은 아이가 글을 읽는 동안에 가능한 한 정정하지 말고 그 아이가 읽는 것을 들어야 한다는 것이다. 단, 아이가 계속할 수 있을 만큼 쉬운 글자를 사용해야 한다. 끊임없는 노력이 필요하며 전문가의 소견을 들어서 돕는 것이 중요하다.

글상자 1   난독증 사례 : 세상을 거꾸로 읽어봐

1. 난독증 아이 기훈

기차를 좋아하는 기훈이(가명)는 열 살 넘도록 글을 읽지 못한다. 기훈이는 '흉' 자를 히읗과 모자 쓴 또 다른 히읗 두 개로 나누어 읽거나 글의 순서를 바꾸어 읽기도 한다. 기훈이를 자세히 검사해 본 결과 기훈이는 대체로 하나의 뜻을 가지고 있다고 여기는 글자를 그냥 하나의 형태가 있는 시각적 자극으로 지각하는 것 같았다. 그러니까 기훈이는 글자를 이해한다기보다 글자를 예쁜 그림처럼 감상했던 것이다.

지능은 정상인데도 이렇게 특정하게 글을 못 읽는 병을 난독증이라고 하는데, 흔히 부모들은 이런 아동을 지진아로 잘못 알고 치료의 때를 놓치는 경우도 있다.

2. 영화 속의 난독증 – 〈어글리〉의 주인공, 세상을 읽지 못하다

〈스탠리와 아이리스〉에서 로버트 드니로가 분한 공장직공 스탠리나 스콧 레이놀즈 감독의 으스스한 뉴질랜드 영화 〈어글리〉의 연쇄 살인범 사이먼도 마찬가지다. 스탠리는 기계에 대한 천부적인 재주가 있는데도 난독증으로 인해 문맹이고 따라서 공장직공 일을 면치 못한다. 사이먼은 심한 난독증이 자신이 바보 같기 때문이라고 여긴다. 심지어 길가에 넘어진 사이먼에게 친구들은 글도 못 읽는 아이라고 실컷 조롱을 한다.

〈어글리〉는 교묘하게도 감독의 주제의식과 난독증이라는 특정한 질환을 직접적으로 연관시킨다. 사실 〈어글리〉의 주인공 사이먼이 난독증에 걸려 있다는 것은 그가 세상을 읽어 내지 못한다는 뜻도 된다.

대부분의 난독증 어린이들이 시각적 자극을 처리하거나 기타 사회적 이해력과 판단력에는 아무런 문제가 없음에도 불구하고, 이들에 대한 정확한 평가 없이 학습지진으로 오해받거나 저능아, 의욕 없고 꾀부리는 아이로 오인되어 난독증이 소홀히 취급될 위험이 많다는 것이다.

그렇게 되면 아이들은 자존심이 저하되고, 학교에 가지 않으려고 꾀병을 부리거나 또래 친구들과 어울려 탈선을 하는 등의 부작용이 생겨날 수도 있다. 사실 우리의 교과과정이 거의 대부분 읽고 쓰는 것을 바탕으로 하는 것을 떠올려 보면 난독증 아이들의 어려움이 얼마나 심할 것인가는 짐작하고도 남음이 있겠다.

3. 난독증을 부끄러워 말라

『거꾸로 읽는 세계사』라는 책도 있지만, 이렇게 영화 속의 난독증은 세상을 거꾸로 읽어 내는 묘한 힘을 발휘하고, 때론 무심히 지나치는 사물의 숨겨진 원리를 읽어 내는 절묘한 트릭으로 변화하기도 한다. 난독증에 걸린 아이들 역시 마찬가지다.

난독증에 걸린 아동들은 글자의 뜻을 가르쳐 주기보다 아예 사진을 찍듯 글자의 모양 자체를 외우거나 난독증을 보상 할 기타 적성을 계발하는 것이 최상의 방책이라 아니할 수 없겠다.

예를 들면, 미국의 천재 다이버 루가니스는 입양아인데다 난독증으로 동네 건달로 자라났지만, 다이빙을 배우면서 그

> 천혜의 춤 실력과 체조 실력을 다이빙에 접목시켜, 역사상 가장 많은 올림픽 메달을 딸 수 있었다.

3. 읽기 지도

1) 부모들이 읽기를 가르쳐야만 할까?

취학 전에는 읽기 준비·지도를 시켜야 한다는 것을 알고 있는 많은 부모들은 자기 아이들이 학교에 들어가기 전에 읽기를 배우게 된다면, 그것이 오히려 문제를 일으킬까 봐 걱정을 한다. 어떤 사람들은 그것이 아이의 일반적인 발달단계에 지장을 준다고 느끼고 있고, 또 다른 사람들은 학교가 그런 아이들을 좋게 보지 않는다고 느끼고 있다. 사실 부모들은 종종 자기의 아이가 글을 읽을 수 있다고 학교에 말하지 않는다. 그런데 한국의 경우에는 최근 취학 전에 거의 모든 아이들이 글 읽기를 배우게 된다. 부모들은 자신의 아이가 입학 후 뒤지지 않을까 염려하여 읽기와 쓰기 지도를 이미 시키고 있는 실정이다.

추리소설가 아가서 크리스티의 부모들은 그녀가 일곱 살이 되기 전에 읽기를 배우지 못하도록 하였다. 왜냐하면 그들이 생각하기에 미리 읽게 되는 것은 학교생활에 흥미를 떨어뜨리고 발달과정에 큰 도움이 되지 않는다고 여겼기 때문이었다. 그러나 그 아이는 너무나 똑똑한 아이였기 때문에 만 5세가 되기 전에 스스로 글을 읽는 것을 배웠다고 자서전에 쓰고 있다.

읽기에 대한 준비가 필요하다는 것은 아이가 글 읽을 준비가 되지 않았을 때 글 읽기를 가르치면 아이의 정서발달에 장애를 줄 수 있다는 것을 의미한다. 그리고 실제로 이런 개념이 미국에서 수년 동안 있었다. 미국의 어떤 학교에서는 아이들이 일곱 살이 되기 전에 읽기를 배우는 것을 막으려고 하였다. 정반대로 글렌 도만의 『아이가 글을 읽도록 하는 법(Teach Your Baby Read)』이란 책에서는 어떤 아이들은 만 1세가 되기 전에 카드에 있는 단어를 구분할 수 있다고 하였다. 그러나 이런 시도의 궁극적인 가치는 분명하게 나타나지 않고 있다. 일반 상식적인 관점에서 보면, 아이들이 유창하게 읽을 수 있음에도 불구하고 그 아이가 읽을 준비가 되지 않았다고 말하는 것은 분명히 난센스인 것이다.

만 5세가 된 아이가 읽을 수 있다는 뉴스에 선생님들은 각각 다양한 반응을 나타낸다. 어떤 선생님들은 너무 흥미로워하며 그 아이에게 굉장한 관심을 보이고, 또 다른 선생님들은 다르게 보거나 그 아이를 특별하게 보지 않고 오히려 그 아이가 미리 읽게 된 것으로 인해서 지루해하고 있다고 느낀다. 불행히도 어떤 초등학교 선생님들은 아이가 학교 밖에서 그와 같은 배우는 훈련을 하고 있는 것에 그다지 흥미가 없다. 왜냐하면 그런 교육이 학교에 들어와서 시작되어야 한다고 느끼고 있기 때문이다.

일반적으로 부모들은 아이가 만 5세가 되면 어떤 학교에 그 아이를 보내야 할지를 알 수 있고, 학교의 태도에 귀를 기울일 수 있다. 학교가 찬성하든 찬성하지 않든 아이가 책을 읽는 것을 막지 말아야 한다. 어쨌든 부모들은 아이가 학교에 들어가서 자연스럽게 적응할 수 있도록 도와주어야 한다. 부모는 아이에 대한 정보를 선생님에게 알려줘서 그 역할 수행에 도움을 주어야 한다. 만일 부모가 선생님에게 아이의 읽기능력이 발달되었거나 읽기에 흥미가 없다거나 하는 정보를 주지 않는다면, 부모와 교사 간의 신뢰에 문제가 생기게 될 것이다. 아이가 읽기에 흥미가 없다면 선생님이 그 아이가 흥미를 갖도록 격려할 수 있다. 중요한 것은 아이가 읽을 준비가 되어서 더 많이 읽고 싶어 할 때 그 아이가 일찍 읽기 시작하는 경험이 더 성공적이라는 것이다. 부모의 읽기에 대한 걱정은 때로 아이들에게 실패감을 느끼도록 할 수 있다. 정상적인 시력을 가진 아이가 프린트 된 글자를 해독하는 것을 배우는 데 어떤 육체적인 문제를 가지게 된다는 것은 정말 이상하게 느껴지지만 이것은 가능한 일이다. 읽기를 어려워하는 이유가 너무나 다양하게 많이 있기 때문이다.

2) 아이들을 말려야 할 것

사실 부모가 읽기에 흥미를 갖지 않는 유아에게 읽기를 가르치려고 하는 것은 쉬운 일이 아니다. 반대로 아직 유아기에 읽으려고 하는 똑똑한 아이들은 부모들에게 가르쳐 주기를 요구한다. 솔직히 읽기를 배우는 아이들은 초기에 그들의 새로운 지식을 확장시키는 기술을 사용하기도 한다. 때로는 신문이나 책을 이용하기도 한다. 아이를 동네 도서관에 데려 가도록 하라. 그리고 아이에게 책을 어떻게 선택하는 것인지를 보여주라. 대부분의 도서관들이 아이에게 매우 도움이 된다. 특별한 조언을 할 수 있는 사서들도 그곳에 있기 때문이다.

훌륭한 조부모님들은 큰 소리로 읽어 줄 때 아이들이 즐거움을 얻는다는 것을 알고 있다. 심지어 아이들이 혼자서 읽을 수 있을지라도 아이들을 데리고 큰 소리로 책을 읽어 주는 데에는 여러 가지 이유가 있다.

큰 소리로 함께 읽는 것의 특별한 이득은 읽고 난 후에 읽은 것들에 대해 이야기할 수 있다는 것이다. 그러나 아직 어리지만 혼자 읽으면서도 즐거움을 얻을 수 있는 아이라면 그런 아이에게는 조용한 시간을 주어서 그 아이가 스스로 그 책을 더 잘 즐길 수 있도록 해야 한다.

똑똑한 아이들은 많은 장소에서 읽을거리에 대한 생각을 해낼 수 있다. 텔레비전이 글들을 보여주고 있고, 광고에서 종종 단어들을 보여주며, 그것을 청취자들에게 말한다. 후에 그 아이가 광고에서 본 상품을 슈퍼마켓 선반이나 부엌에서 보게 되면 그 이름을 보고 말하는 것을 연습할 수 있다. 어떤 아이들은 그런 카세트테이프나 디스크의 제목들로부터 전체의 제목들을 외워서 그 속에 있는 쉬운 단어들을 읽음으로써 배운다. 단어와 소리는 어디에나 있어서 똑똑한 아이들은 금방 단어와 소리를 조합할 수 있게 된다.

3) 읽는 것을 도와줄 수 있는 방법
- 태어난 시간부터 당신의 아이와 이야기하고 들어라.
- 아이들에게 이야기를 해 줘라.
- 아이에게 그림을 보여주고 함께 그것들에 대해 이야기해라.
- 그 아이가 어떤 일을 하고 있었는지 이야기할 수 있도록 아이를 격려해라.

- 당신이 어디 있든지, 텔레비전 앞에 있든지 길을 가고 있든지 언제라도 단어들을 가르쳐 줘라.
- 아이에게 이야기하고 있는 중에는 그런 적정한 문장을 사용하도록 노력해라.
- 유아에게 적절한 시를 가르쳐라. 아니면 분명한 운율을 가진 다른 시들을 가르쳐라.
- 노래하고 율동을 해라.
- 색깔의 이름들을 가르쳐라.
- 아이가 분명하게 말할 수 있도록 격려해라.
- 차례대로 가다가 중간에 미끄러지거나 다른 데로 옮겨가게 하는 보드게임은 아이의 눈과 손의 움직임을 균형 잡히게 도와준다.
- 단순한 리듬을 함께 두드리면서 장단을 맞춰 보라.
- 사물에 이름을 붙여 놓아라.
- 카드에 큰 글씨로 써서 그 물체에 매일매일 붙여 놓아라.
- 창문에는 '창문', 아이의 침대에는 '침대'라고 써서 붙여 놓아라.
- 무엇보다도 당신의 아이가 읽으려고 시도하는 데에 귀를 기울여라. 아이가 많이 읽을수록 더 나아진다.
- 아이가 책 한 권을 다 읽었으면 또 다른 책을 줘라. 책은 특별히 아이에게 맞도록 글자 크기는 크고 분명해야 하며, 글자 수는 적절해야 한다.
- 느긋하게 해라. 걱정이 너무 많은 부모들은 아이의 리듬을 늦출 수도 있다.
- 만일 어떤 부분에서 아이가 읽을 준비가 되었는지 의심이 된다

면 선생님과 함께 의논하고, 그것에 대해서 이야기할 수 있을 때까지 기다려라. 대신에 노래하고 이야기를 해 줘라.

4) 아이들이 어떤 것을 읽어야 할까?

지역도서관과 학교에서는 연령별로 적절한 책을 배치해서 아이들이 자신의 연령에 맞는 책을 쉽게 찾아 읽을 수 있도록 한다. 그러나 읽기 능력이 빨리 발달된 아이들은 책에서 더 많은 흥미를 느끼므로 나이 이상의 책을 읽을 수 있도록 허락해야 한다.

아이들이 자기가 원하는 것을 고를 수 있도록 두고, 만약 아이들이 자신들이 선택한 책을 이해할 수 없다면 그 아이들은 그 어려운 부분들을 그냥 넘어갈 수도 있고, 아니면 다시 한 번 그 어려운 부분들을 읽어볼 수도 있다. 만약 다섯 살 난 아이가 톨스토이 책을 뽑았다면 다음날 실수라고 반납하지 않는 것이 문제가 되겠는가? 우리는 무엇보다도 실수를 경험하면서 배운다.

4. 쓰기 시도

1) 글쓰기

읽는 기술과 쓰는 기술은 동시에 계발되어야 하는 것은 아니다. 왜냐하면 이 두 가지는 각기 다른 심리학적인 단계를 갖고 각기 다르게 발달하기 때문이다. 읽을 수 있다는 것은 글자들의 의미를 구분하고 그것들을 기억한다는 것을 의미한다. 쓸 수 있다는 것은 손가락, 팔의 움직임을 잘 조작할 수 있고 문자를 다시 한 번 생산해 낼 수 있는 기술을 의미하는 것이다. 재능을 가진 아주 어린아이들은 만 3세 정도의 나이에 읽을 수 있는데, 그렇다고 해서 그 아이들이 그때 쓸 수 있는 것은 아니다. 만 5세의 아이가 유창하게 읽을 수는 있지만 여전히 머리에 리본을 매는 것은 어려워하는 것을 볼 수 있다.

글씨를 쓰는 기초는 그림을 그리거나 색칠을 하는 것에서부터 출발한다. 아이가 가까스로 크레용을 잡을 수 있게 되면 아이와 함께 앉아서 그림을 그리는 것이 얼마나 즐거운 것인지 알려주어야 한다. 그리고 그 아이가 그린 그림 밑에 커다란 글씨로 그 아이가 그림에 대해 이야기하는 것을 적어 놓아라. 조만간 그 아이가 자기의 크레용으로 당신의 글씨 위를 따라 쓸 것이다.

아이가 약 백 개 정도의 어휘를 알게 되면, 가나다순으로 단어를 적은 단어카드를 만들어 주어야 한다. 단어카드 앞면에는 단어를 뒷면에는 그림을 그리고, 가나다순으로 된 단어를 읽고 써 보게 한다. 쓰기보다는 읽기가 쉽게 발달되므로 아이가 잘 읽을지라도 그대로 쓰지 못하는 경우도 많다. 따라서 쓰기가 늦다고 아이를 재촉해서는 안 된다.

아이들이 자기가 알고 있는 단어를 스스로 쓰려면 아이들이 가능한 한 스트레스를 받지 않고 분명하고 조심스럽게 쓸 수 있도록 하고 칭찬을 해 주어야 한다. 아이들이 알고 있는 실수를 했을 때 부모와 함께 수정할 수 있어야 한다. 틀린 글자를 아이에게 지우도록 하고 적절한 철자를 집어넣도록 해야 하는 것이다. 이런 과정은 아이에게 만족감을 준다. 때때로 선생님들은 받아쓰기 검사를 한 후에, 잘못된 글자에 엑스(×) 표시를 하고, 아이들에게 잘못된 방법을 사용할 때 엑스를 하도록 가르친다. 그렇지만 예민한 아이들인 경우에 그런 엑스마크는 그들의 실수에 아주 부끄러운 마크가 되기도 한다. 이런 예민한 아이는 자존감이 낮아지지 않도록 조심스레 격려해 주어야 한다.

몇 해 동안 학교에서 사용되었던 창의적인 글쓰기는 철자나 문법을 포함해서 좋은 반응을 얻고 있다. 그러나 글자를 바르게 쓰게 하기 위하여 아이의 창의적인 능력을 억누르거나 아이의 생각을 억누르는 아이러니한 경우도 있다. 아이는 듣고 있는 사람에게 큰 소리로 말하거나 아이의 풍부한 상상력을 위해서 녹음기를 사용할 수 있어야 한다. 그리고 다른 능숙한 재주꾼처럼 종이에 받아 적는 기술을 사용할 수 있어야 한다. 이런 방법은 아이들이 말하는 언어와 쓰는 언어의 차이점을 인지할 수 있도록 아이들을 돕게 된다.

어떤 아이들은 자기의 읽기와 쓰기를 도울 수 있을 만큼 시각적인 인지능력이 특별히 강한 반면에 또 어떤 아이들은 철자가 갖는 규칙이나 단어들이 어떻게 서로 결합되어 있는지 무의식적으로 배우게 된다. 아이가 듣는 경험을 많이 하거나 글 쓰는 교재를 많이 다루어 볼수록 복잡한 단어의 철자를 다룰 수 있는 능력이 배양된다.

2) 글 쓰는 기술

학교는 아이들이 좋은 태도를 갖추고 손으로 글씨를 쓰는 기술을 익히도록 해야 한다. 왜냐하면 손으로 편지를 쓴다든지 문서처리를 한다든지 하는 그런 전통적인 방식의 많은 부분들을 이제는 컴퓨터 또는 워드프로세서가 대체하게 되었기 때문이다. 그래서 예쁘게 글씨를 쓰는 기술은 더 이상 예전처럼 넓은 의미에서 가치 있는 것으로 여겨지지 않는다. 똑똑한 아이들은 이러한 분위기를 알아낸다. 손으로 글씨를 쓰는 것이 별로 중요하지 않다고 생각해서 글씨를 쓰는 것을 느리고 지루한 과정이라 생각하고, 배우는 것에 열정을 보이지 않기도 한다.

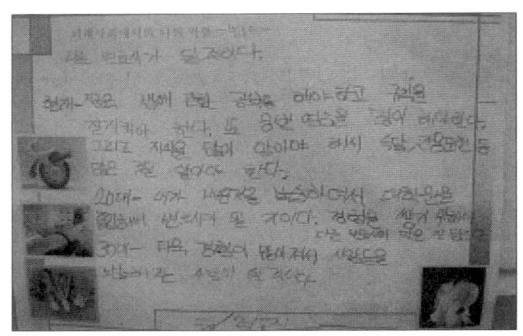

손으로 글씨를 쓰는 것은 단지 연필을 쥐고 있는 손가락의 문제가 아니라 전체적인 몸과 연관되어 있는 것이다. 아이는 편안하게 글씨를 쓸 수 있어야 한다. 자기에게 알맞은 높이의 책상과 의자가 필요한 것으로부터 시작해서 나중에는 다른 환경과 상황, 다른 높이의 책상이라 할지라도 글씨를 쓸 수 있게 된다. 글씨를 쓰는 동안 손과 팔은 자유롭게 움직일 수 있어야 하고, 연필은 올바른 방법으로 쥐고 있어야 한다. 오른손잡이와 왼손잡이의 아이들은 요구가 다르다.

오른손잡이 아이는 쓸 종이가 테이블과 평행되게 놓이거나 아니면 약간 기울여져서 놓여야 한다. 그러나 왼손잡이 아이들은 종이를 왼쪽에 두어야 하기 때문에 45도 정도 각도를 틀어서 종이를 놓아야 한다. 왼손잡이 아이들은 오른손잡이 아이들에 비해서 연필을 멀리 잡아야만 한다. 그렇게 해야 아이가 글씨를 쓸 때 자기 손으로 가리지 않게 된다.

아이들에게 필요한 두 가지 중요한 글쓰기의 기술이 있다.

(1) 복사 기술(copying skills)

아주 어린아이들에게는 글자 하나하나에 집중해서 그것들을 단어나 문장이 되도록 바른 순서대로 적는 것이 어렵다. 그래서 어린아이들에게는 점선으로 쓴 글씨 위에 따라 쓰게 할 수 있다. 그리고 아이는 이미 쓰인 글씨를 밑에 똑같이 따라 쓰는 발달단계를 가지게 되고, 나중에는 아이가 다른 페이지에 스스로 그것들을 따라 쓸 수 있게 된다. 더 나아가서 쓰인 글씨를 따라 쓰는 단계를 지나면, 본 것을 기억하고, 순서에 따라 기억해서 써 보는 단계가 필요하다. 아이가 더 많은 글자쓰기를 익히기 위해서는 쓰기공책에 적절한 크기의 칸을 만들어서 본 글자를 따라 쓰고, 기억해서 쓰는 연습을 하도록 해야 한다.

(2) 연필의 활용과 글자 구성

아이들이 글자들을 정확하게 구성하는 방법을 배우게 되는 시기에 아이들은 읽으면서 더 쉽게 글자들을 인지하는 것을 배우고 있는 것이다. 따라서 글씨체가 나쁜 아이들은 글을 읽을 때에도 혼란스러움을 야기할 수 있다. 예를 들어서, 아이들은 'ㅏ'와 'ㅓ'를 매우 혼란스러워한다. 아이들에게 독서장애가 있지 않을지라도 이런 문제들에 어려움을 겪기 때문에 이런 경우에는 아래로 막대기를 세운 후 옆으로 선을 그으면 'ㅏ', 옆으로 선을 긋고 아래로 막대기를 세우면 'ㅓ'라고 설명해서 구분하도록 하면, 혼돈하기 쉬운 글자들을 더 쉽게 익히게 된다.

선생님들은 마침표나 따옴표 같은 부호에 대해서 아주 강한 입장을 가지는 것을 볼 수 있다. 심지어는 아이들이 부호들을 배울 준비가 되었다는 것을 보여줄 때도 그렇다. 아이들의 글쓰기가 더욱 좋아지고 원활해지며 단어를 사용해서 문장을 연결하기 시작하면 그때가 이제 마침표와 부호들을 사용해야 할 때이다. 똑똑한 아이들은 곧 마침표를 사용할 때와 쉼표를 사용할 때를 알게 된다. 만약 아이가 부호를 사용하는 것을 확신하고 있지 못하면 그 아이가 쓴 작문을 어떤 부호도 사용하지 않은 채 읽어 줘라. 부호를 익히도록 하는 데에는 인내심과 칭찬만한 것이 없다. 아이들이 쓴 작품을 당신 자신의 표시나 코멘트를 사용해서 망치지 말라. 때로는 그런 실수를 그냥 넘어가는 것이 훨씬 더 격려가 될 수 있다. 단어 사이에 띄어쓰기를 하지 않거나, 글씨를 반대로 쓰는 것 같은 초기의 실수들은 일반적으로 아이들도 스스로 수정할 수 있다. 아이들이 스스로 자기의 실수를 찾아낼 수 있도록 도와라.

아이들에게 글쓰기를 가르치는 최근의 경향은 아이들이 그들의 상상력과 흥미와 경험을 쓰도록 격려하는 방법이다. 즉, 창의적인 방법이 되도록 하는 것이다. 이러한 경향은 아이들이 겪어내야 했던 지루한 따라쓰기 시간들을 생명력 있고 환영할 만한 시간으로 바꾸는 변화다. 모든 아이들이 천재적인 창의성을 가지고 있거나 자유로운 생각을 가지고 있는 것은 아니다. 대부분의 아이들의 작품은 그 아이가 똑똑한 아이일지라도 꽤 보수적인 것을 볼 수 있다. 그러나 몇몇 창조적인 아이들은 매우 풍부한 상상력을 가지고 있고, 그 아이들이 가지고 있는 글 쓰는 기술에 따라서 이야기를 멋지게 받아 적게 하기도 한다. 쓸 것이 너무 많은데 부족한 글쓰기 기술 때문에 글 쓰는 것이 거추장스럽게 되기도 한다.

그럴 때에 아이들은 명료하고 분명하게 글씨를 쓰는 것이 힘들다고 느낄 수도 있어서 흥미를 잃어버리게 될 수도 있지만 그런 것이 장애가 되지는 않는다. 그런 상황에서는 컴퓨터의 워드프로세스를 사용해서 돕는 것이 훨씬 좋다.

아주 어린아이일지라도 아이들은 꽤 빨리 타이핑하는 것을 배울 수 있다. 아이들이 한번 그것을 익히게 되면 그것은 평생 아주 편리한 기술이 될 것이다. 워드프로세스를 사용하는 것은 생각을 빨리 하는 만 5세 된 아이가 자신의 생각을 손으로 적어 내는 것보다 훨씬 빠르게 그것들을 표현해 낼 수 있으므로 창의적 생각의 표현에 도움이 된다. 비평가들은 이런 경우에 아이가 글씨를 예쁘게 쓰는 것을 해치게 될 것이라고 주장하기도 하지만, 다른 한편으로 생각하면 창조적인 사고를 하는 능력이 결국은 훨씬 더 중요하다. 그리고 수년 후에 그 아이의 선생님은 지저분하게 손으로 쓴 것보다 적절하게 컴퓨터로 입력된 에세이가 보기에 편리하게 될 것이다.

3) 쓰기를 도와줄 수 있는 방법

① 아이가 연필이나 크레용으로 두꺼운 종이에 그리는 것이나 분필로 그림을 그리도록 내버려 둬라.

② 어릴 때는 손 모양을 따라 그리는 것을 도와라.

③ 직선을 그리도록 연습시켜라.

④ 연필을 깎도록 시켜 봐라.

⑤ 아이에게 그 아이가 방금 본, 단순한 그림에서 어떤 것을 보았었는지 물어봐라.

⑥ 아이가 세트별로 종류를 나눌 수 있는 장난감들이나 물체들을 발견할 수 있도록 해라. 색깔별로 말하도록 하고 그 아이가 하고 있는 것을 설명하도록 해라. 이것은 동그란 모양이야. 이것은 원이야. 이것은 빨간색이야……

⑦ 점을 연결해서 선을 만드는 게임들을 해라.

⑧ 아이들이 장난감 자동차로 색깔이 있는 트랙들을 따라서 달릴 수 있도록 만들어라.

⑨ OX와 같이 종이와 연필을 가지고 하는 게임을 할 수 있도록 해라.

⑩ 왼쪽에서 오른쪽, 위에서 아래, 아래·위를 구분하는 것과 일정한 각도를 사용하는 패턴을 따라 그리게 하는 것들을 연습하게 하면 눈과 손의 움직임에 도움이 된다. 그런 모형들을 따라 그리는 것을 한 이후에는 복사된 종이를 치우고 아이가 그 단순한 모형들을 따라서 그릴 수 있도록 해 보아라. 처음에는 같은 모양들끼리 맞추는 것으로부터 시작해서 나중에는 모형, 패

턴들을 그릴 수 있도록 해라.

⑪ 원이나 세모, 네모 같은 모양들에서 한 부분이 조금 빠지도록 한 후에, 아이들에게 그것들을 채워 넣도록 유도해라.

⑫ 아이들이 반복되는 패턴, 선을 긋고 점을 찍는 패턴이라든지, OXOX 반복되는 패턴, 산 모양으로 삐죽하게 반복되는 패턴을 따라 그릴 수 있도록 해라.

⑬ 항상 두껍고 부드러운 연필이나 크레용들과 충분한 양의 종이들을 준비해라. 아이들에게 매우 얇은 연습장을 주고 빈 공간을 아이가 빨리 채워서 성취감을 갖도록 칭찬해 줘라. 그런 수고를 그 아이의 몫으로 만들어 줘라.

글상자 1 　외국의 언어영재교육 프로그램

언어영재교육은 여러 나라에서 다양하게 추진되고 있다. 그중에서도 7세부터 16세 영재들을 대상으로 하는 미국 존스홉킨스 대학의 영재청소년센터(Center for Talented Youth: CTY)의 언어영재 프로그램이 널리 알려져 있다. 여기서는 우리 아이를 언어영재로 키우기 위한 한 참고 자료로 이 대학의 언어영재교육 프로그램을 간단히 살펴본다.

1. 일반적 특성

존스홉킨스 대학 영재청소년센터(이하에서는 CTY라고 부른다)의 언어영재교육 프로그램에서는 수학이나 과학의 영재 프로그램과는 달리 학습 속도를 크게 중요시하지 않는다. 언어 영재성은 다양한 시각에서 단어, 구절, 문장, 단락, 글의 의미와 그 구조를 음미해 보는 것이 더 중요하다고 생각하기 때문이다. 그리고 학생들의 언어적 재능은 수학이나 과학과는 달리 학생들의 인생 경험과 밀접하게 관련되어 있으므로 이 프로그램에서는 학생의 삶의 경험과 지적 발달을 매우 중요시한다. 그런 점에서 교사의 민감성과 상황 판단이 지도에 선행하는 매우 중요한 조건으로 간주되고 있다.

CTY 언어영재교육 프로그램 학생들의 삶의 경험을 중요하게 생각한다고 하더라도 이 프로그램을 받는 학생들은 이미 11~14세에 뛰어난 언어영재성을 나타내어 고등학생이나 대학생이 읽는 높은 수준의 책들을 읽을 수 있도록 제공하고 있다. 그리고 존스 홉킨스 대학의 자문을 받아 대학 또는 고등학교에서 제공하고 있는 높은 수준의 강좌들, 예를 들면 작문, 역사학, 논리학, 심리학, 고고학, 독일어, 프랑스어, 일본어 등의 다양한 분야에서 다양한 과목들을 제공하고 있다.

CTY에서는 지식을 주입하는 교육은 의도적으로 피한다. 그 이유는 영재들은 지식을 받아들이기보다는 지식을 창조하고 생산해 내는 일을 더 선호하기 때문이다. 학생들은 어린 학자, 과학자, 역사가, 언어학자가 되어 각 영역의 연구 방법을 적용하고 기법들을 습득하면서 새로운 탐구를 시도한다. 교사들은 일종의 사사(mentor)로서 집단 토의의 지도자 역할을 수행하며 질문을 던지고 탐구를 자극하고 격려하는 소크라테스와 같은 일을 한다. 그러면서 동시에 각 분야의 전문가들인 교사들은 그들의 전문 영역에서 필요한 기법과 통찰을 학생들에게 지도한다.

학급 크기는 매우 작아서 학생들이 서로 긴밀하게 작용할 수 있다. 영재들은 교사로부터 직접 강의를 들어 배우는 것보다는 지적 동료인 학급 학생들과의 의견 교환을 통해 더 많은 것을 배운다. 다양한 사고 방법과 문제 해결 방법을 습득하기 위해 학생들은 다양한 게임과 활동을 많이 한다.

언어 재능을 길러 주기 위한 프로그램으로 여기서는 말하기, 읽기, 그리고 쓰기 · 창작 교육의 세 가지를 살펴보고자 한다.

2. 언어 교육 프로그램

(1) 말하기 교육

아동들은 자장가나 동요, 동시를 들으면서 자란다. 그리고 이것들을 따라 불러 보기를 좋아한다. 특히 아이들이 좋아하는 것은 자장가나 동요, 동시에서 반복적으로 나는 소리다.

어린 아동들은 어린 시절 듣기와 말하기를 병행해 가면서 말하기를 배운다. 그런 점에서 말하기 교육은 언어 발달에서 매우 중요한 위치를 차지한다. 말하기 교육의 중요성은 두 가지로 살펴볼 수 있다. 첫째는 말하기 교육을 통해 언어가 갖는 소리 감각을 익힐 수 있다는 점이다. 그리고 두 번째는 말을 하기 위한 사고 과정이 매우 높은 수준의 지적 작용이므로 말하기 교육을 통해 고등 사고 기능을 익힐 수 있다는 점이다.

프랭클린 루즈벨트 방법은 말하기 교육의 방법으로 널리 이용되고 있다. 이 방법에서는 학생들에게 유명한 사람들의 연설을 많이 수집하게 하고, 이 연설의 녹음을 열 번 이상 듣게 한다. 이때 학생들은 녹음된 내용을 들으면서 그 내용을 분석하게 한다. 그러면 학생들은 연설을 들으면서, 연설의 목적은 무엇인지, 그 목적 성취를 위해 무엇을 말하려고 하였는지, 그 말하려고 하는 내용을 어떤 방식으로 전개하고 이해시

켰는지, 자기의 주장을 효과적으로 펴기 위해 연설자는 어떤 기법을 사용하였는지를 찾아본다.

연설문을 다 듣고 필요한 내용을 충분히 분석한 후에는 학생들에게 그 연설을 기억나는 대로 말해 보게 한다. 그러면서 때때로 연설 내용이 기억나지 않을 때에는 자기가 직접 만들어 말을 하게도 한다. 여기서 중요한 것은 연설 내용을 기억하여 그대로 반복하는 것이 아니라 원래의 연설자가 노린 효과를 찾아내도록 하는 것이다.

한 학생의 연설 연습을 들으면서 다른 학생들은 그 연설을 분석하고 비판한다. 물론 이때의 비판은 원래의 연설자가 보인 효과를 학생들이 그대로 드러낼 수 있었는지에 초점을 맞춘다. 예를 들면, 억양, 쉼, 강조, 문법적 구성, 어휘의 선택, 그리고 전체적인 효과 등과 같은 것이 중요한 분석의 대상이 된다. 이렇게 여러 유명한 사람들의 연설을 분석하고 따라 해 봄으로써 학생들은 연설의 내용 구성과 표현 기법을 익힌다.

(2) 읽기 교육

영재들은 대체로 다른 아동들보다 더 일찍 글을 배운다. 그리고 어려서부터 책읽기를 즐겨 한다. 이들의 책읽기는 처음에는 동화 읽기에서 시작되지만, 점차 독서력이 높아지고 흥미와 관심의 폭이 넓어지면서 과학, 문학, 예술, 정치 등으로 그 대상도 넓어진다.

영재들에게는 보통의 학생들이 읽는 수준의 책보다는 훨씬 더 어려운 내용의 책, 깊이가 있는 책을 읽히는 것이 좋다. 그리고 책을 읽은 후에는 그 내용에 대하여 더욱 깊게 생각해 보게 하는 것이 좋다. 다음과 같은 방법은 영재 읽기 교육의 한 방법으로 좋다. 첫째, 학생들에게 그들의 흥미와 수준에 적합한 책을 선택하게 한다. 이때 책읽기를 개별적으로 하게 할 수도 있고, 집단으로 읽게 할 수도 있다. 집단으로 책을 읽게 할 경우에는 그 집단 학생들 모두에게 같은 책을 읽게 한다. 둘째, 학생이 개별적으로 또는 집단으로 읽은 책 내용을 정리하게 한다. 그리고 정리한 내용을 여러 다른 학생들 앞에서 발표하게 한다. 이 발표 내용 속에는 읽은 책의 내용과 함께 자신의 생각도 포함하게 한다. 그리고 여러 다른 학생들에게 그 학생이 발표한 내용에 대하여 토의나 토론을 하게 한다. 이때 토의 또는 토론 속에는 원래의 책 내용을 바르게 이해하였는지, 그리고 그 내용에 대한 발표 학생의 개인적인 생각(내용의 해석, 확장, 비판, 창의 등)이 바른지 점검하게 한다. 중등 단계에서는 고전과 최고의 문학 작품을 많이 읽힌다. 그리고 이 작품을 분석하게 한다.

읽기 교육은 말하기 및 쓰기 교육과 병행될 때에 더욱 효과를 발휘할 수 있다. 그 방법으로 '읽기 – 토론·토의하기 – 쓰기(또는 말하기)' 방법을 사용하는 것이 좋다. 먼저 학생들에게 책을 읽게 한다. 이때 읽기를 더욱 효과적으로 하기 위해서는 읽기 전이나 읽는 중간에 교사는 학생의 배경 지식, 추리, 상상 등을 최대한 활용하도록 돕는다. 그런 후 읽은 책 내용에 대하여 여러 학생들이 서로 토의하고 토론하게 한다. 책 내용을 바르게 이해하였는지 서로 발표해 보게 하고, 책 내용에 대하여 비판을 해 보게 하며, 그 내용이 우리의 현실 생활에 얼마나 적용 가능한지에 대하여도 의견을 교환하게 한다. 그런 다음에는 마지막으로 읽은 책의 내용, 책 내용에 대하여 서로 교환한 의견 등을 종합하면서 자기 나름의 글을 써 보게 한다. 이런 3단계의 읽기 지도는 읽기 교육의 한 방법임과 동시에 여러 분야의 내용을 학습하는 좋은 학습 방법이 되기도 한다.

(3) 쓰기 및 창작 교육

우리는 보통 쓰기와 창작을 구분하여 사용한다. 쓰기는 설명문이나 논설문을 포함하는 비문학적인 글의 쓰기를 지칭하는 말로 사용되고 있다. 이런 비문학적인 글은 대체로 타인에게 어떤 정보나 주장을 전달하여 독자를 이해시키거나 설득시키는 것을 목적으로 하는 글쓰기다. 이에 비하여, 창작은 문예적인 글쓰기를 지칭하는 말로 사용된다. 그리고 이런 글쓰기는 의미의 전달보다는 표현 그 자체, 즉 자신의 생각이나 느낌, 사상을 글로 나타내는 데 목적을 두고 있다.

사람들은 어떤 내용을 말로 이야기할 때에는 쉽게 잘하면서도 막상 이 내용을 글로 쓰게 하면 상당히 어려움을 느낀다. 그 이유는 말과는 달리 글에서는 독자와 유리된 시간과 공간 속에서 오직 글에 의존하여 내용을 표현해야 하기 때문이다. 그 뿐만 아니라, 필자는 말하기에서와는 달리 글 또는 문장의 문법적 구성에 특별히 유의해야만 한다. 이런 이유로 글쓰기는 말하기보다 더 어려운 과제로 인식된다. 그러나 글쓰기가 말하기보다 어렵게 인식되는 만큼, 글쓰기는 말하기보다 더 교육적이다. 말하기의 상황에서는 앞에서 듣고 있는 사람에게 뭔가를 빨리 말해 주어야 한다는 압력을 받지만, 글쓰기에서는 시간의 제약을 덜 받는다. 바로 이런 글쓰기의 조건으로 인해 글쓰기는 말하기보다 더 높은 수준의 정신 작용, 예를 들면 분석력, 추리력, 상상력 등을 더 발휘할 수 있기 때문이다.

일반 학생들의 경우도 그렇지만, 영재들의 쓰기 지도에서도 먼저 글쓰기에 대한 학생들의 공포를 없애 주는 것이 좋다. 이를 위해서 학생들에게 글쓰기에 앞서 쓸 내용을 먼저 말로 표현해 보게 하는 것이 필요하다. 왜냐하면 글쓰기도 말하기와 마찬가지로 자기의 생각을 언어로 적는 것이기 때문이다. 그리고 글쓰기에 대한 본격적인 지도에서는 무엇보다도 먼저 쓸 내용에 대한 지도를 해 주는 것이 필요하다. 학생들이 글쓰기에서 어려움을 겪는다면, 그 어려움은 글 그 자체에 있지 않고 글로 표현할 내용에 있다. 다시 말해서 학생들은 글씨나 단어 그리고 문법적 문장에 어려움을 느끼는 것이 아니라 쓸 내용을 생각해 내고 이를 관련되는 것끼리 모아 단위를 만들고 조직하는 일에 어려움을 겪는 것이다. 그런 점에서 쓰기 교육은 쓸 내용의 생성과 조직에 그 초점이 맞춰져야 한다.

일반적이고 실용적인 쓰기도 그렇지만, 특별히 문예 창작을 위해서는 여러 가지 다른 사람의 글, 문예문을 읽어보고 어떤 내용을 어떻게 구성하였는지에 유의하게 하는 것이 좋다. 그런 후에 스스로 글을 쓰게 하는 것이다. 이 과정에서 학생들은 다른 사람의 글 속에 나오는 좋은 내용, 좋은 표현을 모방하기도 한다. 이때 교사는 학생들의 모방을 죄와 같이 취급해서는 안 된다. 모방 자체가 좋은 것은 아니지만, 모방은 성장을 위한 한 과정이고 단계가 될 수 있기 때문에 이를 억제하는 것보다는 수용하고 포용하는 것이 좋다. 때로는 교육적 목적으로 필요하다면 지도 과정에서 모방을 하면서 글을 써 보게 요구하는 것도 나쁘지 않다.

쓰기나 문예 창작 지도에서는 말하기나 읽기 지도에서보다 협동 학습의 장점이 더욱 그 교육적 가치를 발휘할 수 있다. 그러므로 쓰기나 창작지도 과정에서 협동학습 방법을 적용하는 것은 매우 바람직하다. 그 구체적인 방법으로 다음과 같은 절차를 제안한다. 먼저 학생들을 집단으로 구성한다. 그리고 각 집단에게 동일한 주제 또는 집단별로 상이한 주제를 준다. 집단별로 자기들이 주제를 정하게 할 수도 있다. 다음에는 각

> 집단별로 부여받거나 정한 주제와 관련하여 쓸 내용을 공동으로 생성하게 한다. 이때 브레인스토밍 방법을 적용하게 하는 것이 좋다. 그리고 학생들이 제안한 수많은 아이디어들을 수집하고 분류하고 위계화하여 조직하게 한다. 그리고 이 내용 조직표를 집단별로 발표하게 한다. 그런 후에 모든 집단에 속한 학생 개개인에게 그 조직표를 참고하면서 글을 쓰게 하고, 또 발표도 시킨다. 글쓰기나 창작은 분명 개인적인 행위이지만, 그 과정은 교육적으로 공개되고 지도할 수 있는 것이다.

5. 계산하기

1) 산수 계산

1990년대 이전까지는 숫자를 가르치는 새로운 개념들이 많이 생겼었다. 그러나 이제는 부모들이 어렸을 때 배웠던 연산 방법과는 달리 새로운 수학은 숫자에 포커스를 맞춘 것에서 벗어나서 논리적인 관계와 수학적인 언어에 초점이 맞춰지게 되었다. 따라서 덧셈을 하는 대신에 아이들은 이제 방이나 책상들의 크기를 재보고 그들이 발견한 것과 실제를 비교해 보게 되었다.

부모들과 선생님들은 이러한 새로운 회오리바람에 사로잡혀서 때때로 새로운 교수방법에 의해서 꽤 당황하게 된다. 왜 산술 계산이나 표 그리기 등을 가르치지 않는 것이며, 온갖 종류의 교육적 장난감과 교구들이 시장에 쏟아져 나오는데 그것은 얼마나 그 값에 적합한 가치를 하는지 등의 의문이 들기도 한다.

2) 어디서부터 시작해야 하는가?

아이들은 부모들이 손가락이나 계단 수 같은 것을 헤아리는 것을 듣고 숫자에 대한 것을 배우게 된다. 동시에 그런 숫자에 개념이 표현되어 있으므로, 똑똑한 아이들은 이러한 것들을 매우 좋아한다. 그리고 자기가 말한 숫자들에 대해 많은 격려를 받으면 몇 개씩 쓸 수도 있게 된다. 수학적인 언어들은 일상생활에서, 가정에서 자연스럽게 접하게 된다. 수학자인 시모어 퍼펫 교수는 집은 수학적으로 쓰일 수 있는 곳이어야 한다고 말하였다. 즉, 이 말은 아이들이 집에서 글을 배우듯이 숫자도 동일하게 배울 수 있도록 기대되어야 한다는 것이다.

수학적인 이해를 위한 유추를 굳이 어려서부터 의도적으로 할 필요는 없다. 왜냐하면 매일의 대화 속에서 어디에나 있는 것이기 때문이다. 당신이 '어떤 것보다도 많이' '어떤 것보다도 적게' 말할 때마다 당신은 수학적인 것을 가르치고 있는 것이다. 부모들은 아이들에게 "네가 저녁밥 두 숟가락만 더 먹으면 사탕 하나를 먹을 수 있어." 해서 아이들과 거래를 할 수 있다. 그러나 여기에는 한 가지 주의해야 할 사항이 있다. 아이들이 수학적인 개념을 제대로 이해하지 못하고 그것을 이해했을 때 부모들은 때때로 아이가 실제보다 훨씬 더 똑똑하다고 생각할 수 있다. 그래서 아이들에게 너무나 많은 것을 기대하게 될지도 모른다. 심지어는 아주 간단한 덧셈이라 할지라도 많은 것을 고려해야 할 필요가 있다. 첫째로 아이는 더한다는 개념을 이해해야만 한다. 둘째로 그 아이는 정신적으로 그런 덧셈의 개념을 실행할 수 있어야 한다. 셋째로 '+' '−' '=' 등의 부호들을 다룰 줄 알아야만 한다. 넷째로 아이는 2 더하기 2는 4와 같은 혼동되는 말들을 이해할 수 있어야 한다. 이렇게 당신은 이와 같은 네 가지 단계에 맞게 당신의 아이를 돕도록 시도해야 한다.

처음부터 정말 문제가 되는 것은 산수에 대한 아이의 정신적인 접근이다. 산수의 개념이 너무 어려운 것이 아니고 즐겁다는 것을 보여줘야 한다. 너무나 많은 부모들이 아이들에게 산수가 너무 어려운 것이라는 메시지를 준다. 그래서 아이들은 숫자에 대해서 두려움을 먼저 배우게 된다. 똑똑한 아이들은 산수 문제를 다루는 것을 즐거워하게 되고, 그런 아이들은 셈하는 것을 좋아하고 그러한 활동을 매우 좋게 느끼게 된다. 심지어 아이들이 무엇을 하고 있는지 정확히 이해하기도 전에 구식의 산수 문제를 주입하는 것은 아이의 기를 꺾는 것이다. 우리는 아이들이 부담이 늘지 않도록 해야 한다.

3) 공간과 무게

모형이라는 개념은 보통 퍼즐을 하거나 어떤 장난감이나 게임에 관련된 것을 연관 짓거나 구분하는 것을 통해 쉽게 알게 된다. 구멍에 모형을 맞춰서 넣는 활동은 위, 아래 개념과 건너편, 크기와 부분들 간의 관계를 익힐 수 있게 한다. 퍼즐맞추기나 블록놀이 등을 완수하게 되면 아이들은 만족감을 크게 느끼게 되며, 점차 균형 감각이 더 발달하게 된다.

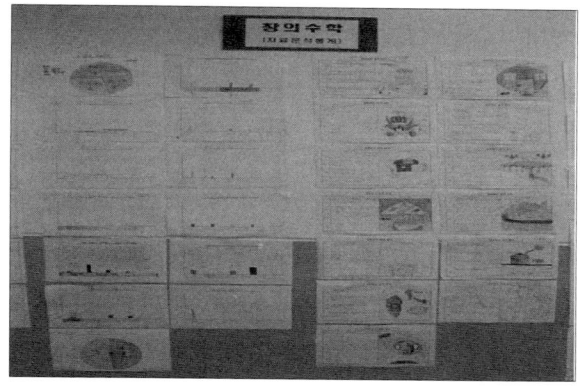

　모양을 다루는 유아용 장난감으로는 나무블록을 사용한 홈 맞추기나 주제에 따른 다양한 블록 구성이 있다. 원으로 된 것은 사각으로 된 것보다 넣기가 쉽다. 그 다음으로는 세모가 쉽다. 원과 사각형, 삼각형의 모든 모양이 있는 장난감인 경우에는 모든 모양을 익히는 데 시간이 걸릴 수도 있다. 그래서 쉬운 순서대로 분리된 각각의 모양을 가진 블록이 더 쉽고 시작하기에도 더 좋다.

　유아들은 두 가지 종류의 퍼즐을 다룰 수 있고, 어떤 아이들은 다른 놀이보다 이러한 활동에 더 흥미를 느낀다. 첫 번째 종류는 각각의 조각이 완성되어 있는 섬모양의 퍼즐이다. 예를 들어, 동물모양이었을 때 판 위에 있는 동물모양의 구멍 안에 그 조각을 집어넣는 것이다. 다른 종류는 직소퍼즐인데 이것은 서로 전체적인 그림을 만들기 위해서 조각들을 정확하게 함께 넣어야 한다. 똑똑한 어린아이들인 경우에 18개월부터 세 조각짜리 직소퍼즐을 시작할 수 있다.

　이때 각기 다른 색깔로 자른 숫자들, 다른 크기의 네모로 된 종이,

헤아리거나 움직일 수 있는 다양한 종류들을 이용해라. 실질적으로 할 수 있는 문제들을 생각해 내라. 예컨대, 얼마나 많은 양의 물을 이 항아리에서 저 항아리로 옮겨야 채울 수 있는지, 얼마나 많은 콩을 다른 상자 속에 넣을 수 있는지 등과 같은 것을 생각해 내라.

어린이들은 크기와 모양을 비교하는 데 많은 훈련을 필요로 한다. 크기와 모양을 배우는 데 최고로 좋은 것은 자신의 몸의 부분들을 이용해서 측정하도록 하는 것이다. 예를 들어, 손 한 뼘의 개수라든지 엄지손가락 넓이의 개수라든지 발 길이의 개수라든지 그런 것들을 만들어서 산술표 같은 것을 만들 수도 있다. 그리고 이런 활동은 정신적, 육체적 운동이 된다. 아이들이 원하면 곧바로 자를 사용하거나 테이프로 잴 수 있도록 하라. 그런 다음 아이들이 발견한 것을 다이어그램으로 만들고, 또 색깔을 사용해서 막대그래프를 단순하게 그려보게 할 수도 있다. 이렇게 벽에 자신들의 작품이 걸려 있는 것을 보면 아이들이 굉장한 만족감을 가지게 된다.

무게를 다루는 것은 조금 더 복잡하다. 아이들은 먼저 무게나 균형에 대한 개념을 배워야 한다. 그것을 위해서는 아이들이 먼저 어떤 것의 무게를 느끼는 훈련이 필요하고 다음에는 무게를 정확하게 비교할 수 있도록 무게를 재보는 훈련이 필요하다. 먼저 단순히 무게만을 재는 저울을 사용해서 무겁고 가벼운 개념부터 시작해서 동일한, 똑같은 무게라는 개념을 배우게 해라. 아이가 이런 개념들을 이해하게 되면 스프링으로 균형을 맞추는 것, 그래서 어떤 무게가 용수철저울에서 얼마나 무게가 나가는지를 볼 수 있도록 용수철로 된 저울을 사용하는 것으로 옮겨 가는 것이 좋다.

4) 발견 방법

숫자에 대한 새로운 접근 방식이 초래할 수 있는 한 가지 문제는 그것이 너무나 문자적이어서 실제 사용이 용이하지 않다는 것이다. 발견의 개념은 아이들이 스스로 어떤 물체들을 다루고 실제적인 문제들과 부딪힘으로써 스스로 배우는 것이다. 그리고 이런 방식 안에서 아이들은 어른들이 정확하게 무엇을 하라고 말한 것을 들은 대로 하기보다는 그들 자신의 생각을 사용하게 된다. 그러나 가끔은 가르쳐주지 않고 아이들에게 그냥 발견해 보라고 하기도 한다.

수세기에 걸쳐서 위대한 사상가들이 발견해 낸 것을 아이들이 혼자서 깨우칠 수는 없다. 아이들은 가이던스가 필요하고 또 이런 개념들을 이해하도록 도움을 받아야 한다. 발견이라는 것은 매번 해야 할 것을 정확하게 지시받는 것도 아니고 탐색하려는 아이의 시도에 문을 닫아 버리는 것을 의미하지도 않는다. 수학을 가르치는 것은 선생님과 아이가 양방향에서 이루어져야 하는 절차이고, 양편 모두 유연성을 가지고 있어야만 한다.

그런 유연성의 좋은 예로는 삼각형이 두 개의 면을 가지고 있다고 주장하는 아이와 논쟁을 하고 있는 선생님의 경우를 볼 수가 있다. 선생님은 먼저 아이에게 삼각형은 세 개의 면을 가지고 있다고 아이에게 바르게 얘기하는 시도를 해야 한다. 만약에 아이가 "그렇지만 삼각형은 2개의 면과 1개의 바닥을 가지고 있어요."라고 얘기할 수 있다. 선생님은 아이에게 삼각형을 그렇게 볼 수도 있다고 정의해 주어야 한다. 결국 우리는 아이들이 유클리드 기하학 속에서 떠다니는 기하학적인 문제들을 받아들일 수 없다는 것을 인정해야 한다.

아이들은 삼각형이 위로 세워져 있는 것으로 본다. 그래서 아마도 면이라는 말보다는 모서리, 가장자리 테두리와 같은 용어를 사용하는 것이 더 나을 것이다.

5) 어린이 수학

수학자이자 철학자인 버틀렌트 러셀은 이렇게 썼다. "열한 살이 되었을 때 나는 수학자인 유클리드를 나의 선생님이며 형제로 지내기 시작했다. 이것은 내 삶에서 너무나 굉장한 일들 중의 하나였고 첫사랑처럼 어지러웠다. 나는 세상에서 어떤 것도 그것만큼 그렇게 달콤할 거라고 상상할 수도 없었다."

러셀처럼 학교에 들어갈 무렵에 이미 숫자를 다루는 것에 너무나 똑똑한 아이들도 간혹 있다. 그러나 조기에 글을 읽는 아이들과 마찬가지로 이런 아이들 또한 문제를 가질 수 있다. 첫째는 신뢰를 얻게 되는 데 문제가 생기고, 두 번째는 학급의 나머지 아이들과 수준을 맞추는 것이 문제가 된다. 예를 들어, 만 8세가 되는 꼬마 수학자는 교실에 앉아서 1년이나 2년 전쯤에 스스로 깨달아서 발견하게 된 문제에 대해서, 그런 기본적인 요소들에 대해서 길고 지루한 설명들을 계속 들어야 한다. 이런 아이들은 수업시간 동안에 무엇을 할 수 있을까?

이런 꼬마 수학자들은 성격이나 성별이 어떠하든지 간에 숫자를 너무 좋아한다. 어떤 아이들은 7이나 3과 같은 자기만의 특별한 숫자에 굉장한 애착을 갖고 있다. 이런 아이들은 아주 어린 나이에서부터 머릿속으로 더하기, 빼기, 나누기, 곱하기 등을 할 수 있다. 시간이 흘러서 선생님들은 이런 아이들에게 그 아이만의 방법으로 하도록 강요해야 할까? 아니면 단계별로 문제를 다루도록 해야 할까? 아이들은 무의미해 보이기도 하고 어리석어 보이기도 하는 그런 방법들을 기억하는 것이 오히려 혼란스러울 수도 있다. 이런 것은 아이가 너무나 쉽게 점프를 할 수 있을 때 목발을 하고 운동을 하도록 강요하는 것과 같다. 그런 아이들에게는 조심스럽게 질문을 생각해 보도록 해야 한다. 예를 들어서, "만약에 우리가 6 대신에 3을 넣으면 어떻게 될까? 아니면 이 모양의 윗부분을 밑으로 내리면 어떻게 될까?"라든지 "숫자 대신에 글자를 사용해 보자." 이런 식으로 질문을 생각해 내도록 해라. 수학적인 아이들은 그것들이 어떻게 작용하는지 배울 때까지 보통 기다리고 있지 않는다. 그런 아이들은 보통 문제를 살펴서 스스로 대답을 하게 되는데, 보통의 아이들에게 어려운 문제일지라도 이런 수학적인 아이들에게는 너무나도 간단한 것이 된다. 이런 수학적인 아이들에게 가장 가치 있는 것은 그 아이들이 도전하게 할 수 있는 한 무더기의 좋은 문제들을 제공하는 것이다. 그런 종류의 문제를 다룬 책들은 도서관이나 서점에 꽤 많이 있다. 그런 아이가 나이가 더 들면 시험문제들이나 심지어는 대학 교재도 다룰 수 있다. 아마도 그런 아이의 선생님들은 그 아이를 위해 수학 시간에는 더 나이가 많은 고학년들과 함께 앉아서 수업을 할 수 있도록 수학 시간을 조정하는 것도 한 방법일 것이다.

이런 능력 있는 어린 수학자들을 위한 경시대회도 있다. 예를 들어, 국제올림피아드 같은 경우에는 25년 넘게 계속된 경시대회다. 최근에는 세계적으로 특별한 재능을 지닌 영재들에 대한 관심이 높아지고, 이들을 위한 학교와 학급이 설립되고 있는 추세다. 그러나 많은 나라들이 영재교육을 이런 아이들에게 온실효과를 주는 것이라는 관점에서 참여하지 않기도 한다. 그리고 결국 이러한 학생들에게 특별히 이득이 있는지 보여주는 증거는 아직 적다. 그러나 수학영재를 조기에 발견하여 교육하는 일은 매우 중요한 문제다.

6) 수학적으로 도울 수 있는 방법

- 아기가 물을 가지고 놀 수 있도록 격려해라. 목욕물에서부터 시작해서 뜨는 것과 가라앉는 것, 컵을 채우는 것 등등의 개념들을 얻도록 해라. 나중에 당신은 네모난 얼음이나 색깔이 있는 물 등을 사용해서 아이들이 양과 공간 등의 개념을 얻도록 격려해라.
- 아이가 밀가루 반죽을 갖고 놀 수 있도록 해라. 손가락으로 그것을 만지고 모양을 만들고 나누면서 어떤 양을 느낄 수 있도록 배우게 해라.
- 가능하다면 컵과 함께 모래 놀이 기구들을 가지고 놀게 해라. 아니면 커다란 쟁반에 적은 양의 모래를 넣어 두는 것으로도 충분하다. 모래를 담아 놓을 수 있는 것이라면 어떤 장소든지 상관없다.
- 장난감 벽돌은 산수를 배우는 데 가장 효과적이고 가장 가치 있는 도구다. 적어도 60개의 벽돌이 필요하다. 장난감 블록들은 서로서로 균형이 맞아야 하고 그래야지 함께 어울렸을 때 부드럽게 서로 맞게 되고 보기에도 좋고 느끼기에도 좋다. 그 벽돌

의 가장자리에 다른 색이 칠해져 있는 것은 훨씬 더 재미를 주게 된다.
- 조립장난감들, 우편물 놀이 기구, 직소퍼즐 등은 손과 손근육의 균형 있는 발달에 도움이 된다.
- 어떤 장난감들은 서로 연결해서 길게도 만들 수 있고 짧은 선으로도 만들 수 있다. 장난감 기차 같은 경우들, 어떤 것들은 함께 실로 꿰어서 연결할 수도 있는 것도 있다.
- 또 어떤 것들은 세워져 있는 막대기 위에 계속 꽂아서 연결할 수도 있는 것이 있다.
- 미니카 같은 것이나 동물 농장 같이 분류하는 게임이 있는데, 이런 것들을 이용하여 아이들이 분류하는 훈련을 하도록 해라. 아이들이 각각 다른 모양들을 느낄 수 있도록 해라.
- 각각의 모양들이 어떻게 균형에 영향을 주고 어떻게 작용하는지에 대해 이야기하고, 아이들이 그것을 볼 때 어떻게 느끼는지에 대해 이야기하게 하라.
- 가게 놀이를 하면서 음식이나 어떤 물건을 길이대로 팔고 사는 것들을 훈련하도록 해라. 가짜 돈이나 화폐들을 사용해서 서로 사고 팔 수 있도록 해라.
- 주사위 던지기 같은 놀이, 차례대로 진행하고 빠지는 보드게임 같은 게임이나 유도 같은 게임, 숫자를 세는 것과 관련된 게임들을 해라.
- 길이 측정하는 도구, 균형을 맞추는 저울이나 무게를 재는 저울 등이 정확한지 보라.

글상자 2 문제아에서 영재아로: 미정이

미정이는 18년 전 여덟 살 때 매우 문제가 있는 아동으로 판별되었다. 미정이의 담임교사는 미정이에게 신경증이 있다고는 믿었지만 그것이 정서적인 문제인지 지적 능력에 관련된 문제인지에 대해선 확신하지 못했다. 교사는 검사 결과, 지능지수가 높게 나오자 놀랐다. 교실에서 미정이는 수동적이어서 결코 자발적으로 답하는 경우가 없었다. 쉬는 시간에는 주로 혼자 있었고 친구도 없으며 학급 모임에는 참석도 하지 않았다. 필기 숙제는 아주 훌륭히 해 왔으나 교사는 부모가 숙제를 도와주었을 것이라고만 생각하였다.

미정이 어머니는 미정이가 영리하고 영재성이 있다고 생각하였다. 왜냐하면 미정이는 결코 자기 숙제를 도와 달라고 한 적이 없었기 때문이다. 어머니는 수공예를 하여 가계의 수입을 늘리느라고 항상 바빴기 때문에 미정이가 아주 폐쇄적이라는 것을 알고 있기는 했지만 그것이 문제라고까지 느끼지는 못하였다. 그러나 그녀는 친척들끼리의 모임에서조차 거의 말이 없었으며 낯선 사람에게는 더욱 수줍어하였다.

어머니와 교사가 미정이를 이해하는 정도는 달랐지만 그럼에도 불구하고 별 무리 없이 학교생활에 관한 협조는 잘 이루어져 갔다. 미정이 아버지는 군인이었기에 거의 집에 있는 적이 없었다. 아주 내성적인 어머니는 별로 집에 없는 아버지의 권위가 아이들 보기에 손상되지 않도록 잘 꾸려 나갔다. 미정이는 여섯 살까지 외동딸이었다. 초등학교에 입학했을 때 동생이 태어나 미정이의 세계로 들어왔다. 미정이는 학교 가는 것보다는 집에 있으면서 좋은 어린이가 되는 것이 훨씬 좋았다.

미정이는 영재교육 프로그램에 처음 와서 면담을 하는 동안 무척 수줍어했고, 우리는 미정이가 지금까지 어떻게 했는지 알고 있었기 때문에 지나치게 요구하지는 않았다. 미정이가 '창의적 사고' 과정을 반 년 동안 수강하고 미정이의 담임 교사가 학교에서도 열성적으로 지도한 뒤, 우리는 아버지와 미정이를 함께 불렀다. 작은 소녀가 키 큰 아버지의 손을 잡고 사랑과 존경에 가득 찬 눈으로 올려다 보면서 걸어오는 광경은 매우 감동적이었다. 그들은 아주 편안하고 즐거운 기분으로 내 연구실로 들어와서 긍정적 분위기에서 토론을 시작하였다.

미정이가 우리 영재교육 프로그램에서 매우 행복하다고 말한 뒤 나는 미정이가 얼마나 많이 알고 있는지를 보여주기 위해 질문하였다. 그런 다음 나는 '놀이'와 반대되는 개념이 무엇이냐고 물었다. 그녀의 대답은 '순진함', '무지'라는 것이었다. 더 상세히 설명할 것을 요구하자, 미정이는 대답하길, "사람들은 각자 자기에게 적절한 행동이 무엇인지를 알고 또 그렇게 할 수 있으면 즐겁지요. 그러나 순진하고 모르기 때문에 적절한 행동을 할 수 없는 사람은 자신의 역할을 제대로 해 내지 못하게 되므로 즐겁지 않을 거예요." 눈물을 글썽이는 그녀에게 그것이 자기하고 무슨 상관이 있느냐고 묻자, 아주 작은 목소리로 대답하였다. "나는 순진해요. 다른 사람들이 내게 무엇을 기대하는지를 알 수가 없고 어떻게 행동해야 하는지도 몰라요."

아버지는 곧 이해와 인정을 바라는 이 울음의 의미를 헤아렸고 미정이로 하여금 자기 자신과 환경을 이해할 수 있게 도울 것을 약속하면서 소녀의 손을 잡았다. 그는 약속을 지켰다. 미정이에게는 아직 극복해야 할 장애들이 많았다. 우리는 영재아동에 대해 논의하는 교사 연구 프로그램에 미정이의 교사를 초대함으로써 미정이에게 약간의 도움을 줄 수 있었다. 그러나 미정이가 정밀기계 과목 수강생 중에서 유일한 여자가 됨으로써 갖게 되는 어려움을 덜어 줄 수는 없었고 우리가 그녀를 격려하고 이해함으로써 그녀의 수줍음과 두려움을 조금씩 덜어 줄 수는 있었다. 그녀는 용기를 갖고 스스로 일어서야만 했는데 시간이 갈수록 그녀는 스스로의 용기 덕으로 좀 더 개방적이고 자유롭고 안정되어 갔다. 또 친구를 사귀는 범위도 넓어졌다.

현재 미정이는 유능한 과학자로서 훌륭한 가정을 가지고 있으며 또한 영재아동을 위한 심화교육 프로그램의 교사로서 열성적으로 영재학생들을 지도하고 있다.

9장

즐겁게 학교로

1. 학습동기 유발하기
2. 학습에 대한 격려
3. 학교교육은 어떠해야 하는가?
4. 학교에서 성공이 예측될 수 있을까?

　교육은 학습자가 가진 잠재적 능력을 최대한 이끌어 내어 성취할 수 있도록 돕는 활동이다. 이 장에서는 우리의 뛰어난 아이들의 교육적 요구와 그들의 능력에 적합한 교육에 관해 함께 생각해 보도록 한다.

　일부 선생님들은 학생들 속에 잠재해 있는 모차르트나 아인슈타인과 같은 능력을 발견하지 못하는 경우가 있다. 그러나 어떤 선생님은 뛰어난 아이들을 발견하고 그들을 책임지려고 한다. 그 아이가 바로 여러분들의 아이일 수도 있다. 학교와 가정이 의사소통을 잘해서 정보를 교류하고, 아이들이 가정과 학교에서 어떻게 지내는지를 이해할 때 바람직한 교육의 목표에 도달할 수 있다. 그리고 이러한 경우에 아이들은 즐거운 학교생활을 할 수 있게 된다.

　이는 유치원에서부터 시작해서 중학교 말기까지 그대로 적용된다. 어린이의 능력에 관하여 어머니와 선생님의 시각이 일치하지 않은 경우가 종종 발생한다. 그리고 아이가 집에서와 같이 학교에서 행동하지 않을 수도 있다. 예를 들어 보면, 집에서 모든 방면에 적극적이고 뛰어난 아이가 학교에서는 선생님이 원하는 대로 순종적으로 행동할 수도 있다. 그래서 마음에 일어나는 질문을 삼가고,

흥미를 가지고 창의적인 활동을 할 수 있는데도 그가 생각하기에 학교에서 필요로 하는 딱 그 정도의 숙제만 한다. 이런 방식대로라면 선생님과 부모는 그 아이에 관하여 완전히 다른 모습을 볼 수밖에 없다. 아이가 학교에 가기 전에는 열정적으로 책을 읽었음에도 불구하고 학교에 다닌 후에는 너무 무미건조하게 책을 읽는 것을 발견하게 된다. 왜 그렇게 하냐고 어머니가 물었을 때, 아이는 학교에서 선생님이 그렇게 읽는 것이 좋다고 말했다고 대답한다.

외모 또한 중요하다. 선생님들의 경우 아이들이 깨끗하고 말끔하며 공부할 준비가 되어 있을 때, 그 아이가 단정치 못한 아이보다 더 명석하다고 생각한다. 그래서 선생님들은 인식하지 못한 채 깔끔한 아이를 더 편애한다.

비록 부모들이 그들 자신은 아이들의 외모에 신경 쓰지 않는다 할지라도 아이들은 깔끔하게 해서 학교에 보내는 것이 좋다. 예를 들면, 반지를 끼는 것이 배우는 능력과 무슨 상관이 있냐고 물을 수 있다. 물론 상관이 없다. 그러나 그것은 선생님들의 관점에 많은 영향을 미친다. 어느 아이가 뛰어나고 어느 아이가 뛰어나지 못한지에 대한 선생님의 생각은 아이들의 유형에 영향을 받지 않는다. 부모들이 아이들을 잘 돌볼 수 있는 지역에서는 선생님들은 아이들이 시험을 잘 치를 때 똑똑한 걸로 생각한다. 그러한 결과로서 높은 잠재력이 있지만 학교 시험에서는 유능하지 못한 아이들은 높은 평가를 받지 못하게 된다.

빈곤한 가정이 많은 학교에서는 반대의 경우가 발생할 수도 있다. 선생님들은 빈곤한 환경에서는 똑똑한 아이가 나올 수 없다고 생각한다.

 전에 한 프로젝트를 위해서 뛰어난 아이들을 찾고 있을 때, 선생님은 이 지역은 빈곤한 지역이라서 우리 학교에서는 똑똑한 아이가 없다고 말했다. 그러한 회의적인 태도를 가지고 있는 선생님이 있는 학교에 아이들을 보낸다면 부모들은 뛰어난 자녀를 위해서 더 많은 노력이 필요하다.

 아이들의 환경에 대한 선생님들의 반응이 아이들의 학습 진보를 방해한다. 예를 들면, 하류층 지역의 아이가 집에서 쓰는 언어로 작문 숙제를 해 오면 선생님들은 그것이 문법적으로 틀리다고 점수를 주지 않는다. 한 아이가 아무리 뛰어나더라도 그의 생각을 바로 적었을 때 빨간 줄이 많이 그어져 있는 것을 발견하면 그는 낙담한다.

 문화적으로 다른 아이들의 배경은 부모나 선생님으로부터 특별한 돌봄이 필요하다. 불리한 경우의 아이는 행동과 언어를 함께 배워야 한다. 우리는 불리한 입장에 처해 낙담하는 아이들이 교사의 도움을 받아 성취하게 되는 예를 종종 보게 된다. 이와 같이 선생님이 아이에게 미치는 영향은 크다.

 뛰어난 능력을 가진 아이가 체제가 엄격한 학교에서 자신의 능력을 제대로 발휘하지 못한 채 낮은 능력의 학급에 배치되는 경우도 종종 있다. 최근 시·도 교육청에서 실시되는 영재학급 구성을 위한 선발 시험에서 선발되지 못해 실망하는, 뛰어난 아이들도 매우 많다. 그러나 그러한 경우에도 실망할 필요가 없다. 그 선발 시험이나 추천이 아이가 가진 고유의 능력을 제대로 판별해 내는지는 의문이기 때문이다.

『탈학교사회』를 쓴 이반 일리치와 같은 작가들은 학교가 사회의 규칙에 맹종하는 시민들만을 만들어 낸다고 믿는다. 반면에 어떤 사람들은 학교는 아무런 영향을 미치지 않고 가정만이 아이들에게 영향을 미친다고 말한다. 그러나 미카엘 루터 교수의 연구에서는 모든 학교가 아이들에게 상당한 영향을 미친다는 것을 입증했다. 왜냐하면, 결국 아이들은 학교에서 많은 시간을 보내기 때문이다.

아이들이 그들 자신과 그들의 능력에 관해서 느끼는 것은 그들이 학교에서 어떻게 지내는가에 의해서 굉장한 영향을 받는다. 아이들은 선생님들과 동료들의 시각에 매우 민감하다.

재능 있는 아이들도 매우 학문적인 학교에서는 자기들이 이상하게 보인다고 느낄 수 있다. 그 결과로서 그들은 그들의 비범성을 숨기고 더 많은 친구들을 사귀기 위해 평범하게 행동한다. 부모님들은 이러한 것에 주의를 해야 하고, 그의 능력을 발휘하도록 충분히 지원해 주고 사랑을 주어야만 한다.

때로는 뛰어난 운동선수 혹은 개그맨 등이 칭찬을 받고 선망의 대상이 되기도 하는데, 이러한 상황이 지적으로 우수한 아이들에게 오히려 좌절감을 주지 않게 세심한 주의가 필요하다. 다행히도 아이들이 점점 나이가 들면 학교에서도 그들의 능력을 판단하는데 보통은 정확해진다. 정말로 관심이 있는 부모를 가진 아이들의 경우에 학교에서 잘 지내고 그들 자신에 관해서 자존감을 갖는 것이 가능해진다.

1. 학습동기 유발하기

　잘 배우려고 하는 것에 대한 시작은 배우려는 의지, 즉 학습동기다. 때로는 매우 뛰어난 아이들이 집에서나 학교에서 학습동기가 부여되지 않는 경우도 있다. 그리고 그들이 할 수 있음에도 하지 않는 것은 올바르지 않다. 부모와 선생님들이 그때 관여해야 한다.

　만약 아이들이 잘하려고 한다면 스스로 노력을 해야 한다. 왜냐하면 여러분들은 말을 우물가로 데려갈 수는 있지만 물을 마시게 할 수는 없기 때문이다. 교육적 용어로 여러분들은 사람들이 원하는 좋은 환경, 즉 좋은 장난감과 아름다운 집을 제공할 수는 있지만 그가 성공을 원하도록 강제시킬 수는 없다. 그러면 어떤 아이들은 잘할 수 있도록 동기가 부여되고 어떤 아이들은 동기가 부여되지 않는 것일까?

　동기라는 것은 아이들의 기대의 결과다. 예를 들면, 두 살된 아이는 6층까지 블록 쌓기를 기대할 수 있다. 물론 처음에 그는 확신하지는 않으나 그가 성공했을 때 그는 매우 기뻐하고 다음번에는 7층짜리 블록에 도전할 수 있다. 그러나 만약에 아이가 실패하면 그의 능력에 대한 평가는 조금 타격을 받을 수 있다. 그가 그것에 관해 느끼는 방식에 따라서 그가 다시 시도하고 실패하거나 성공할 수 있고, 성공하는 경우에는 스스로 자신감을 좀 더 크게 느낄 수 있다. 벽돌 블록에 결함이 있었기 때문에 그가 실패할 수도 있다. 그러나 그때 그의 기대감은 실제 상황을 기반으로 하고 있지는 않다. 또는 그가 그의 능력 수준을 넘어선 시도를 했기 때문에 실패할 수도 있다. 다음번의 블록 쌓기 시도에서 그의 기대수준은 이러한 경험의 결과로서 조금 더 낮아질 수 있다. 이러한 시행착오 가운데서 그가 할 수 있는 것과 언제 그것을 할 수 있게 되는지를 판단할 수 있다. 그는 그의 한계선을 설정하는 데 부모와 선생님의 판단을 많이 사용할 것이다.

한 아이가 그것에 최선을 다하기 위해서는 다음번에 약간 더 높은 곳에 목표를 두도록 그를 격려해야 한다. 그러나 그의 기대가 너무 높거나 너무 낮아서는 안 된다. 이러한 것이 최근 강조되는 이론으로 부모와 선생님은 아이의 근접발달 영역을 파악해야 한다는 것이다.

부모나 선생님들이 아이에게 큰 기대를 가졌을 때 아이가 실패를 하면 아이는 자신감을 상실하고 자기가 충분히 할 수 있는 것임에도 점점 더 남에게 의존하게 된다. 또한 아이는 자신을 실패자로 볼 수 있다. 재능 있는 아이들도 이러한 위험에 처할 수 있다. 예를 들면, 그런 아이들은 모든 방면에 성공하도록 기대된다. 그러나 성인처럼 아이들도 잘하는 게 있고 못하는 게 있다.

아이들은 그들이 할 수 있는 것에 관해서 확신을 갖도록 가르쳐 줘야 되고, 그들이 최선을 다하도록 도움을 줘야 한다. 잘하려는 동기와 독립적인 사고는 어린 시절부터 획득된 안정감과 지지의 감정으로부터 온다. 이것은 아이가 잘했을 때 자신감을 느끼게 하여 그가 잘했을 땐 언제나 부모님의 칭찬과 주의집중을 받을 수 있다는 확신을 갖게 하는 것이다. 부모들은 아이들이 배우고자 하고 성공하고자 하는 신념을 형성하는 데에 중요한 역할을 맡고 있다.

어른들이 아이들을 독립적인 작은 사람으로서 인정하고 그 아이들이 자유롭게 표현하도록 하면 아이들은 덜 비판적이면서도 성취감은 더 높아진다. 통제를 많이 하고 과보호적이며 아이들을 설득하는 데 관심 없는 부모들의 아이들은 성취감이 더 낮다.

뛰어난 아이들이 항상 학교 성적이 좋은 것은 아니다. 아인슈타인과 처칠의 경우가 그렇다. 그러나 동기가 부여되면 그들이 탐구하고 몰두하는 것을 멈추게 할 수 없다. 400명의 뛰어난 사람들을 연구한 보고서에 의하면 그들은 배우는 것을 좋아하지만 5명 중 3명은 학교 성적이 좋지 못했다. 만약 아이들이 특별한 작업에서 실패하면 새로운 접근을 시도하도록 해라. '이것을 할 수 있니?' 라고 묻기보다 '이것을 어떻게 할 수 있겠니?' 라고 질문하라.

아이들이 배우는 것을 좋아하지 않는 데는 대체로 이유가 있다. 그것은 대개 정서적인 문제이지만 아래에서 보는 바와 같은 학습과정에서 부모와 선생님들의 접근으로부터 야기되는 문제도 있다.

1) 의미 부여

아이를 가르칠 때 어떤 선생님은 다른 선생님과 관련을 맺지 않고 있기도 한다. 그리고 아이에게 학교 공부가 실제 생활과 관련이 없어서 의미없는 연습이라고 생각하게 만들 수도 있다. 지루한 연습이 수업에 적게 사용되고 여러 선생님들이 함께 아이에 대한 접근법을 고안할 때 아이의 이런 불리한 점은 개선될 수 있다.

학습은 아이에게 의미가 있어야 되고 부모들은 그 의미를 지적해야만 된다. 학교에서 배우는 것이 실제로 사용되는 곳에 아이를 데려 가라. 덧셈과 돈의 관계를 보여주기 위해서 아이에게 계산을 해 보도록 하고, 요리하는 데 무게를 스스로 재도록 하며, 바닥을 깔 때 치수를 재도록 하라.

2) 시험

어떤 학교에서는 주간평가를 하는데, 이는 뛰어난 아이들을 짜증나게 한다. 그들은 그 시험이 부적절하며 시간낭비라 여긴다.

어느 정도는 다른 아이들의 성취도를 보기 위해서 시험을 쳐야 하지만 한편으로는 아이들의 동기를 유발할 수 있는 방향으로 시험방식을 변화시켜야 한다. 단지 배운 것을 재생하는 시험이 아니라 아이의 창의력과 상상력을 유발하도록 시험이 구성되어야 한다.

대부분의 아이는 정규시험에 싫증을 내는데 그럴 경우 성적이 별로 좋지 못하다. 여러분이 이것이 문제라고 여겨지면 선생님과 상의해라.

3) 어려움

대개 뛰어난 아이들에게는 배우는 것이 너무 쉽거나 너무 어렵다. 따라서 아이들의 학습 속도를 잘 조절해야 한다. 어떤 선생님이 한 학생을 너무 과대평가해서 너무 어려운 과제를 주면 그는 시도하는 것조차 포기할 것이다. 예비수업 없이 한두 학년을 월반하는 경우에도 문제가 될 수 있다. 부모님들이 올바른 방법으로 이것을 선생님들에게 지적해야 한다. 비록 자녀가 똑똑하더라도 너무 자녀에게 욕심내지 말라. 영속적이고 도전이 지나치지 않은 학습이 오히려 자녀에게 더 좋을 수도 있다. 예를 들면, 혜영이라는 뛰어난 여섯 살짜리 아이를 엄마가 데려왔는데 그 아이가 너무 짜증을 잘 낸다고 하였다. 그녀의 경우 잠재력을 계발할 수 있는 좋은 학교에 다니고 있는 터라 원인을 찾아내는 데 시간이 걸렸다. 그 아이의 짜증에 대한 원인은 학생들을 일률적으로 통제하려는 선생님의 엄격함이었다. 선생님은 자신이 정한 이상으로 학습하는 것을 금하였다. 내가 책의 마지막 부분을 풀어 보라고 권하였을 때 그녀는 놀라면서 그 부분은 학년 말에 해야 할 부분이라고 하였다. 그러나 나의 격려로 그녀는 완벽하게 그 부분을 몇 분 만에 풀었다. 명확히 그녀는 더 높은 수준을 성취할 수 있었던 것이다. 나는 그 학교에 그녀의 사정과 능력을 이야기했고 그 학교는 그녀에게 적절한 과제를 주었다. 그리고 짜증은 중지되었다.

4) 교정

뛰어난 아이는 단지 정보를 기록하기보다 탐구하는 것이 필요하다. 그들은 학습 시에 탐구할 것이 있는 곳에서 더 흥미를 갖는다. 그래서 아이의 성공을 위한 열망을 가진 부모들은 아이를 교정하려 하기보다 격려하는 것에 더 관심을 두어야 한다.

2. 학습에 대한 격려

아이들은 학습이 갑자기 진보할 수도 있고 꾸준하게 진보할 수도 있다. 그것은 교수방법과 대상에 달렸다. 예를 들면, 영아에게 읽기를 가르치는 경우, 학습 중간에 읽기가 방해되면 기억에 지장을 초래하게 된다. 그러나 만약 아기가 잠들기 전에 방해받지 않고 읽는 연습을 했다면 이해에 더 도움이 될 것이다. 아래의 지침에 주의하면 집에서나 학교에서 부모들은 아이들의 학습을 도울 수 있을 것이다.

1) 배우려는 의지에 대한 격려

모든 아이들은 자라나면서 배우기를 원한다. 만약에 이와 같은 동기가 부족하다면 분명히 원인이 있을 것이다. 그 원인을 찾기 위해 선생님과 친구와의 관계를 점검하거나 아이의 일상에서 일어나는 일들을 점검해라. 즉, 선생님과의 관계는 어떤지, 친구들과 잘 지내지 못하는지, 아니면 집에서 안정감을 못 느꼈는지 등, 아이의 배우고자 하는 의욕에 영향을 주는 것들을 찾아라. 학교에서 가르치는 방법을 점검해라. 여러분의 아이가 학교에서의 교수방법과 관련하여 특별한 문제를 갖고 있지는 않는가도 살펴라. 그런 것들이 아이의 공부하려는 의지에 영향을 줄 수 있다.

아이의 발전을 올바로 이해하려고 노력해라. 아이와 매우 밀접하게 관여하고 있는 부모들은 아이가 잘하고 있는데도 부족하다고 느낀다. 어떤 부모는 아이가 거의 걷지도 못할 때 그가 말하는 것이 느리다고 걱정하였다. 그래서 하루는 아이가 몇 개 정도의 어휘를 사용할 수 있는지 헤아려 보게 하였다. 총 50개의 어휘를 아이가 사용한다는 것을 안 후 그들은 더 이상 걱정하지 않았다.

2) 보상

보상은 아이들의 학습에 매우 효과적일 수 있다. 적극적으로 칭찬하고, 노력에 대해서는 아이가 좋아하는 것으로 보상을 해 주는 부모는 아이들이 공부에 대해서 좋은 느낌을 갖게 해 준다. 처벌이나 비난은 칭찬보다 학습에서 효과가 덜하다.

3) 피드백

잘된 일에 대해서 좋은 충고를 하는 것은 만족감을 준다. 그것은 올바른 수준에서 자신을 평가하도록 하며 아이들이 너무 쉽거나 어려운 일을 피하게 한다. 사람은 과거 경험으로부터 결론을 내리는 경향이 있으므로 새로운 것을 배우는 것에 대한 접근도 과거에 경험했던 것에 많이 의존한다.

학습에서 성공과 실패는 계속 반복된다. 부모는 성공감을 아이에게 주어서 더 많이 학습하도록 할 수 있다. 걸음마 단계의 아이의 예를 들어보자. 그 아이가 많은 물이 담긴 컵을 옮기면 바닥에 물을 흘리게 될 것인데, 부모가 그 일에 대해 비난을 하게 되면 그것은 그 아이의 기분을 상하게 만들 것이다. 그러나 적당한 양의 물을 옮길 경우 아이는 완벽하게 수행할 것이고, 부모는 칭찬할 것이며 따라서 아이의 기분은 좋아질 것이다.

4) 가족의 관심

가족 구성원들은 누구나 서로에게 어느 정도의 영향을 미치지만, 그중 부모는 가장 영향력이 큰 존재다. 부모가 세상의 많은 사물에 관심을 가지고 열심이면 자녀들도 그럴 것이다. 부모는 아이들에게 좋은 모델이다. 부모는 아이들에게 자신의 모습을 통해 배우려는 것이 일생의 즐거움이며 삶의 중요한 방식이므로 따를 필요가 있음을 보여주라. 당신의 아이와 함께 사물에 관한 학습에 참여하는 것은 필수적으로 요구되는 일이다. 그래야 학습이 단지 어린아이를 위한 것이며, 성장하면 잊히는 것이라고 생각하지 않을 것이다.

5) 유연한 학습

최고의 학습에는 유연함이 필요하다. 그래서 한 상황에서 학습한 것을 다른 상황에서도 응용할 수 있다. 이러한 전이는 뛰어난 아이들이 잘한다.

과거의 학습이 적절하지 못했다면 새로운 학습에 오히려 방해가 된다. 예를 들어, 아이의 학교가 바뀌어서 수학을 다른 방식으로 배우게 된다면 처음보다 더 오래 걸릴 수도 있다. 정말로 학습 습관이 잘못되어 있다면 바꾸기가 더 어렵다. 따라서 초기에 좋은 학습태도를 길러 주는 일이 중요하다.

6) 행동

모든 아이들은 놀이나 토론, 실험을 통해서 적극적으로 자기주도적인 학습에 참가해야 한다. 아이가 어릴수록 가장 효과가 적은 교수법은 강의법이다. 여러분은 자녀들이 어떤 것을 실험함으로써 배울 수 있는 방법을 생각해 보아라. 예를 들어, 전기의 흐름을 이론적으로 설명하지만 말고 직접 실험을 통해 조작해 보도록 해라.

어린아이는 공부가 노력하면 할수록 더 성공하기 쉽다는 것을 배워야 한다. 그래서 아이의 작문수준을 높이기 위해서 더 열심히 하라고 아무리 말해 봐야 소용없으며, 오히려 격려가 더 반가운 것이다. 이해는 어느 정도는 저절로 증진된다. 여섯, 일곱 살쯤 되면 아이는 잘하기 위해서는 노력해야 한다는 메시지를 받을 것이다.

우수한 아이의 경우에는 나이가 들어감에 따라서 더욱 복잡한 것을 학습할 것이며, 어떤 경우에는 좀 더 능력이 떨어지는 아이를 넘어서야 할 목표로 여길 수도 있다. 그것은 그들의 학습에 약간의 활력소이다.

3. 학교교육은 어떠해야 하는가?

우수한 아이들에게 적절한 학교교육은 교수법의 유연성에 있다. 예를 들어, 여러 선생님이 팀을 이뤄서 팀티칭 방법으로 아이를 가르치게 된다면, 각 선생님들이 지니고 있는 특별한 재능을 다른 학급의 많은 학생들에게도 공급할 수 있을 것이다.

유치원은 때때로 마을 학교 체계를 사용한다. 그 체계에서는 마을 학교에서처럼 5, 6, 7세 아동들이 같은 학급에 있다. 좀 더 나이든 아이가 어린아이를 돌보고 공부도 가르쳐 주며 학교도 데리고 다닌다. 그것은 좀 나이든 아이에게 책임감을 주고, 새로 온 아이의 경우에는 쉽게 적응할 수 있게 한다. 그것은 또한 학급에서 경쟁을 줄이고 아이들이 자기 능력에 맞춰 공부하도록 한다.

특별히 재능이 있는 아이들에 대하여는 예컨대 축구팀에 가입하기를 권한다. 일요일이나 방과 후에 특별한 재능이 있는 아이들이 자신이 지닌 재능을 훈련받기 위하여 함께 모이는 것과 같이, 다른 학교에서 축구 연습을 위해 모이게 된다. 거기서 흥미가 없는 아이들은 탈락될 것이다. 학교 정규 수업 외에 이런 학습을 위해서 아이들이 먼저 선택될 필요는 없다.

보수적이고 전형적인 학제를 따르는 학교의 경우에는 연령별로 학년이 엄격하게 구분되어 있다. 그러나 그와 같은 상황에서도 능력이 뛰어나고 진보가 빠른 아이의 경우에는 1년 정도 월반이 가능하다. 선택적이며 유동적인 학교에서는 이러한 아이들은 단지 한두 과목 정도는 수업을 건너뛰어서 상급반에서 들을 수 있다. 이런 월반제는 중학교에서 더 적절한데, 중학교에서는 각 과목이 분리되어서 가르쳐지며 아주 뛰어난 학생의 경우에 그가 특별히 뛰어난 과목을 대학에서 수업을 들을 수도 있다.

그러나 아주 뛰어난 학생의 경우에도 이런 월반이 항상 좋은 것만은 아니다. 오히려 학교나 가정에서 조금 더 많은 과제를 하도록 하는 것이 좋다. 상급생들과 1년이나 또는 계속해서 함께 학습을 하는 경우 다음과 같은 질문에 유의해라.

- 상급생들과 함께 놀고 활동할 육체적인 능력이 있는가? 만약 그렇지 않다면 그는 자신을 육체적, 정신적 실패자로 여길 수 있다. 그의 교사들도 그의 실제 나이를 잊어버릴 수 있고 무심코 이런 좋지 않은 감정이 확신이 되어 버릴 수 있다.

- 동등한 조건에서 상급생들과 놀이를 할 수 있는 정신적 능력이 있는가? 만약 아이가 집단에서 가장 어리므로 어리게 행동하면 다른 아이들은 그를 제외시키게 되고, 그것은 아이의 기분을 상하게 할 수 있다.
- 상급생들과 있을 만큼 충분한 사회성이 있는가? 일주일에 5일, 하루에 8시간 동안 나이가 더 많은 아이들처럼 행동하는 것은 상당한 노력을 필요로 한다. 학교생활의 나머지 기간을 이런 긴장 속에 당신의 아이를 두는 것이 올바른가?

인간의 다양한 적성은 교실 안보다 밖에서 더 잘 계발된다. 우수한 아이들의 경우에도 외부 전문가들과의 접촉을 통해서 큰 혜택을 볼 수 있다. 부모들은 학생들이 지역의 대학에서 몇 가지 수업을 듣거나, 강사들과 토의를 하는 모임을 갖도록 제의해 보라.

우수한 아동에 대한 교육적 설비는 지금 있는 시설 안에서도 충분히 향상될 수 있다. 산뜻한 외관과 진실한 관심과 교육조건을 개선하려는 의지, 다르게 생각하는 태도 등이 필요하다. 우수한 아이들에게는 그들을 도울 어른들의 노력이 필요하다. 왜냐하면 언젠가는 우리가 그들로부터 혜택을 볼 것이기 때문이다.

이런 생각들이 개인의 능력이나 성숙에 관계없이 경직된 채로 운영되는 교육체계를 바꿀 수 있다. 문제점들에 대해서 생각하고 고민함으로써 아이들에게 학교에서 필요한 다양한 자극과 도전을 제공해 줄 수 있다.

1) 사립학교 교육

아이들이 무료로 공부할 수 있는데 왜 부모들은 돈을 지불하는 방법을 택하는가? 그것은 아마 아이들이 부모들처럼 인생에서 성공할 수 있는 기회를 더 많게 하기 위해서일 것이다. 모든 학교는 나름대로의 장점에 관해서 평가되어야 하고 부모들은 다양성을 원한다. 따라서 학교를 평가할 때 어느 것도 당연하게 받아들여서는 안 된다. 교육의 표준, 학습 환경, 반의 크기, 체벌, 운동에 관한 강조 등 모든 것들이 아이의 현재와 미래 생활에 영향을 미친다. 예를 들면, 사립 중학교의 경우 학급 크기에서는 공립학교와 유사하다. 반면, 수업에서 학생 수는 조금 더 적은 그룹으로 배열될 수도 있으므로 학급에서 그룹이 어떻게 배열되는지 정확히 알아봐라. 부모들은 가능하면 좋은 공립, 사립학교가 있는 곳으로 이사하기를 원할 것이다.

모든 교사들의 자격이 같은 체계에서 부여되었음에도 사람들은 사립학교 교사들의 수준이 더 좋다고 생각한다. 그러나 교사들의 교육적 목표를 조사한 연구결과에 의하면, 공립학교든 사립학교든 교사들의 태도는 큰 차이가 없었다. 그들 월급을 누가 주든지 간에, 또한 교육적 신념이 무엇이든지 교육적 신념에 대해 타협하는 것은 무척 싫어하였다.

능력에 의해서 선택된 학교의 경우에는 대학시험에서 합격률을 높이기 위해서 다소 편향되게 교육을 할 수 있다. 그것은 한정된 방식으로 학생들을 이끌게 되므로 학생들의 창의성 계발에는 다소 방해가 될 수 있다. 시험 편향적 학교 분위기가 어떤 아이들에게는 정서상 문제를 유발시킬 수 있다. 그렇지만 대부분의 뛰어난 학생은 선별된 학교를 좋아한다. 그들은 자신과 유사한 능력의 소유자들과 함께 공부하기를 더 즐거워한다.

2) 아이들이 원하는 학교 교육

5세에서 15세 사이의 우수한 아동들 200명에게 그들이 원하는 학교 교육은 어떤 것인지에 관해 물었다. 그들의 대부분은 그들이 받는 교육의 스타일과 질에 대해 잘 알았다. 일반적으로 그들은 교육의 내용보다 수업방법에서의 변화를 원했다. 결론적으로 아이들의 나이에 상관없이 교육에서 필요한 것은 누구보다 아이들 자신임을 인식해야 한다.

(1) 어떤 종류의 수업을 좋아하니?

우수한 학생들은 수업의 내용을 잘 이해할 수 있는 충분한 시간이 부여되는 긴 수업시간을 선호한다. 그들은 일방적으로 제공되는 단편적인 지식보다는 주도적으로 참여하는 수업형태를 선호했다. 예를 들어, 12세 소년은 열 생산에 관해 단편적인 지식 암기에 많은 시간을 보내야 했지만 그는 오히려 열 생산 원리에 더 관심이 많았다. 그는 두 가지 원리와 세부사항을 모두 함께 이해하기를 원했다. 또한 그들은 자신의 수업을 고안하는 일에 참가하고 싶어 했고, 수업의 목표와 학교에서 어떻게 시간이 보내질 것인지 알고 싶어 했다.

(2) 어떤 교육이 행해져야 할까?

아이들은 교육이란 자신들이 균형 있고 능력을 갖춘 사람으로 성장하는 데 유용하다고 본다. 그들이 학교에 있을 때 그들의 흥미와 가치가 존중되길 원했고, 단지 지적 계발에 관해 과도하게 강조하는 것을 못마땅하게 여겼다. 그들이 좋아하는 것은 건강한 교육이다.

(3) 너는 지루해한 적이 있는가?

모든 아이들은 학교에서 때때로 지루해한다. 그러니 우수한 아이들이 지루해하는 원인은 선생님들이 잘 인식하지 못하는 교육의 방법 때문인 경우가 종종 있다. 예를 들면, 대부분의 아이들은 단순한 것으로부터 복잡한 것으로, 단수로부터 복수로, 학교의 입장에서 보면 올바른 순서로 교육을 받는다. 그러나 우수한 아이들은 때때로 그 과정을 건너뛰고 선생님들이 과정을 순서적으로 설명하는 동안 그 문제를 이미 오래전에 해결한다. 수업을 유연하고 탄력적으로 운영한다면 우수한 아이들은 다른 아이들이 이해할 시간 동안 침묵과 정숙 속에서 기다릴 필요가 없다. 아이들이 자기의 능력, 속도에 맞춰서 공부하므로 시간을 낭비할 필요가 없다.

내가 종종 대화하는 아이들의 말에 의하면 그들 자신의 방법대로 공부한다면 자신들이 지루하지 않을 것이라고 한다. 열다섯 살이 된 한 아이는 학교가 너무 억압적이어서 그가 관심 있는 과목을 더 공부하고자 해도 학교에서 막는다고 불평한다. 몇몇 아이들은 공부하는 내용이 너무 쉬워서 지루하다고 한다. 그들은 비록 실패하더라도 자신들의 수준에 맞는 도전적인 상황을 갈망한다. 어떤 우수한 학생들이 모인 그룹은 학교수업 주제로는 적절하지 않다고 느끼는 선생님들의 생각들에 관해서 토론하기 위해서 수업 외의 시간에 모이곤 했다.

3) 환영받는 교사

교사는 전반적으로 우수한 학생을 가르쳐야 한다고 생각한다. 우호적이고 마음이 따스한 선생님이 함께 있는 것이 항상 좋지만 우수한 학생은 지식에 열망해 있다.

가장 환영받는 교사는 가장 머리가 좋은 교사가 아니라 열린 마음의 사람이다. 아이가 우수하면 우수할수록 교사의 교수법이나 개성에 영향을 덜 받는다. 탄력적인 학교와 열린 마음의 교사의 결합이 우수한 학생들에게 가장 좋아 보인다.

4) 학교 운영

아이들은 때로 천진한 생각도 있다.

어떤 아이들은 학교 식사와 같은 평범한 것에 관해서 관심이 있지만 또 다른 아이들은 학교행정을 심각하게 여긴다. 즉, 어떤 아이는 한 사람의 교장은 비민주적이라고 여기고 상위층에서는 여러 교사가 한 그룹을 이루어야 되고, 학교 모든 분야에 아이들이 참가해야 된다고 주장한다.

일반적으로 아이가 우수하면 우수할수록 학교의 시스템에서 더욱 더 독립적이다. 그들은 해야만 한다면 참지만 그들이 권한을 갖게 되면 변화시키려고 노력한다.

5) 아이들과 학교와의 대화

부모와 교사는 최상의 결과를 내기 위해서 능동적으로 아이와 함께 일해야 하고, 나이와 무관하게 교육에 관해서 물어볼 적격자는 바로 아이들이다. 이것은 우수한 아동들에게 특히 중요한데, 왜냐하면 그들의 교육적 문제에 대해서 대처해야 하기 때문이다. 그 문제들이 쉬워 보일지라도 에너지의 소비가 필요하다. 그래서 그것이 약간 과도할 때는 그들의 기운을 지지해 주기 위해서 더 많은 관심이 필요하다.

등교 준비가 되어 있는 아이와 이야기하는 것은 그들이 그날 필요한 것과 거기에서 해야 할 것과 관련된 아주 기본적인 것이므로 방과 후에는 그날 진행되었던 일에 대해서 이야기하는 것이 더 좋다. 주의깊게 대화할 때, 학생과의 대화의 정도는 더 깊어지고 학교에서의 진보를 더욱 용이하게 할 수 있다.

아래의 점들에 유의해 보라.

- 아이의 관심사를 발견하기 위해서 그 아이가 어떤 도움을 받고 있는가?
- 아이에게 문제가 있다면, 그들이 어떻게 관심을 얻는가?
- 아이를 만족시키는 경험은 정말 무엇인가?
- 만약 아이가 자기 나름의 방법을 가지고 있다면 어떤 종류의 교수방법을 더 좋아하고 학교의 교수방법에 관해서 어떻게 느끼는가?
- 그가 받은 점수가 옳다고 느끼는가? 또는 그의 성적이 향상될 수 있을까?
- 부모와 교사의 의사소통을 더 원활하게 할 어떤 방법이 있는가?

학교교육의 모든 방면에서 부모가 보이는 열성이 아이에게도 나타날 것이라고 기대하지 말라.

6) 교사들에게 하는 질문들
여기에 부모로서 당신들이 교사들과 토의하기 원할 사항들이 있다.

- 학교에서 아이들이 잘 지낼 수 있는 방법에 관해서 교사들과 이야기해라.
- 우수한 아이의 경우 정규수업 외에 발전을 위해 더 할 수 있는가에 관해서 물어보아라.
- 여러분의 아이가 학교에서 흥미를 더 발전시킬 수 있는 방법에 관해서, 또한 어느 정도 그 분야에서 전문화시킬 수 있을지에 관해 대화해라.
- 아이의 능력 범위가 더 넓어져서 새로운 흥미를 발전시킬 수 있는 방법에 관해 대화해라.
- 아이가 학급에서 이러한 학습의 새로운 가능성을 다른 이와 어디에서 어떻게 공유하는지 알아보아라.

교사가 느끼기에 아이가 기본적인 글쓰기에 우선 전념해야 한다고 볼 때에는 아이의 특별한 흥미에 관해서 관심을 써 달라고 과도하게 강요하지 말라.

4. 학교에서 성공이 예측될 수 있을까?

학교에서 아이가 잘 성취할 수 있는지에 관해 예측한다는 것은 아이의 잘할 수 있는 능력과 잠재력의 성취 사이의 문제로써 이는 논란거리다.

시도되지 않은 것에 관한 능력을 예측하는 것은 극히 어렵다. 예를 들면, 화가 고흐는 성인이 되어서야 그림을 그릴 기회를 가졌다. 그래서 그의 어린 시절에 어떤 사람이 그의 예술적 재능을 예측할 수 있었는지 의심스럽다. 사실 그의 혁명적인 그림 스타일로 인해서 그는 생존 시에는 능력 있는 화가로서 인정받지 못했다.

현재 초등학교에서조차도 모든 학교가 같은 과목이나 흥미 분야를 가르치지 않는다. 예를 들면, 어떤 학교는 음악기구가 별로 없는 곳도 있지만, 가까운 근처의 학교에서는 30명 이상의 아이가 기타를 배운다. 그 차이는 앞의 학교는 음악에 관심 있는 교사가 하나도 없는 데 반해서 두 번째 학교의 경우는 기타의 즐거움을 학생과 공유하고자 하는 열성적인 교사가 있다는 것이다.

부모나 교사는 학생이 그 당시에 어떻게 행동하느냐에 따라서 미래의 성공을 예측한다. 예를 들면, 생애 첫 몇 주 동안에 축구나 복싱에서 성공할 가능성이 있는 수백만 명의 아이가 있을 것이다. 어떤 경우에는 아이가 부모가 원하는 방향으로 자라길 바라서 아이가 아주 어릴 때부터 부모는 그런 증표를 찾는다. 어떤 아이의 경우에는 어떤 다른 것을 하도록 격려를 받지 못함으로 인해 그 예측이 실현될 수도 있다. 미래의 성공을 예측하는 가장 좋은 방법은 현재 그가 무엇을 가장 잘하고, 그것을 하기에 얼마나 열망하는지를 아는 것이며, 성공의 열쇠는 그 분야에 성공하기를 원하느냐에 있다. 반죽을 가지고 놀기를 좋아하는 아이가 빵 굽는 사람이 되는 것이 아니라 모양을 다루는 것을 좋아하는 조각가가 될 수도 있다. 아이의 성공예측을 위해 사용되는 심리검사도 있다. 이런 것은 수많은 아이들의 능력을 계발한 과거의 증거를 축적해서 만들어진 것이다. 그러나 이것이 항상 잘 맞는 것은 아니다. 모든 아이들이 독특하고 나름대로의 발달 형태가 있다. 그래서 다른 아이들의 경험을 통하여 축적된 기대와 다를 수도 있다.

지능검사도 같은 방식으로 이뤄진다. 지능지수는 학교성적을 잘 예측해 줄 수 있다. 그러나 어떤 아이의 경우에는 아닐 수도 있다. 높은 지능지수를 가진 많은 아이들이 학교성적이 나쁠 수도 있으며 나중에는 결국 성공할 수도 있다.

모리스 센닥(Maurice Sendak)의 경우에도 유사하다. 지능은 매우 우수하였지만 공부는 못했고, 그가 학교를 떠나서 원하는 직업을 가질 때까지 수많은 직업을 전전했다. 그는 그림그리기를 좋아했지만 학교에서는 올바로 그의 그림에 대한 재능을 평가해주지 못했다. 그러나 실제로 그는 그림에 재능이 있었다. 지금 그는 그림으로 수많은 아이들에게 즐거움을 주는 백만장자가 되었다. 검사가 아무리 좋아도 그것에 대한 결과는 아이가 검사를 받는 날 경험한 것에서 영향을 받을 수밖에 없다.

1) 학교에서 성공하기 위해서 무엇을 할 수 있는가?
- 당신이 교육에 높은 가치를 두면 당신의 아이도 그럴 것이다.
- 당신의 아이가 배우는 데 필요한 것들, 즉 종이, 필기도구, 공부할 장소 등을 모두 갖췄는지 살펴보아라.
- 아이가 마음이 편안하다면 더욱 쉽게 배우고, 학교에서도 잘 할 것이다.
- 아이가 준비가 되어 있다면 좋은 교육기관을 찾아라.
- 당신 아이를 위해서 아이의 선생님과 잘 지내라.
- 교사가 아이를 적절히 다루지 못한다고 생각되면 교사에게 먼저 이야기해라.
- 학교 방식과 모순되게 당신이 아이를 가르치면 아이는 혼란스러울 수 있다.
- 학급의 분위기가 공부만 열심히 하는 학생을 좋아하지 않는 경우라면, 가정에서의 정서적 지지가 아이가 학교수업에 최선을

다하도록 하는 데 매우 중요하다.
- 당신의 기대수준을 학생이 할 수 있는 것에 맞춰라. 너무 목표가 높아서 확실히 실패하는 곳에 목표를 두지 말고 적절한 수준에서 최선을 다하도록 하는 것이 요령이다.
- 어렵더라도 배워야 할 것에 아이가 흥미를 유지하도록 노력해라. 학습에서 지루함보다 더 나쁜 것은 없다. 학습자가 잘 받아들이기 위해서 학습은 학습자에게 관련 있는 것 같이 보여야 한다.
- 학습의 길에서 여러분의 아이가 넘어지는 길을 허용해라. 아이가 어떤 것을 당신에게 말하려고 할 때, 그 문장에서 문법적으로 틀린 것을 교정하지 말고 말하는 것을 그냥 지켜봐라.
- 때로는 애정과 선물로 잘한 것에 보상해라. 그러나 그것은 정말로 아이가 한 노력이 보상받을 만할 때만 해라. 진정한 노력이 없는데 보상하는 것은 효과가 없다.
- 이 장에서 말한 생각을 따르면서 처음부터 아이가 학습하는 방법을 배우도록 도와라.
- 할 수 있는 한 아이들이 자신들의 생각들을 따르고 보존하도록 격려해라.
- 부모로서 아이가 하려고 하는 것에 진취적인 기상과 관심을 보여줘라. 그의 흥미에 대한 배경지식을 더하기 위해서는 박물관이나 고궁에 데려 가라. 그러나 무리하지 말고 부모의 열성이 아니라 아이의 흥미에 따라서 행해라.
- 배워야 할 것에 관한 원리를 먼저 가르치고 그 후에 세부적인 것을 가르쳐라.

아이가 생각하기에 선생님이 어떻게 생각하는가? 그가 잘한다고 생각하는가, 냉담한가 등 그러한 것이 검사에 영향을 준다. 그래서 검사의 결과는 같은 아이임에도 매일 다를 수 있고, 더욱이 일생 동안 달라질 수 있는 것이다. 예를 들어서, 한 아이의 지능은 환경에 따라서 몇 년에 걸쳐서 달라질 수 있다. 빈곤이나 질병 등으로 지적 성장이 억제되었던 아이도 환경이 나아지면 지능이 회복될 수도 있다.

학교에서의 성공은 시험 통과와 같은 분명한 성취들로써 측정되곤 한다. 그러나 학교에서 학습되는 것은 훨씬 더 많다. 예를 들면, 배우는 방법, 비판적으로 생각하는 법, 그리고 세월이 지난 후에나 보이는 태도나 가치 등이 있다. 시험을 위하여 단순한 사실들을 암기하는 것은 지루하기에 토론을 통한 학습이 훨씬 더 흥미가 있다.

결론적으로 단순한 시험통과를 넘어서 아이의 잠재력을 통찰할 수 있는 교사나 부모를 아이가 가지고 있지 않다면 어떤 아이는 시험을 싫어하므로 부모나 교사 입장에서는 그 아이들에 대한 잘못된 인식을 하게 될 개연성이 크다. 아이에 대한 예측은 아주 뛰어난 통계학적 계산법을 사용하든지 정교하고 뛰어난 수단을 통해 측정한다 할지라도 단지 추측에 지나지 않는 것이다.

글상자 1 영재교육은 어떠해야 하는가?

　미국의 영재교육은 1860년대 세인트 루이스에서, 1920년대 클리블랜드에서 교사들이 영재를 위한 특별 프로그램을 제공하면서 시작되었다. 미국 영재교육은 초기에는 속진을 중심으로 이루어졌다. 가장 유명한 속진 프로그램은 존스홉킨스대학의 수학 속진 프로그램이다. 스탠리 교수는 10~11세 학생들 중 수학적 재능이 뛰어난 학생을 발굴하여 대학에서 공부할 수 있게 해 주었다. 그러나 영재교육을 담당하는 미국 교수들은 "영재교육에 좋은 방법을 마련하지 못했을 때는 어쩔 수 없이 속진이라도 해야 하지만, 영재들의 창의성을 키우는 데는 적절하지 않다."라고 말했다. 곧, 그 분야의 본질을 이해하고 탐구하게 하는 교육은 아니라는 것이다. 가령 수학 영재를 수학 속진 프로그램으로 교육해서는 안 된다는 것이다.
　그러나 우리나라에서는 영재교육이 시험선수 양성의 수단으로 여겨진다. 그래서 일부 영재교육기관들은 올림피아드나 경시대회 입상자 배출을 자랑한다. 경시대회 입상자 수를 영재교육 성과의 잣대로 보기 때문이다.
　미국에서는 영재교육의 목표를 창의적인 전문가 양성에 둔다. 이들은 아이를 어린 전문가로 취급한다. 어린 학생들에게도 전문가가 연구하거나, 작품을 만드는 과정을 모두 경험할 수 있게 해 주어야 한다는 것이다. 그러므로 흥미를 느끼는 주제를 중심으로 높은 수준의 연구 또는 산출물을 내는 데 필요한 기능을 훈련시키고, 실생활 문제를 해결하거나 탐구하는 경험을 하게 한다. 영재들을 위한 심화학습의 특징은 교사가 주도적으로 강의를 이끌지 않고, 학생이 주도적으로 학습한다는 점이다. 교사는 안내자, 보조자로서의 역할을 하는 데 그친다.

　미국의 대학 부설 영재교육센터들은 영재교육의 목적이 타고난 영재를 선발하는 것이 아니라 모든 학생에게서 영재적 행동 특성을 끌어내는 데 두어야 한다고 말한다. 개설된 과목에는 이야기 듣기, 로보틱스, 신문 만들기, 저널리즘, 천문학, 법률과 생활, 작은 기계수리공, 유머, 페인팅, 전자공학, 지도자 정신, 안구학, 슬라이드 만들기, 자연과 색깔, 통계, 확률, 영화, 물리학, 드라마, 전기, 생물, 자연의 신비, 바이러스의 역사, 천문학 등 200여 개의 과목들을 뷔페 식으로 늘어놓고 각자의 나이와 관심에 따라서 선택해 수강하도록 한다.

　학생들은 일주일에 한 번, 매회 1시간 30분씩 영재교육을 받는다. 각 과목은 1학기 동안 12회에 걸쳐 수업한다. 대부분의 교사는 학교 교사, 대학교수, 연구원, 은퇴한 선수, 의대 인턴, 또는 그 분야에 깊은 취미를 지닌 아마추어 등으로 다양하다. 이 프로그램의 특징은 프로그램을 정해 놓고 아이들을 선발하지 않고, 학생들의 능력, 취미, 관심을 고려하여 선택할 수 있게 해 준다는 점이다. 우리도 가능한 한 이른 시일 안에 학생 각자의 교육적 필요에 부응할 수 있는, 융통성 있고 섬세한 교육을 실시할 수 있어야 한다. 영재교육을 제공하는 사람의 필요가 아니라 영재들이 필요에 맞추어 프로그램을 제공해야 한다는 얘기다.

　영재학교들은 학생들이 창의적인 과학자로서 사회에 나가서 지도자적인 역할을 해낼 수 있도록 이끄는 데도 소홀하지 않는다. 학교 교육 목표 중에 의사결정 능력, 시간관리 능력, 처신 능력, 책임과 의무를 다하는 태도 등을 신장시키는 것이 포함된다. 학생들은 기숙사 방과 해당구역 청소 외에 매주 3시간 교내에서 근로봉사활동을 해야 하고, 여름방학 때는 지역사회에서 60시간의 봉사활동을 해야 한다. 또 다양한 클럽 활동과 체육활동을 하도록 지도한다.

미국의 영재교육기관에서 개최하는 다양한 대회들이 추구하는 것은 우리나라처럼 암기 능력, 반복연습을 통한 숙달된 기능이 아니다. 문제를 미리 주기 때문에 암기할 필요가 없다. 문제해결에 가장 적절한 정보를 탐색하고 선택하고 활용하는 능력, 다른 사람들과는 다른 시각에서 문제를 해석하고 탐구하는 능력, 협동하는 능력, 의사소통 능력들을 요구하고 있다. 이런 능력이 정보화시대에 더욱 요구되기 때문이다

가령 박물관, 전시회, 연극, 음악회 등을 데리고 다녀서 문화적 충격과 다양한 경험과 다양한 체험의 기회를 가능한 한 많이 제공하게 하고, 아이들의 질문에 성실히 답변하며, 충분히 생각할 기회를 준다. 완성된 놀이감보다는 스스로 만들고 완성할 수 있는 놀이감을 제공한다.

아이의 엉뚱하고 기발한 호기심과 창의성을 어른 시각으로 억누르지 않고 인정해 주고 실현해 볼 수 있게 하며 책을 많이 보게 한다. 종이, 연필, 색연필, 풀, 가위, 크레파스, 색종이 등 문구류를 아이 손닿는 곳에 두고 마음껏 쓰게 한다. 아이가 혼자 생각할 수 있는 시간을 주며 아이의 작품을 전시한다. 집에서 다양한 생물을 길러 보고, 정서적으로 안정이 되고 너그러운 성격으로 만들기 위해 스킨십을 많이 한다. 컴퓨터와 친숙하게 하며 일상생활에서 수와 친숙해지도록 한다. 일상생활 속의 과학을 찾아내어 아이가 친숙하게 느낄 수 있는 소재로 과학적 원리를 알게 하며, 집안의 가재도구나 일상용품들은 위험하지 않는 한 아이가 자유롭게 가지고 놀 수 있도록 해 준다. 아이가 놀이나 학습, 독서에 집중하고 있을 때에는 다른 일은 시키지 않는다. 긴 여행 시 차에서 보람되게

보낸다. 실험을 할 때는 가설을 세우고 실험을 하며 실험 후에는 결과에 대해 평가하도록 하는 등 부모는 아이를 위해서 최선을 다한다.

참고 문헌

강갑원, 이경화 외(2005). 특수 유아교육의 이해. 서울: 상조사.
강갑원, 이경화 외 공역(2004). 교육심리학. 서울: 시그마프레스.
강현석, 이경화 외 공역(2007). 영재교육과정론. 서울: 시그마프레스.
김연진, 이경화 외(2005). 유아·아동발달. 서울: 동문사.
김정휘(2001). 영재성 발달에 영향을 미치는 가족의 역할. 교육과학사.
이경화(1995). 유아언어교육. 서울: 상조사.
이경화(2002). 영재 교수-학습방법과 과제. 영재와 영재교육, 제1권 제1호, 125-149.
이경화 외(2005). 교육심리학. 서울: 상조사.
이경화 외(2006). 유아정신건강의 이해. 서울: 상조사.
이경화, 고진영(2005). 자아개념 검사. 서울: 학지사.
이경화, 김연진(2004). 부모교육. 서울: 학지사.
이경화, 박숙희(2004). 유아영재교육. 서울: 동문사.
이경화, 이신동(2003). 유아용 통합 창의성 검사. 서울: 세종영재교육원.
이경화, 최병연, 김정희 역(2006). 교수-학습의 이론과 실제. 서울: 아카데미프레스.
이경화, 최병연, 박숙희 역(2004). 창의성 계발과 교육. 서울: 학지사.
이경화, 최병연, 박숙희 역(2005). 영재교육. 서울: 박학사.

이신동, 이경화 외 공역(2002). 유아영재교육의 이해. 서울: 학문사.

한순미, 이경화 외(2005). 창의성. 서울: 학지사.

Adler, T. (1991, September). Support and challenge: Both key for smart kids. *Science Monitor, 10*.

Baldwin, B. A. (1988). *Beyond the cornucopia kids: How to raise healthy achieving children*. Wilmington, NC: Dirctions Dynamics.

Barbe, W. B. (1981). A study of the family background of the gifted. In W. B. Barbe & J. S. Renzulli (Eds.), *Psychology and education of the gifted* (3rd ed.). N.Y.: Irvington Publishers.

Baumrind, D. (1989). Rearing competent children. In W. Damon (Ed.), Child development today and tomorrow (pp. 349-378). San Francisco: Jossey-Bass.

Benbow, C. P., & Minor, L. L. (1990). Cognitive profiles of verbally and mathematically precocious students: Implications for identification of the gifted. *Gifted Child Quarterly, 34*, 21-26.

Betts, G. T. (1991). The autonomous learner for the gifted and talented. In N. Colangelo and G. A. Davis (Eds.), *Handbook of gifted education* (142-153). Needham Heights, MA: Allyn and Bacon.

Chapman, J. W., & McAlpine, D. (1988). Students' perceptions of ability. *Gifted Child Quarterly, 32*, 222-225.

Chitwood, D. G. (1986). Guiding parents seeking testing. *Roeper Review, 8*, 177-179.

Clare Shaw (1995). *The 5-minute Mum: Time management for busy parents*. Headway.

Clark, B. (2002). *Growing Up Gifted*. N. J.: Merrill Prentice-Hall.

Cornell, D. G. (1990). High ability students who are unpopular with their peers. *Gifted Child Quarterly, 34*, 155-160.

Cropley, A. J., & Cropley, D. H. (2000). Fostering creativity in engineering undergraduates. *High Ability Studies, 11*, 207-219.

Dorothy Einon (1991). *Creative Play*. Penguin.

Eric Hill. *Spot* (the dog) books. Warne.

Feldhusen, J. F. (1989). Synthesis of research on gifted youth. *Educational Leadership, 46*(6), 6-11.

Freeman Joan (1995). *How to raise a bright child.* Vermillion.

Gowan, J. C. (1979). Differentiated guidance for the gifted: A developmental view. In J. C. Gowan, J. Khatena, an E. Paul Torrance (Eds.), *Educating the ablest: A book of readings* (190-199). Itasca, IL: Peacock.

Guilford, J. P. (1986). *Creative talents: Their nature, uses and development.* Buffalo, NY: Bearly Limited.

Jill Bennet (1991). *Learning to Read with Picture Books.* Thimble.

Joan Freeman (1991). *Gifted Children Growing Up.* Cassell.

Joan Freeman. *Highly Able Girls and Boys,* free from the Department For Education and Employment at: DFEE Publications Centre, PO Box 6927, London E3 3NZ.

Ladybird has a valuable series of 'books' for 0-6 month olds, such as one on patterns and another on faces.

Liz Waterland. *Read with* Me. Thimble 1988.

Louis, B., & Lewis, M. (1992). Parental beliefs about giftedness in young children and their relationship to actual ability level. *Gifted Child Quarterly, 36,* 27-31.

Louise T. Higgins. *Learning to Talk: from Birth to Three,* British Psychological Society. Available from BPS, St Andrew's House, 48 Princess Road East, Leicester LE1 7DR. A20 minute audio cassette with 20 page booklet.

Louse Porter (1999). *Gifted Young Children.* Australia: Allen & Unwin.

Martin Handford. *Where's Wally?.* Walker Books.

Mary Sheridan (1993). *From Birth to Five Years: Children's Developmental Progress, Routledge.* Provides detailed guidelines on when a normal child should be reaching different stages.

Mattews, Dona J., & Foster, Joanne F. (2005). *Being smart about*

Gifted Children. Great Potential Press, INC.

Michael Rosen (1995). *Just Kids: How to survive the two to twelves*, John Murray.

Moss, E. (1990). Social interaction and metacognitive development in gifted preschoolers. *Gifted Child Quarterly, 34*, 16-20.

Olszewski-Kubilius, P., Shaw, B., Kulieke, M. J., & Willis, G. B. (1990). Predictors of achievement in mathematics for gifted males and females. *Gifted Child Quarterly, 34*, 64-71.

Renzulli, J. S. (1984). The triad-revolving door system: A research-based approach to identification and program- ming for the gifted and talented. *Gifted Child Quarterly, 28*, 163-171.

Rimm, S. B., & Lovance, K. J. (1992a). How acceleration may prevent underachievement syndrome. *Gifted Child Today, 15*(2), 9-14.

Schlichter, C. L. (1986a). Talents unlimited: An inservice education model for teaching thinking skills. *Gifted Child Quarterly, 30*, 119-123.

Sheila Bridge (1995). *The Art of Imperfect Parenting*, Hodder.

Silverman, L. K., Chitwood, D. G., & Water, J. L. (1986). Young gifted children: Can parents identify giftedness? *Topics in Early Childhood Special Education, 6*, 23-38.

Stephanie Longfoot (1993). *Look and Say: Time to Talk*. Brimax Books.

Sternberg, R. J. (1988). Three-facet model of creativity. In R. J. Sternberg (Ed.), *The nature of creativity* (125-147). New York: Cambridge University Press.

The Reader's Digest has a good series of first books of words and numbers.

Torrance, E. P. (1982). *Thinking creatively in action and movement*. Bensenville, IL: Scholastic Testing Service.

Van Tassel-Baska, J. (1988, September/October). Developing scope and sequence in curriculum for the gifted learner: A comprehensive approach. Part 4. *Gifted Child Today, 11*(5), 42-45.

Walberg, H. J., & Herbig, M. P. (1991). Developing talent, creativity, and eminence. In N. Colangelo & G. A. Davis (Eds.), *Handbook of gifted education* (245-255). Needham Heights, MA: Allyn and Bacon.

저자 소개

Joan Freeman

Joan Freeman 교수는 45년 이상 영국의 영재교육 분야에서 선구자이며 전문가로서 기여해 왔으며, 수많은 논문과 저서는 세계적으로 알려져 있다. 한편 'European Council for High Ability'의 초대 회장을 역임했으며, 현재 영국 런던의 'Middlesex University'의 초빙교수이며, 세계 각국의 많은 대학, 교육부, 학교 및 학회에서 초빙 강사로 초청 강의를 맡고 있다. Freeman 교수가 수많은 영재아, 영재 부모 및 교사와 함께 활동하며 연구한 업적은 영재와 영재교육 분야에 기초가 되며 많은 공헌을 하고 있다.

이경화

이경화 교수는 1991년에 숙명여대 대학원에서 교육학 박사학위를 취득한 이후, 교육심리학과 영재교육 영역에서 수많은 저서와 논문을 발표하면서 활동 중이다. 또한 교육심리학회 학술위원장과 한국영재교육학회 부회장직을 수행하면서 한국 영재교육과 창의성 교육 분야에 기여해오고 있다. 현재 숭실대학교 평생교육학과 교수이며, 교육대학원 유아교육과정 주임교수직을 맡고 있다. 또한 세종영재교육연구원(SIGT)과 숭실대학교 아동교육원(SECC)의 원장직을 맡아 영재교육과 창의성 교육의 이론과 실제를 접목시키며 한국 영재교육의 발전에 공헌하고 있다. 2006년에는 Fulbright Exchange Scholar로 Collage of William and Mary에서 연구 Fulbright Exchange Scholar로 Collage of William and Mary에서 선진 영재교육의 모델에 관해 연구하였다.
영재교육과 창의성 교육과 관련한 다음과 같은 저·역서 및 논문이 있다.

유아영재교육(공저, 2004, 학문사)
학습전략과 교육(공역, 2001, 교육과학사)
창의성(공저, 2004, 학지사) 외 다수

Developmental Trends of Creative Thinking Ability and Creative Personality of Elementary Schol Children in Korea(논문, 2005)
4, 5세 유아의 창의적 능력과 창의적 성격(논문, 2001)
유아, 초등학생용 '한국형 개별 창의성검사' 개발(논문, 2005)
CPS를 활용한 미래도시건설 프로젝트 수업이 아동의 창의성과 문제해결력 향상에 미치는 효과(논문, 2006) 외 다수

신세대 엄마가 선택한
우리 아이 영재로 기르기

2007년 7월 25일 1판 1쇄 발행
2012년 6월 20일 1판 2쇄 발행

지은이 • Joan Freeman · 이경화
펴낸이 • 김 진 환
펴낸곳 • ㈜**학지사**
　　　　121-837 서울시 마포구 서교동 352-29 마인드월드빌딩 5층
대표전화 • 02) 330-5114　　팩스 • 02) 324-2345
등록번호 • 제313-2006-000265호
홈페이지 • http://www.hakjisa.co.kr
커뮤니티 • http://cafe.naver.com/hakjisa

ISBN 978-89-5891-511-9 03370

정가 9,500원

저자와의 협약으로 인지는 생략합니다.
파본은 구입처에서 교환하여 드립니다.

이 책을 무단 전재 또는 복제 행위 시 저작권법에 따라 처벌을 받게 됩니다.

인터넷 학술논문원문서비스 **뉴논문** www.newnonmun.com